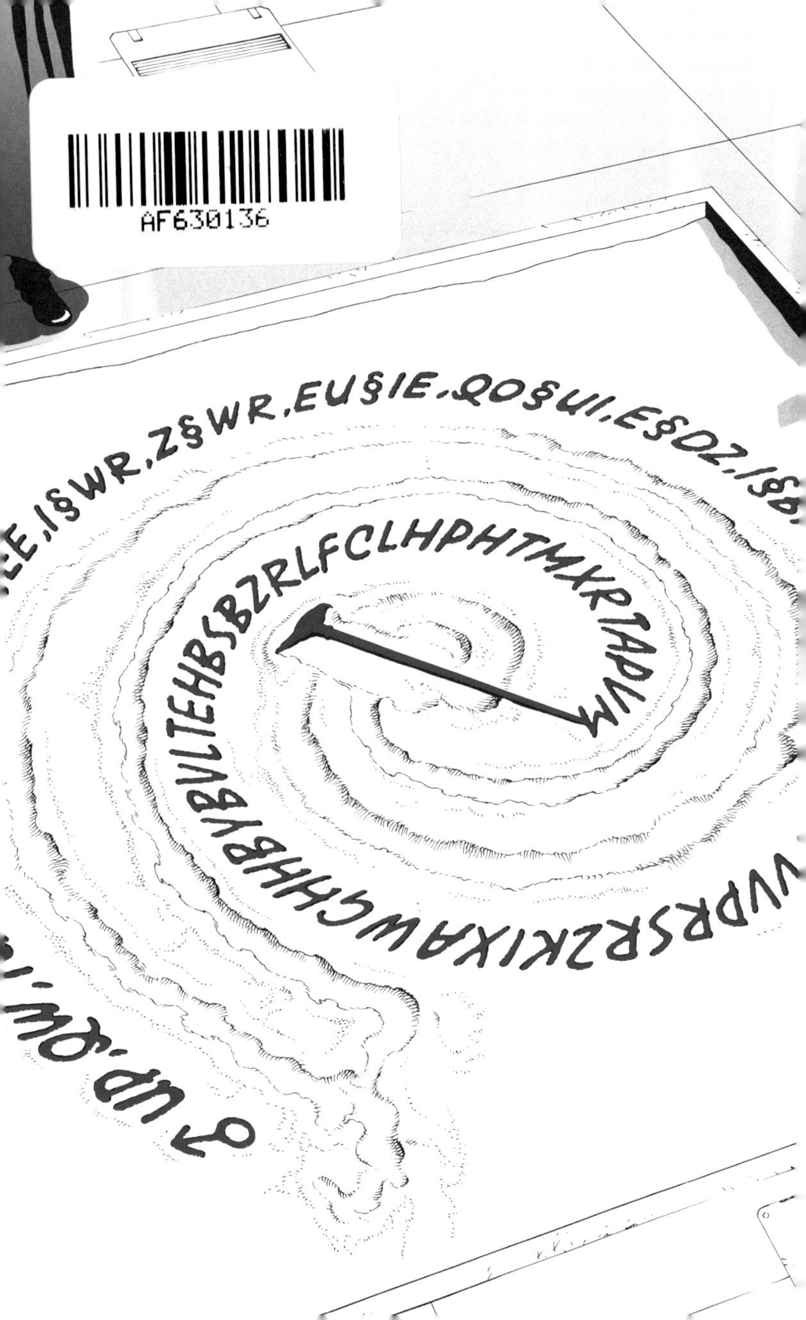

Battle Angel Alita - Mars Chronicle

INHALT

LOG 017:

Erforschung und Anwendung der Versteinerung

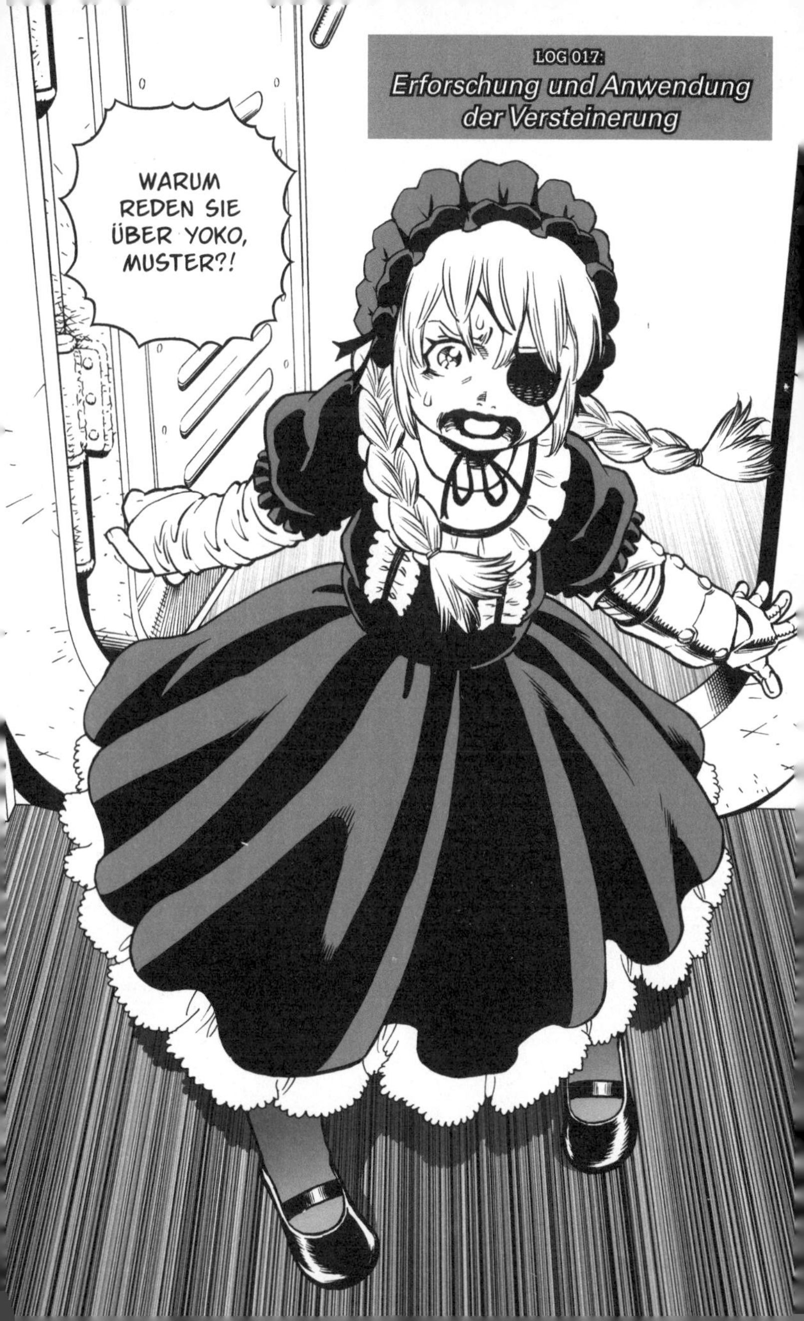

LOG 017:
Erforschung und Anwendung der Versteinerung

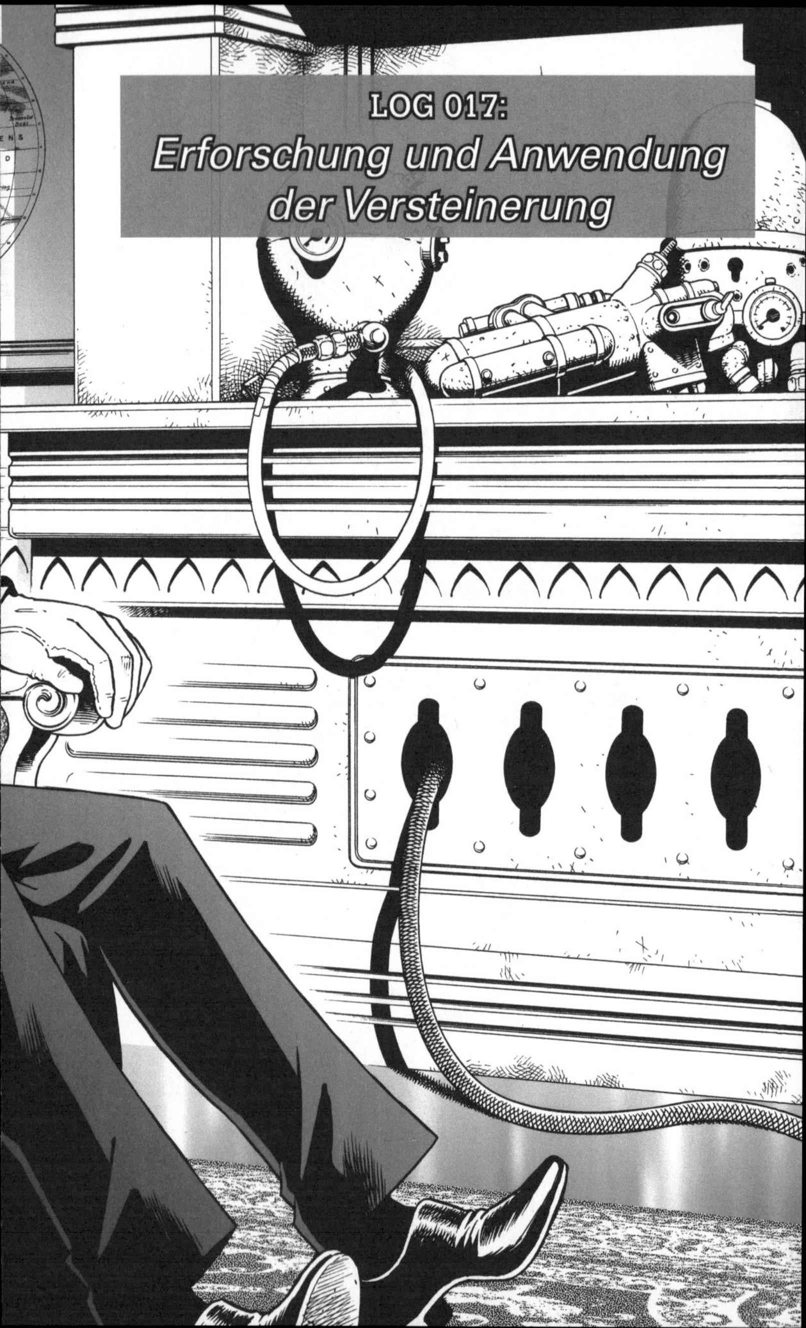

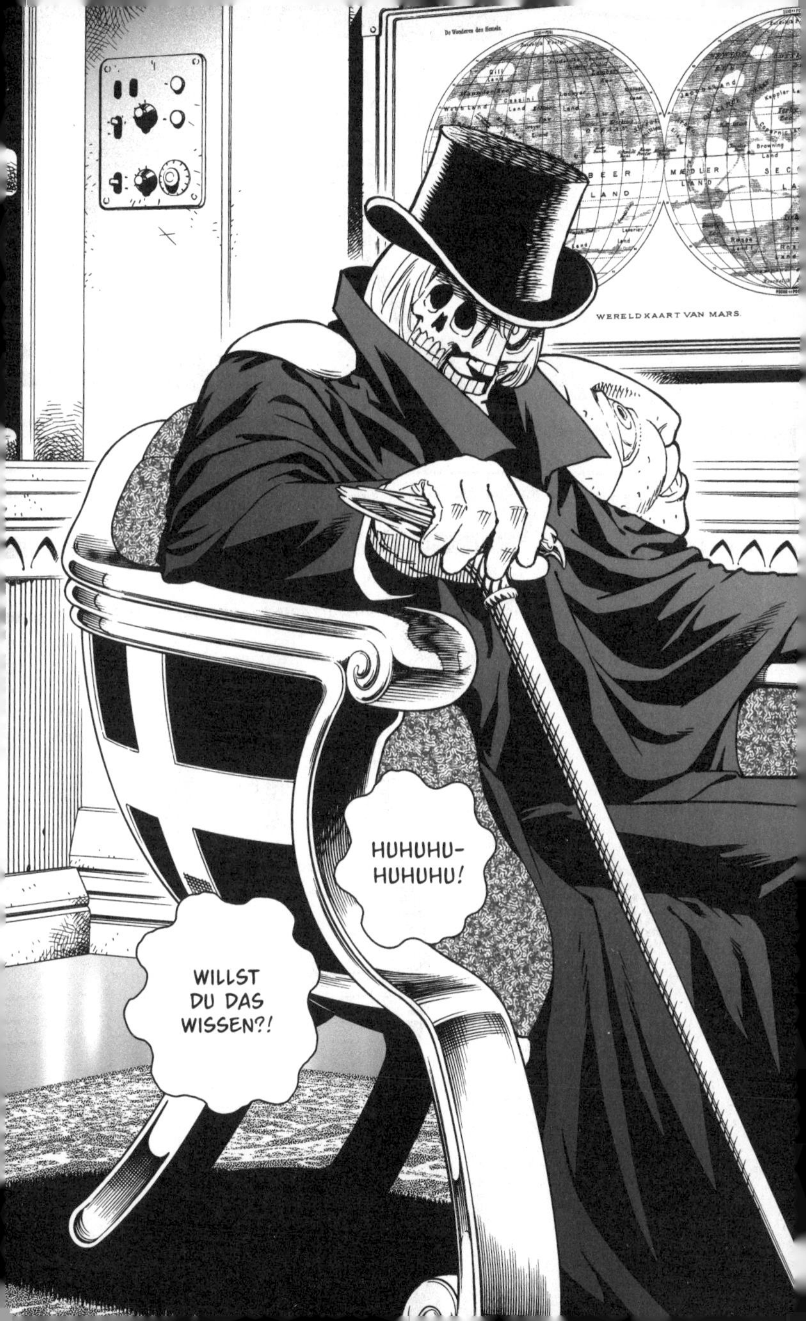
WERELDKAART VAN MARS
HUHUHU-HUHUHU!
WILLST DU DAS WISSEN?!

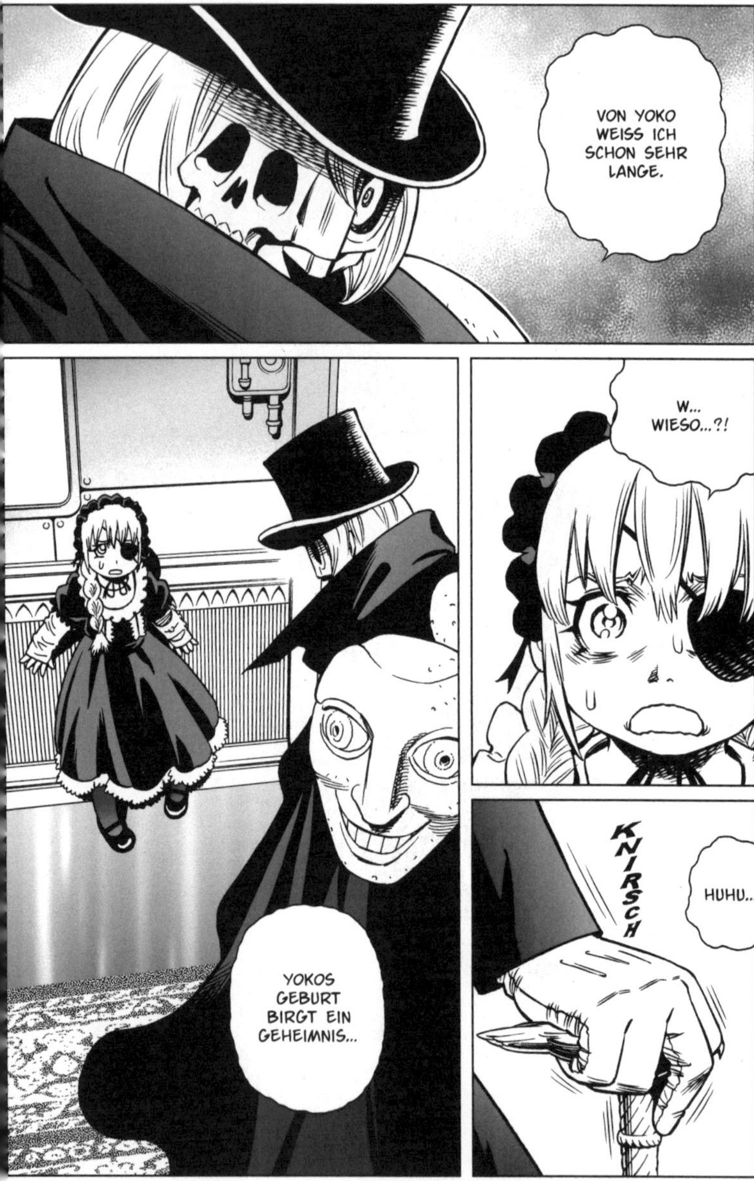
VON YOKO WEISS ICH SCHON SEHR LANGE.
W... WIESO...?!
KNIRSCH
HUHU...
YOKOS GEBURT BIRGT EIN GEHEIMNIS...

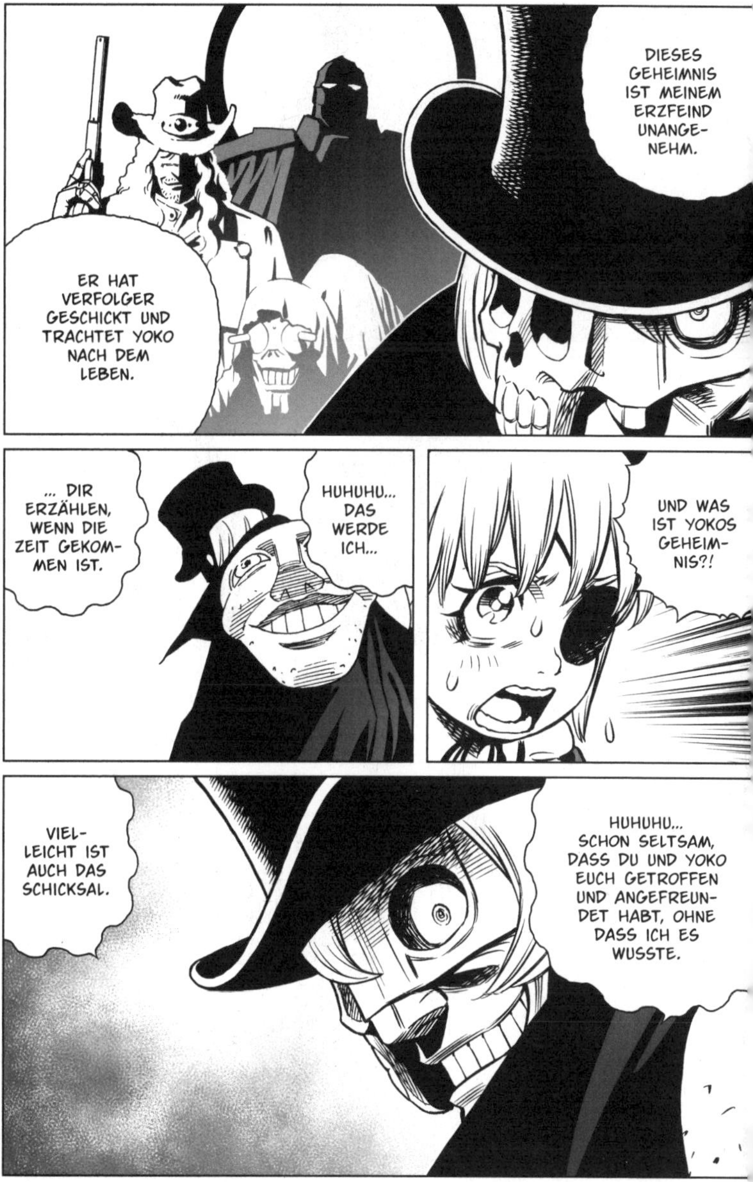
DIESES GEHEIMNIS IST MEINEM ERZFEIND UNANGENEHM.
ER HAT VERFOLGER GESCHICKT UND TRACHTET YOKO NACH DEM LEBEN.
UND WAS IST YOKOS GEHEIMNIS?!
HUHUHU... DAS WERDE ICH...
... DIR ERZÄHLEN, WENN DIE ZEIT GEKOMMEN IST.
HUHUHU... SCHON SELTSAM, DASS DU UND YOKO EUCH GETROFFEN UND ANGEFREUNDET HABT, OHNE DASS ICH ES WUSSTE.
VIELLEICHT IST AUCH DAS SCHICKSAL.

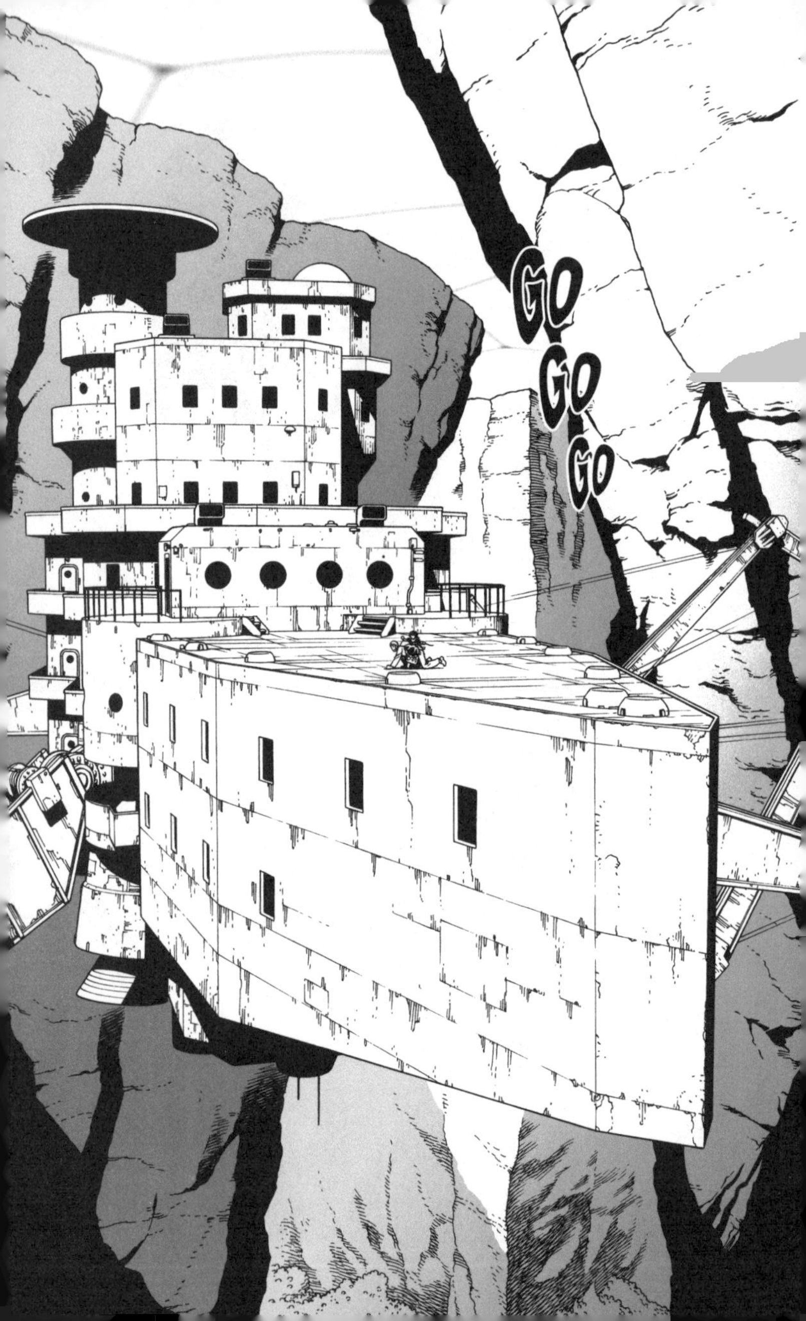
GO
GO
GO

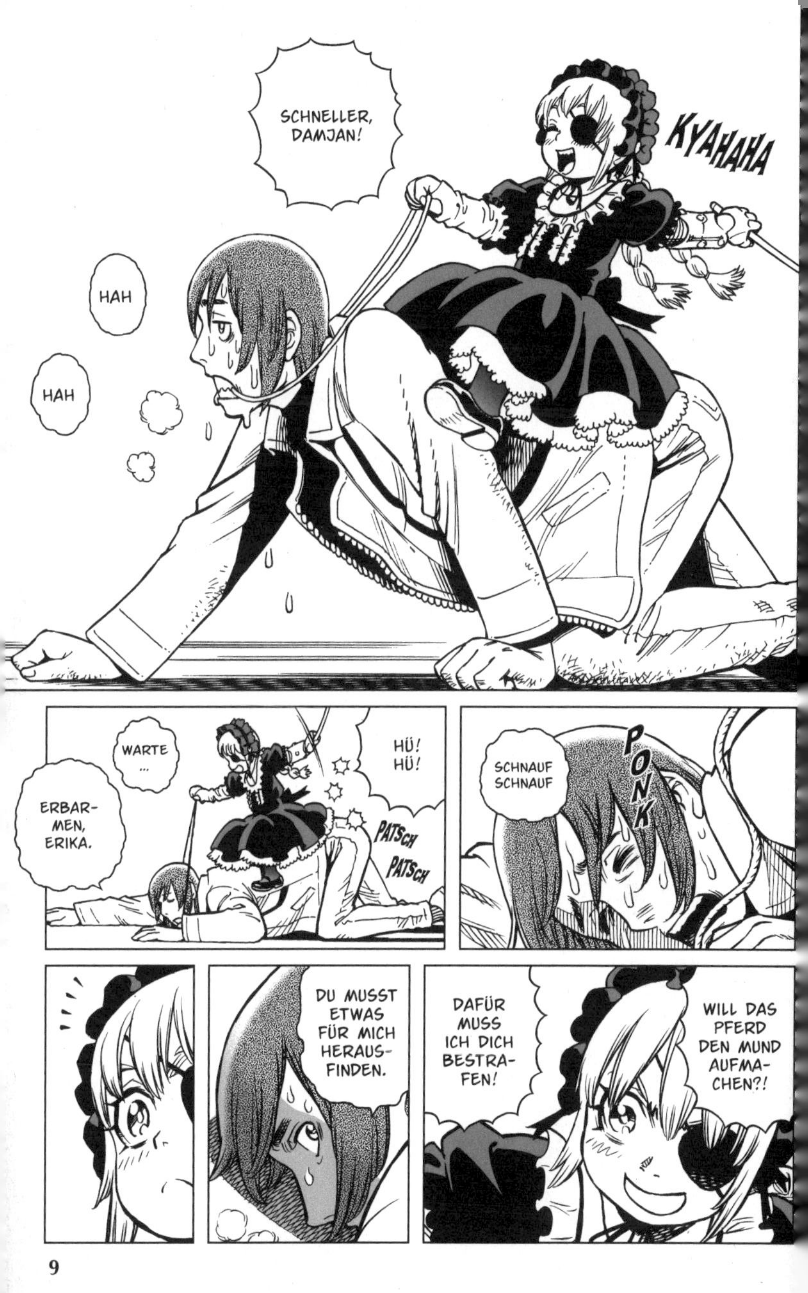
KYAHAHA
SCHNELLER, DAMJAN!
HAH
HAH
PONK
SCHNAUF SCHNAUF
HÜ! HÜ!
PATSCH
PATSCH
WARTE ...
ERBARMEN, ERIKA.
WILL DAS PFERD DEN MUND AUFMACHEN?!
DAFÜR MUSS ICH DICH BESTRAFEN!
DU MUSST ETWAS FÜR MICH HERAUSFINDEN.

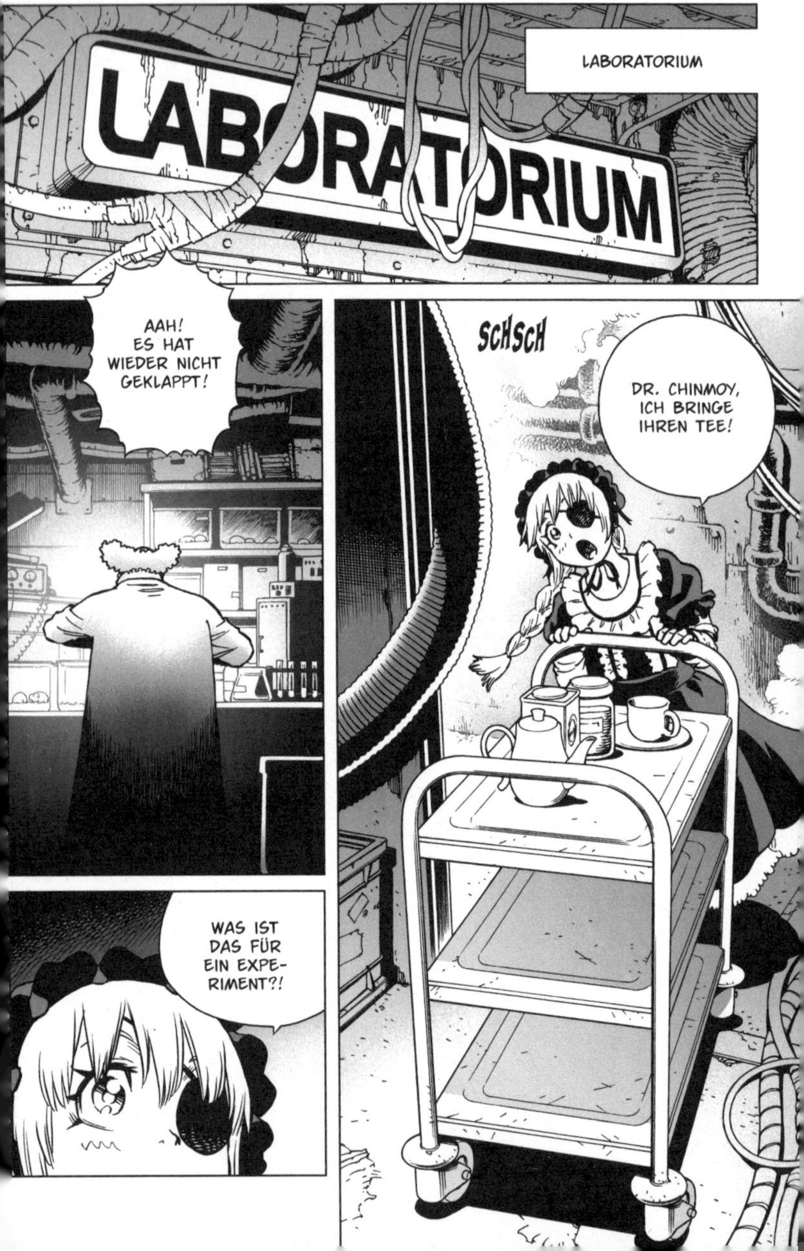
LABORATORIUM
LABORATORIUM
AAH! ES HAT WIEDER NICHT GEKLAPPT!
SCHSCH
DR. CHINMOY, ICH BRINGE IHREN TEE!
WAS IST DAS FÜR EIN EXPE-RIMENT?!

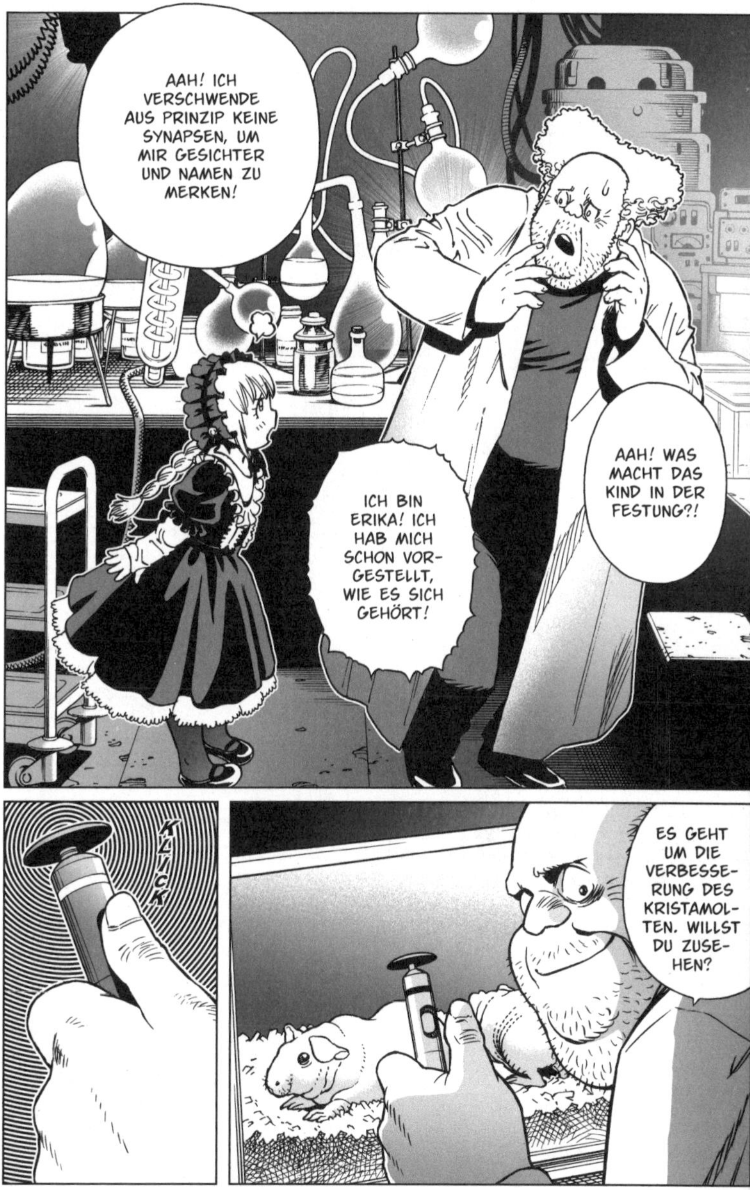
AAH! WAS MACHT DAS KIND IN DER FESTUNG?!
ICH BIN ERIKA! ICH HAB MICH SCHON VOR-GESTELLT, WIE ES SICH GEHÖRT!
AAH! ICH VERSCHWENDE AUS PRINZIP KEINE SYNAPSEN, UM MIR GESICHTER UND NAMEN ZU MERKEN!
ES GEHT UM DIE VERBESSE-RUNG DES KRISTAMOL-TEN. WILLST DU ZUSE-HEN?
KLICK

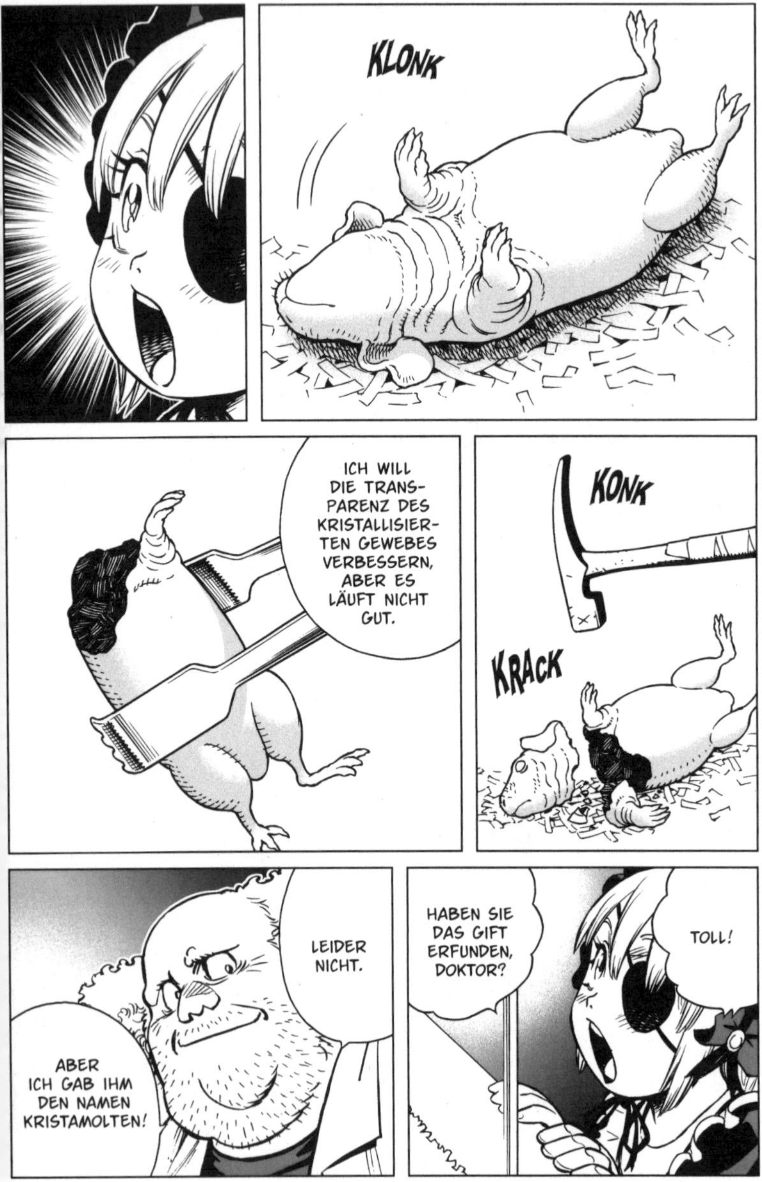
KLONK
ICH WILL DIE TRANSPARENZ DES KRISTALLISIERTEN GEWEBES VERBESSERN, ABER ES LÄUFT NICHT GUT.
KONK
KRACK
LEIDER NICHT.
ABER ICH GAB IHM DEN NAMEN KRISTAMOLTEN!
HABEN SIE DAS GIFT ERFUNDEN, DOKTOR?
TOLL!

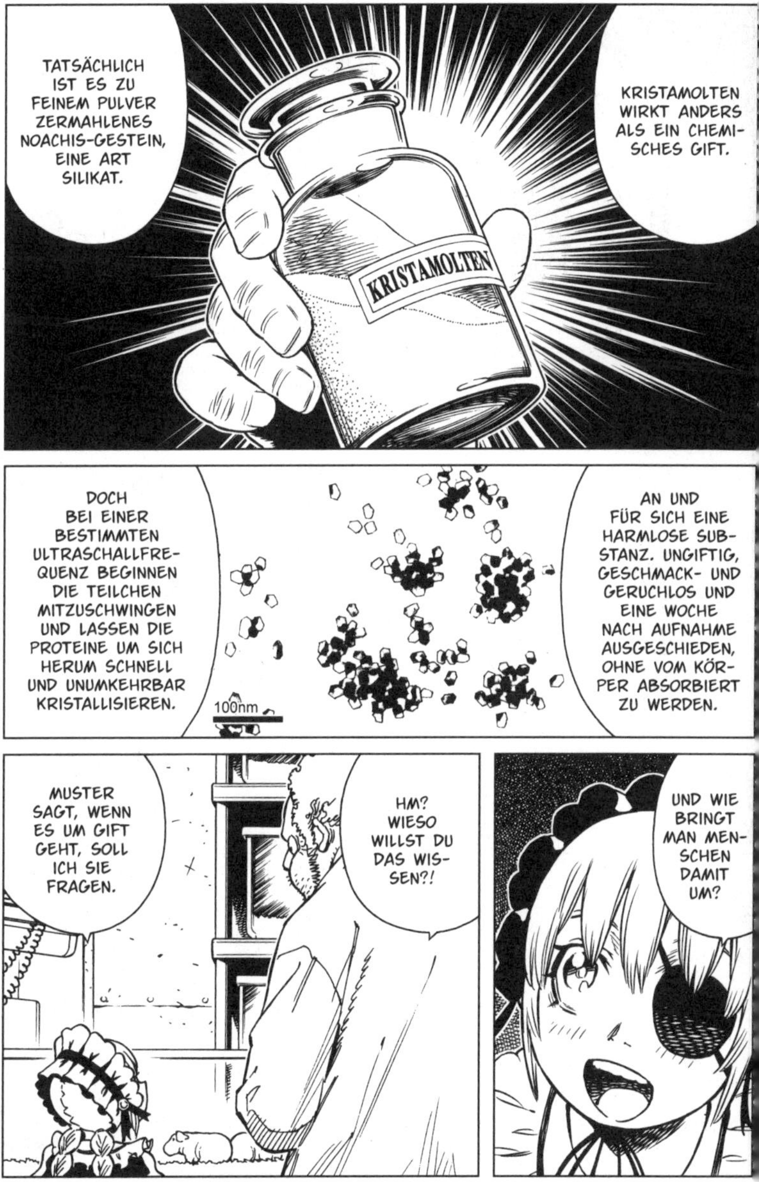
KRISTAMOLTEN WIRKT ANDERS ALS EIN CHEMISCHES GIFT.
TATSÄCHLICH IST ES ZU FEINEM PULVER ZERMAHLENES NOACHIS-GESTEIN, EINE ART SILIKAT.
KRISTAMOLTEN
AN UND FÜR SICH EINE HARMLOSE SUBSTANZ. UNGIFTIG, GESCHMACK- UND GERUCHLOS UND EINE WOCHE NACH AUFNAHME AUSGESCHIEDEN, OHNE VOM KÖRPER ABSORBIERT ZU WERDEN.
DOCH BEI EINER BESTIMMTEN ULTRASCHALLFREQUENZ BEGINNEN DIE TEILCHEN MITZUSCHWINGEN UND LASSEN DIE PROTEINE UM SICH HERUM SCHNELL UND UNUMKEHRBAR KRISTALLISIEREN.
100nm
UND WIE BRINGT MAN MENSCHEN DAMIT UM?
HM? WIESO WILLST DU DAS WISSEN?!
MUSTER SAGT, WENN ES UM GIFT GEHT, SOLL ICH SIE FRAGEN.

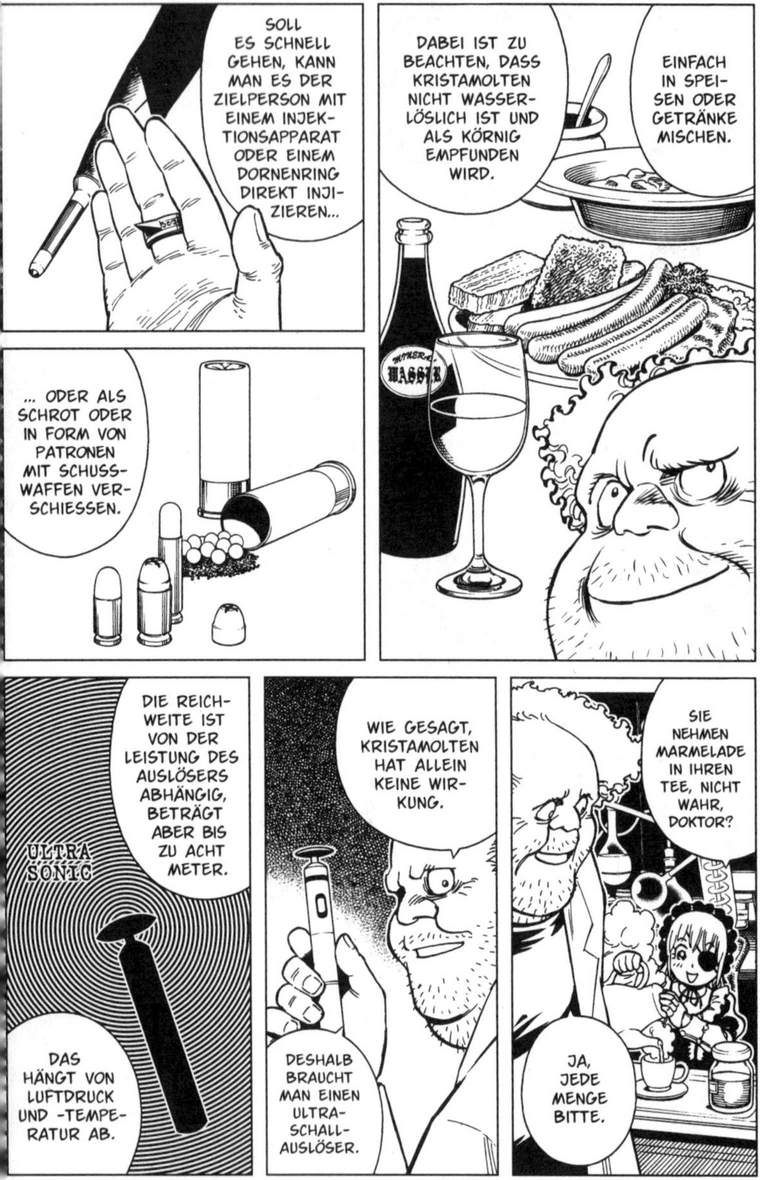
EINFACH IN SPEISEN ODER GETRÄNKE MISCHEN.
DABEI IST ZU BEACHTEN, DASS KRISTAMOLTEN NICHT WASSERLÖSLICH IST UND ALS KÖRNIG EMPFUNDEN WIRD.
MINERAL WASSER
SOLL ES SCHNELL GEHEN, KANN MAN ES DER ZIELPERSON MIT EINEM INJEKTIONSAPPARAT ODER EINEM DORNENRING DIREKT INJIZIEREN...
... ODER ALS SCHROT ODER IN FORM VON PATRONEN MIT SCHUSSWAFFEN VERSCHIESSEN.
SIE NEHMEN MARMELADE IN IHREN TEE, NICHT WAHR, DOKTOR?
JA, JEDE MENGE BITTE.
WIE GESAGT, KRISTAMOLTEN HAT ALLEIN KEINE WIRKUNG.
DESHALB BRAUCHT MAN EINEN ULTRASCHALLAUSLÖSER.
DIE REICHWEITE IST VON DER LEISTUNG DES AUSLÖSERS ABHÄNGIG, BETRÄGT ABER BIS ZU ACHT METER.
ULTRA SONIC
DAS HÄNGT VON LUFTDRUCK UND -TEMPERATUR AB.

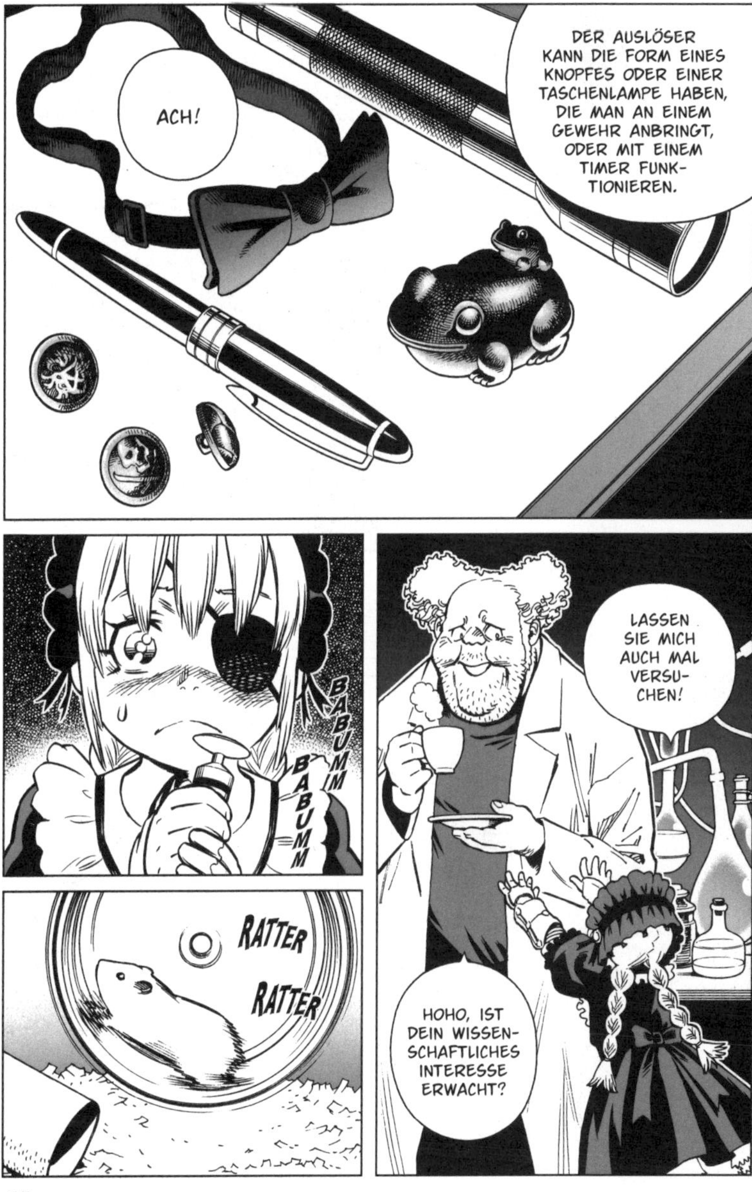
DER AUSLÖSER KANN DIE FORM EINES KNOPFES ODER EINER TASCHENLAMPE HABEN, DIE MAN AN EINEM GEWEHR ANBRINGT, ODER MIT EINEM TIMER FUNK-TIONIEREN.
ACH!
LASSEN SIE MICH AUCH MAL VERSU-CHEN!
HOHO, IST DEIN WISSEN-SCHAFTLICHES INTERESSE ERWACHT?
BABUMM
BABUMM
RATTER
RATTER

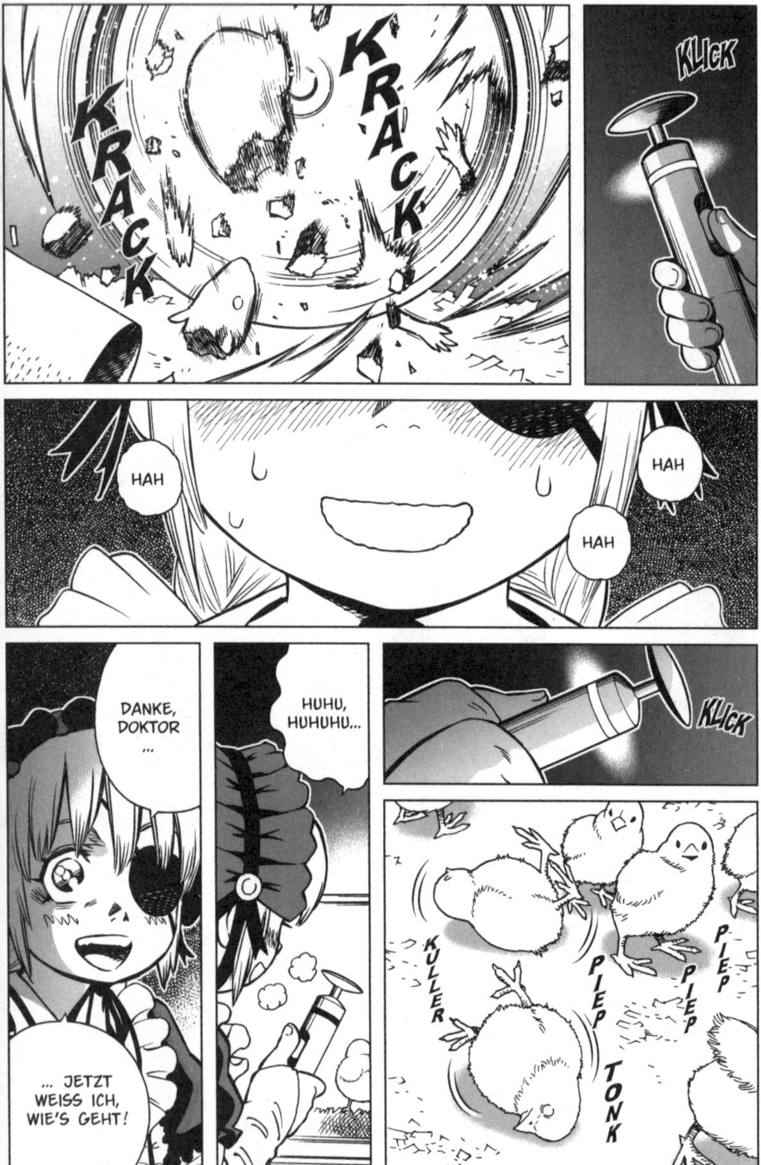
KLICK
KRACK
KRACK
HAH
HAH
HAH
KLICK
KULLER
PIEP
PIEP
PIEP
TONK
HUHU, HUHUHU...
DANKE, DOKTOR ...
... JETZT WEISS ICH, WIE'S GEHT!

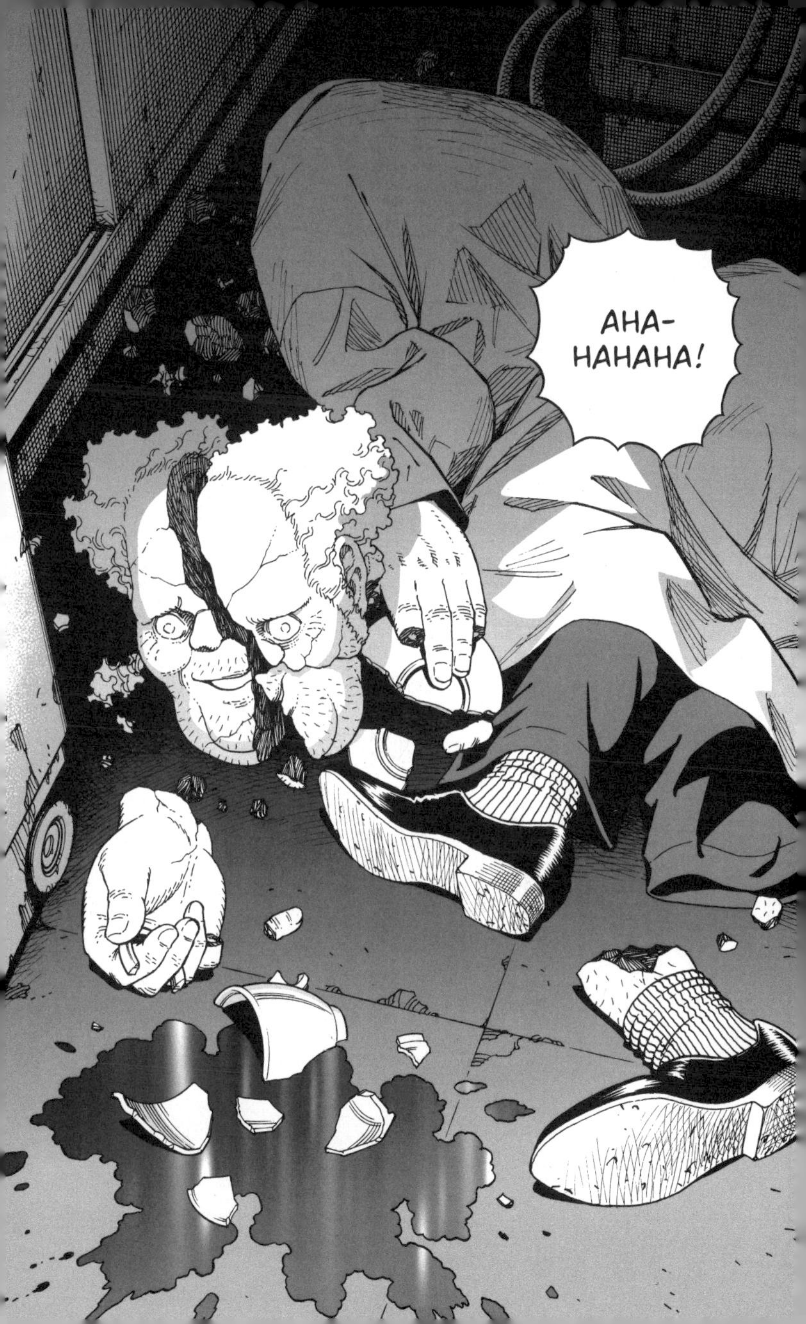
AHA-
HAHAHA!

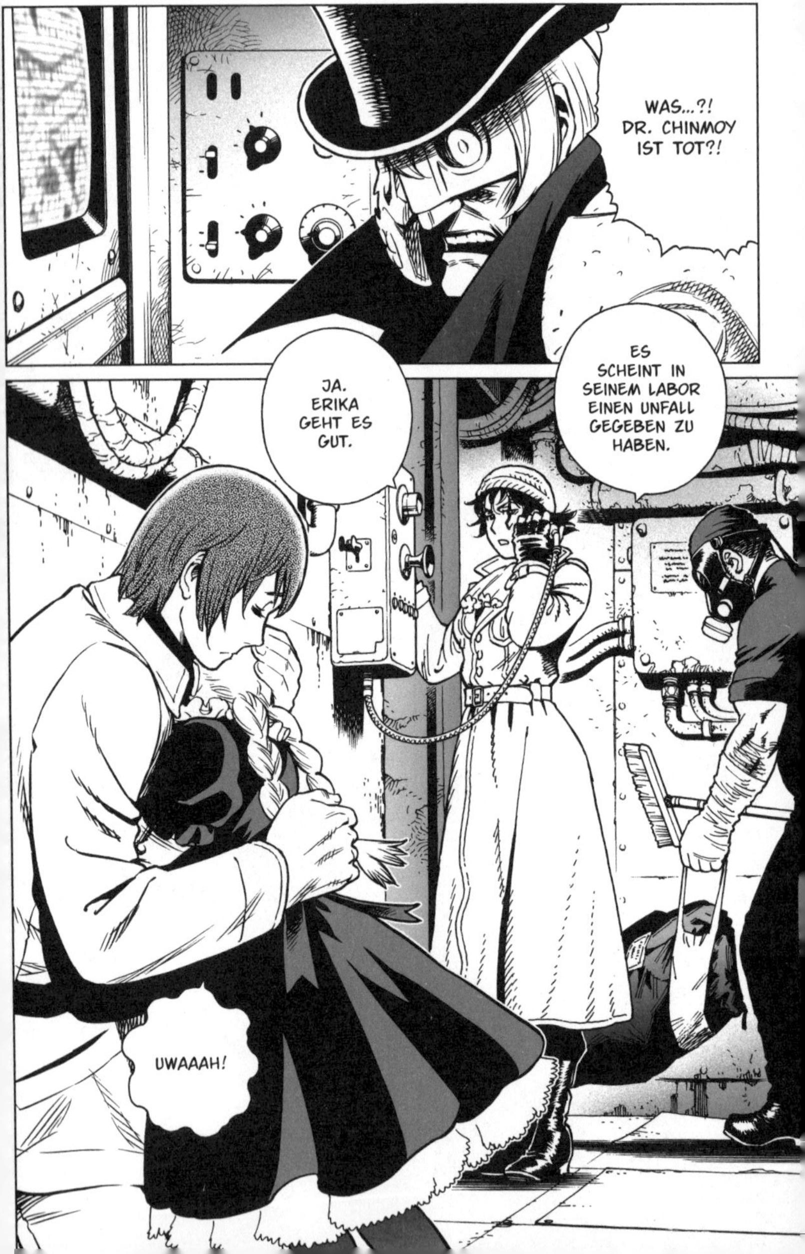
WAS...?!
DR. CHINMOY
IST TOT?!
ES
SCHEINT IN
SEINEM LABOR
EINEN UNFALL
GEGEBEN ZU
HABEN.
JA.
ERIKA
GEHT ES
GUT.
UWAAAH!

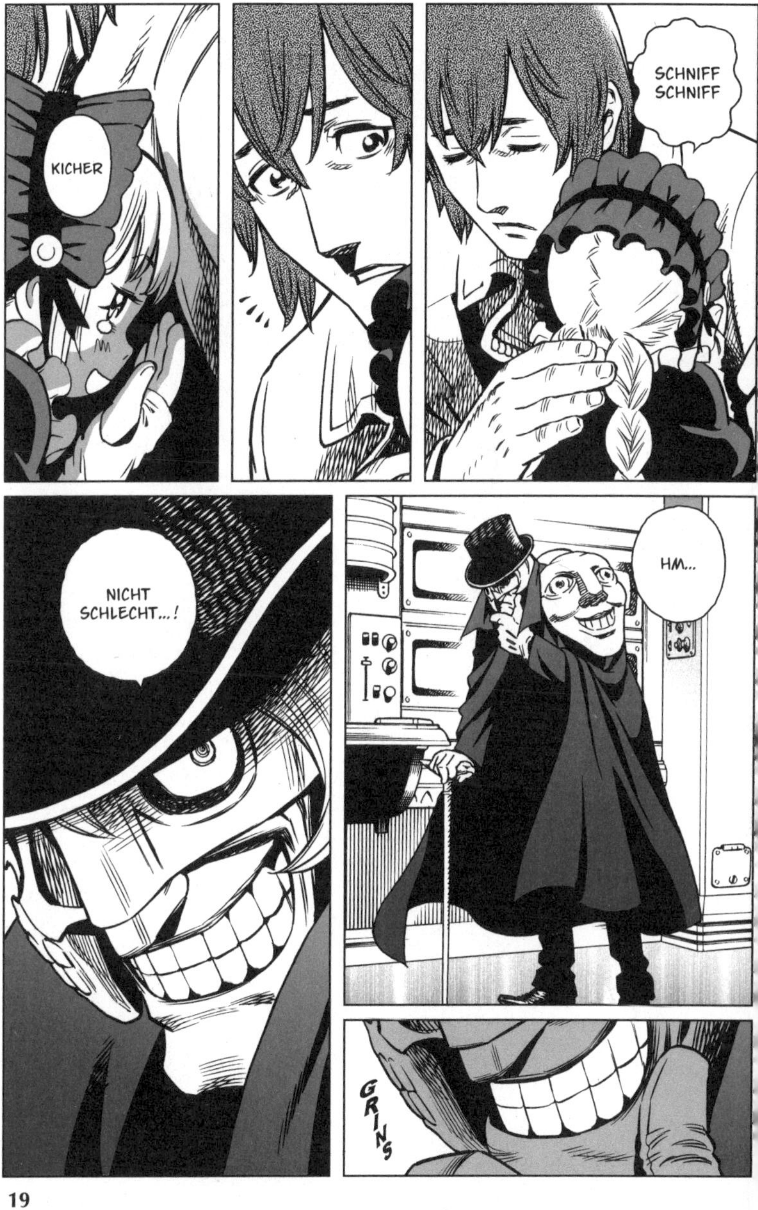
SCHNIFF SCHNIFF
KICHER
HM...
NICHT SCHLECHT...!
GRINS

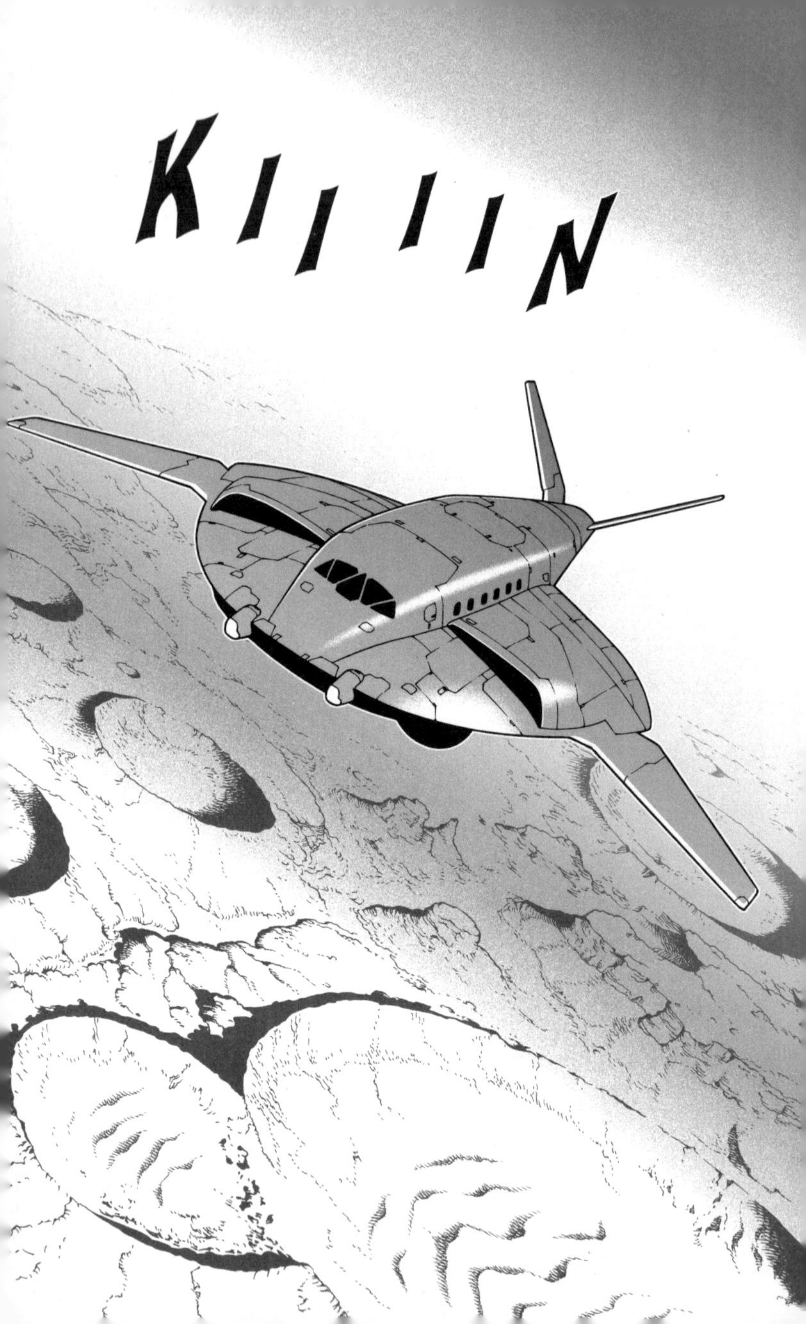
KIIIIN

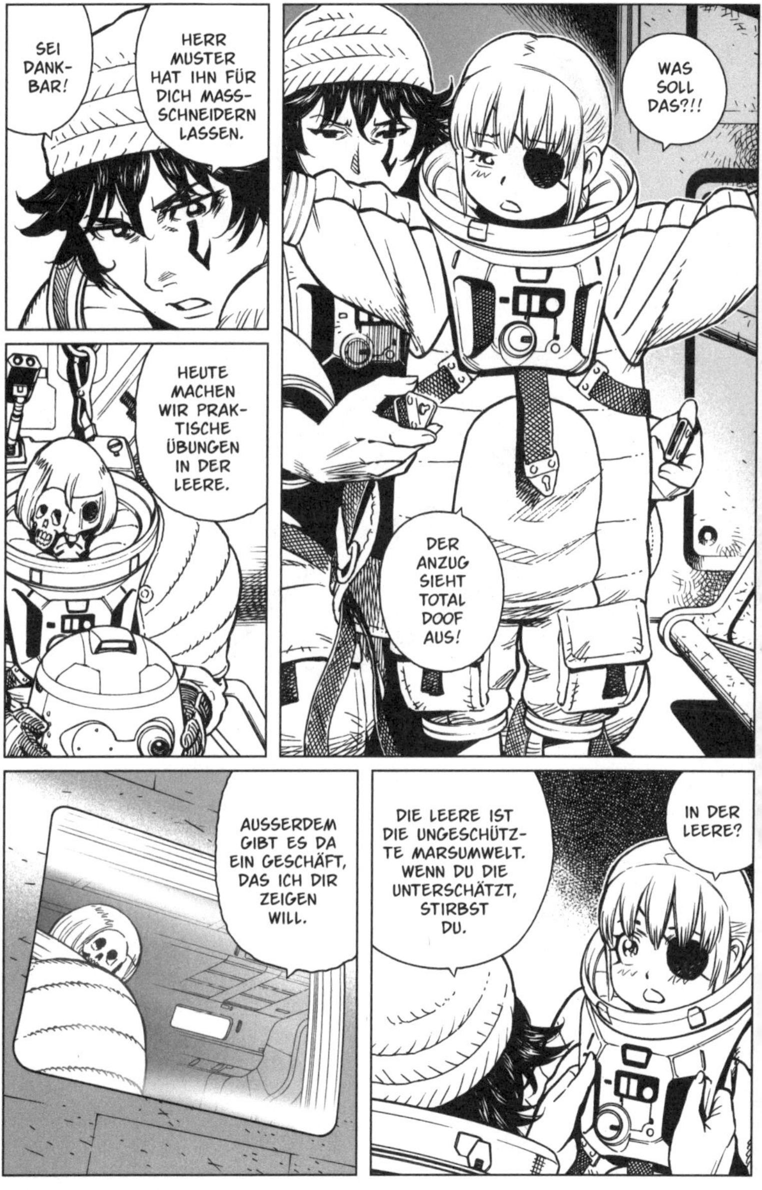
SEI DANKBAR!
HERR MUSTER HAT IHN FÜR DICH MASSSCHNEIDERN LASSEN.
WAS SOLL DAS?!!
HEUTE MACHEN WIR PRAKTISCHE ÜBUNGEN IN DER LEERE.
DER ANZUG SIEHT TOTAL DOOF AUS!
IN DER LEERE?
DIE LEERE IST DIE UNGESCHÜTZTE MARSUMWELT. WENN DU DIE UNTERSCHÄTZT, STIRBST DU.
AUSSERDEM GIBT ES DA EIN GESCHÄFT, DAS ICH DIR ZEIGEN WILL.

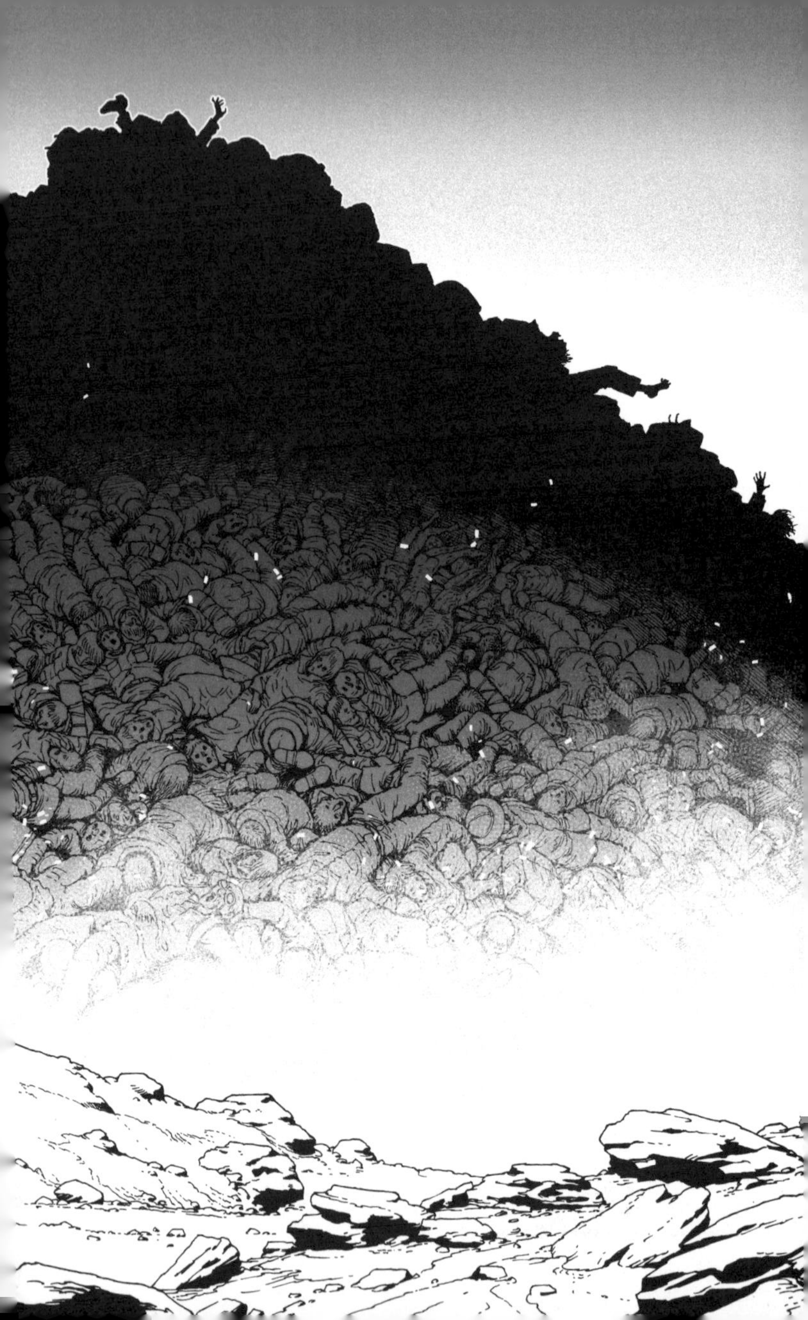

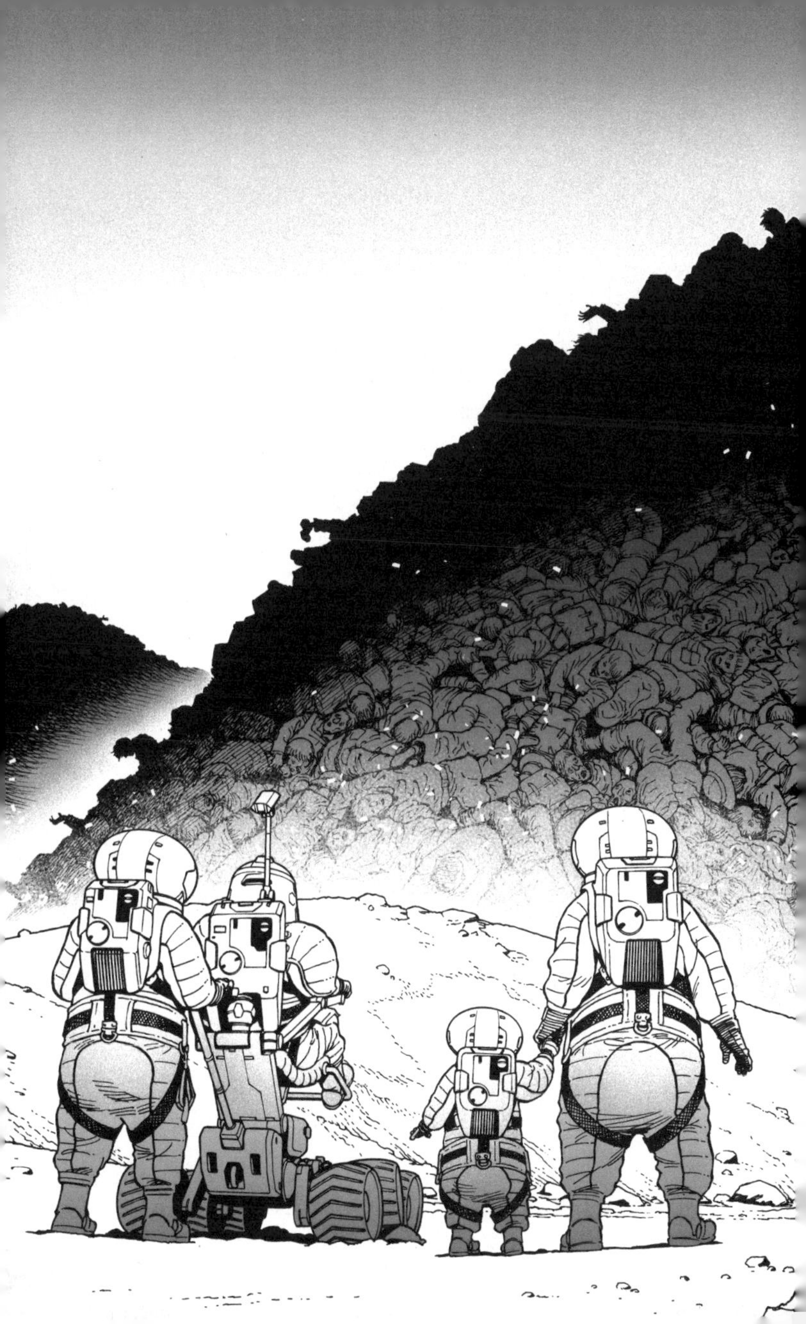

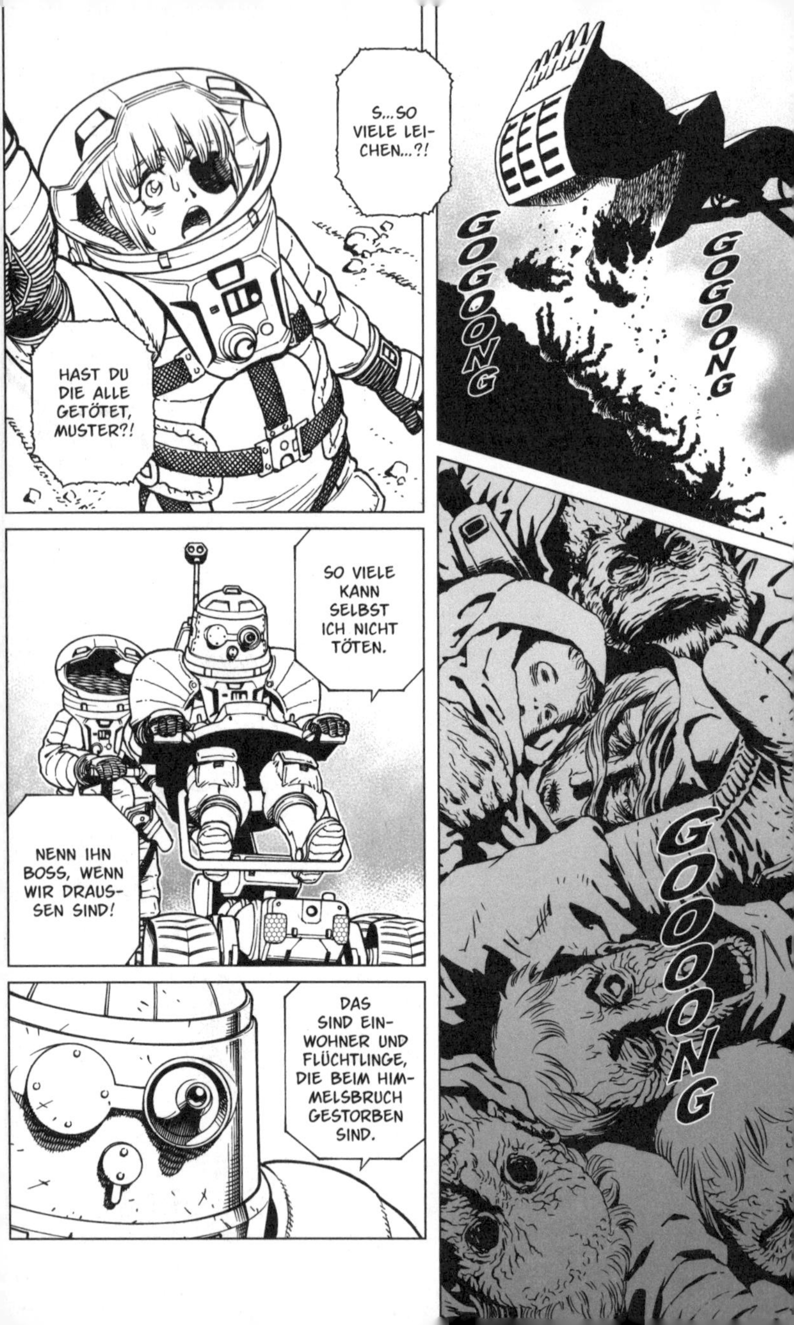
GOGOOONG
GOGOOONG
GOOOOOONG
S...SO VIELE LEICHEN...?!
HAST DU DIE ALLE GETÖTET, MUSTER?!
SO VIELE KANN SELBST ICH NICHT TÖTEN.
NENN IHN BOSS, WENN WIR DRAUSSEN SIND!
DAS SIND EINWOHNER UND FLÜCHTLINGE, DIE BEIM HIMMELSBRUCH GESTORBEN SIND.

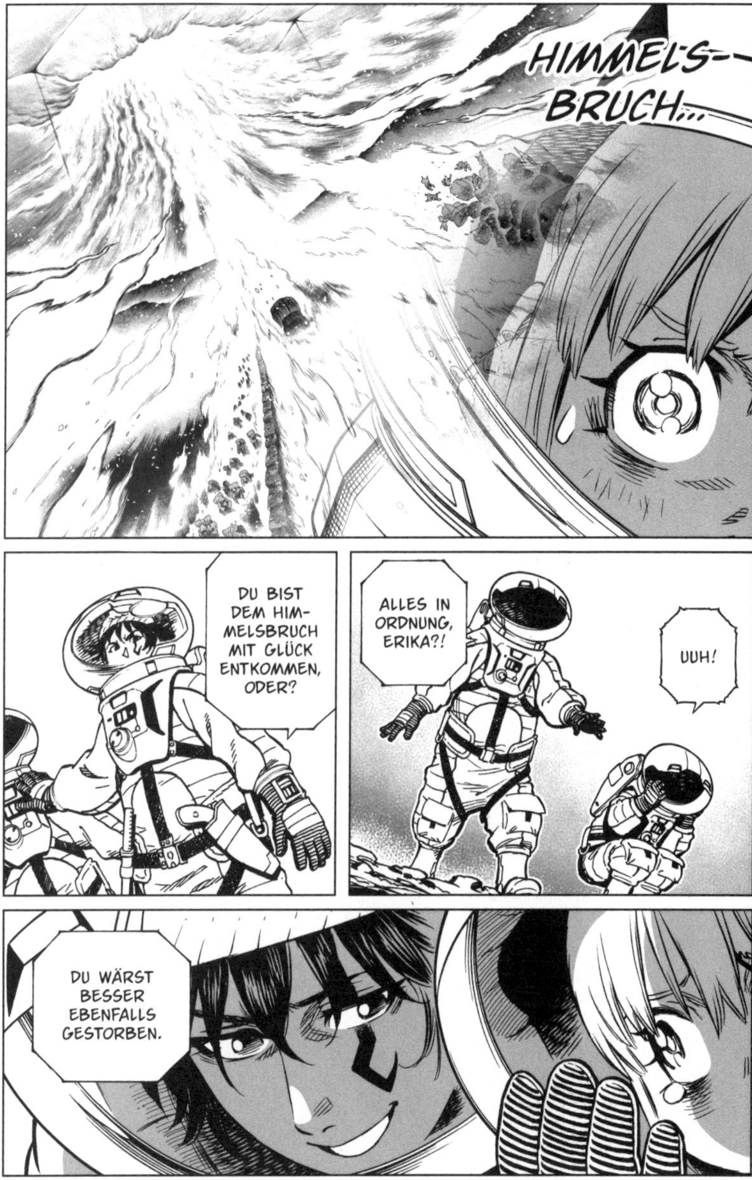
HIMMELS-BRUCH...
DU BIST DEM HIM-MELSBRUCH MIT GLÜCK ENTKOMMEN, ODER?
ALLES IN ORDNUNG, ERIKA?!
UUH!
DU WÄRST BESSER EBENFALLS GESTORBEN.

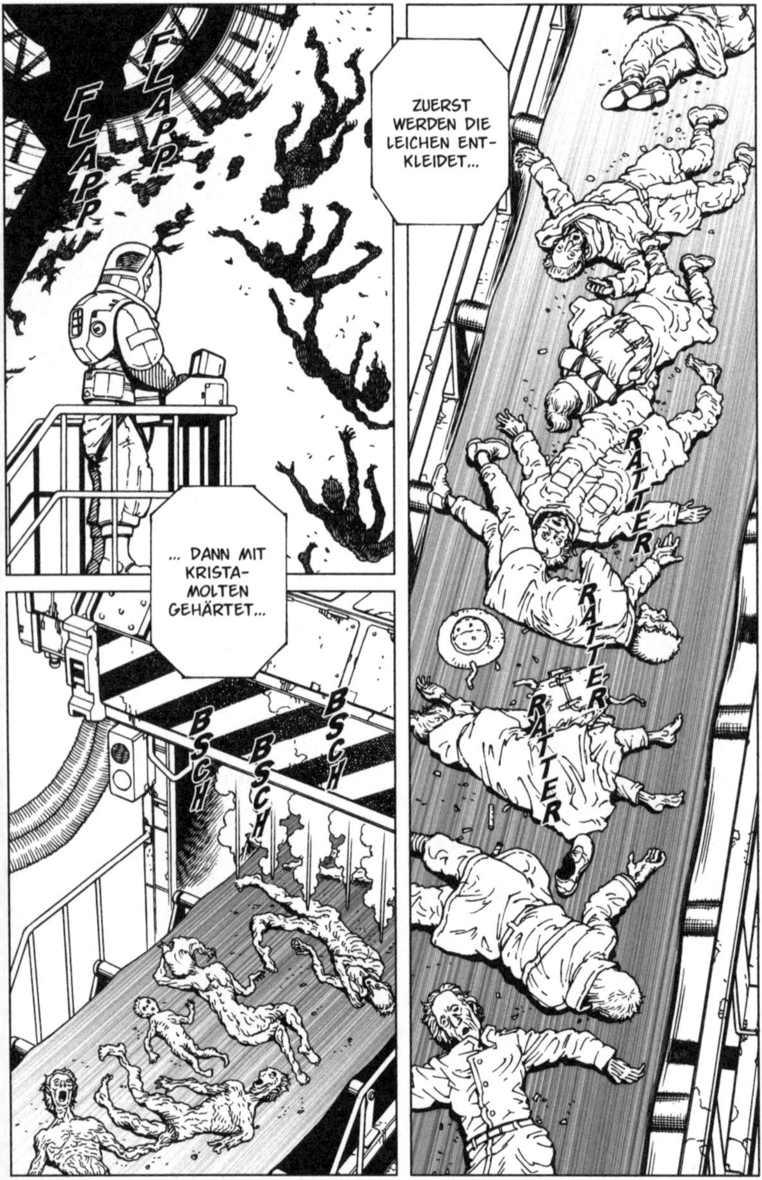
ZUERST WERDEN DIE LEICHEN ENT-KLEIDET...
RATTER RATTER RATTER RATTER
FLAPP FLAPP
... DANN MIT KRISTA-MOLTEN GEHÄRTET...
BSCH BSCH BSCH

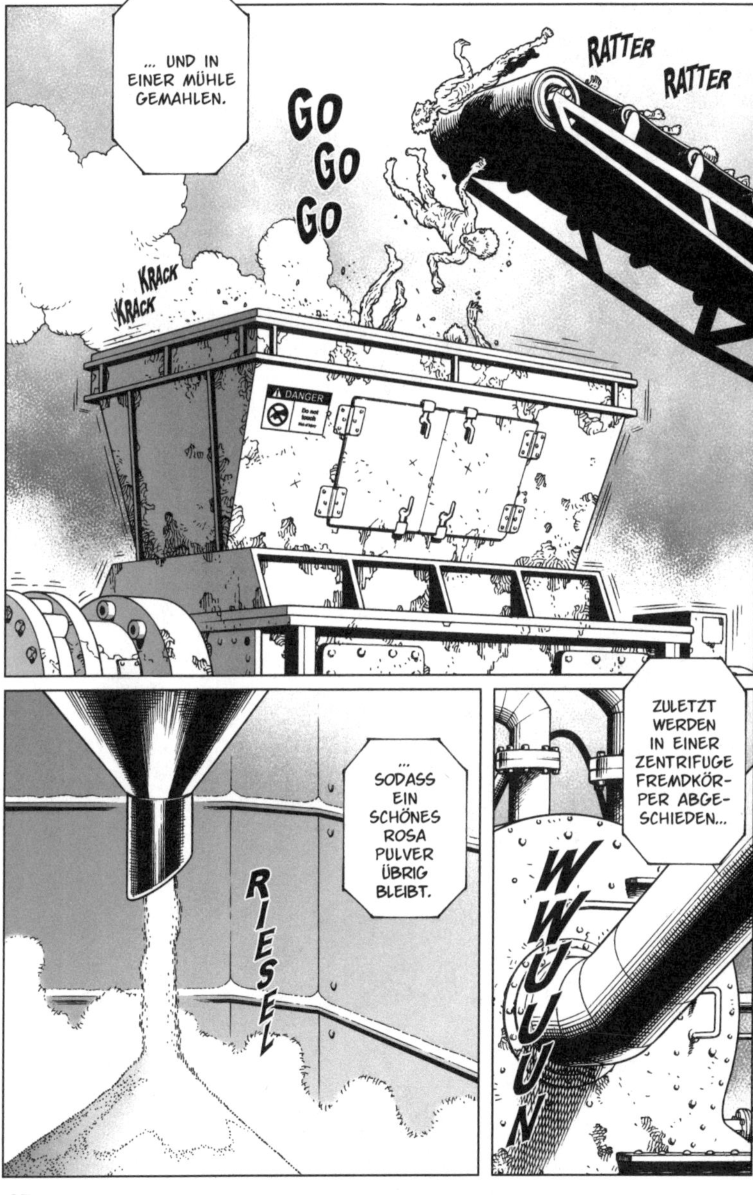
... UND IN EINER MÜHLE GEMAHLEN.
GO GO GO
RATTER RATTER
KRACK KRACK
DANGER
Do not touch
ZULETZT WERDEN IN EINER ZENTRIFUGE FREMDKÖRPER ABGESCHIEDEN...
WWUUUN
... SODASS EIN SCHÖNES ROSA PULVER ÜBRIG BLEIBT.
RIESEL

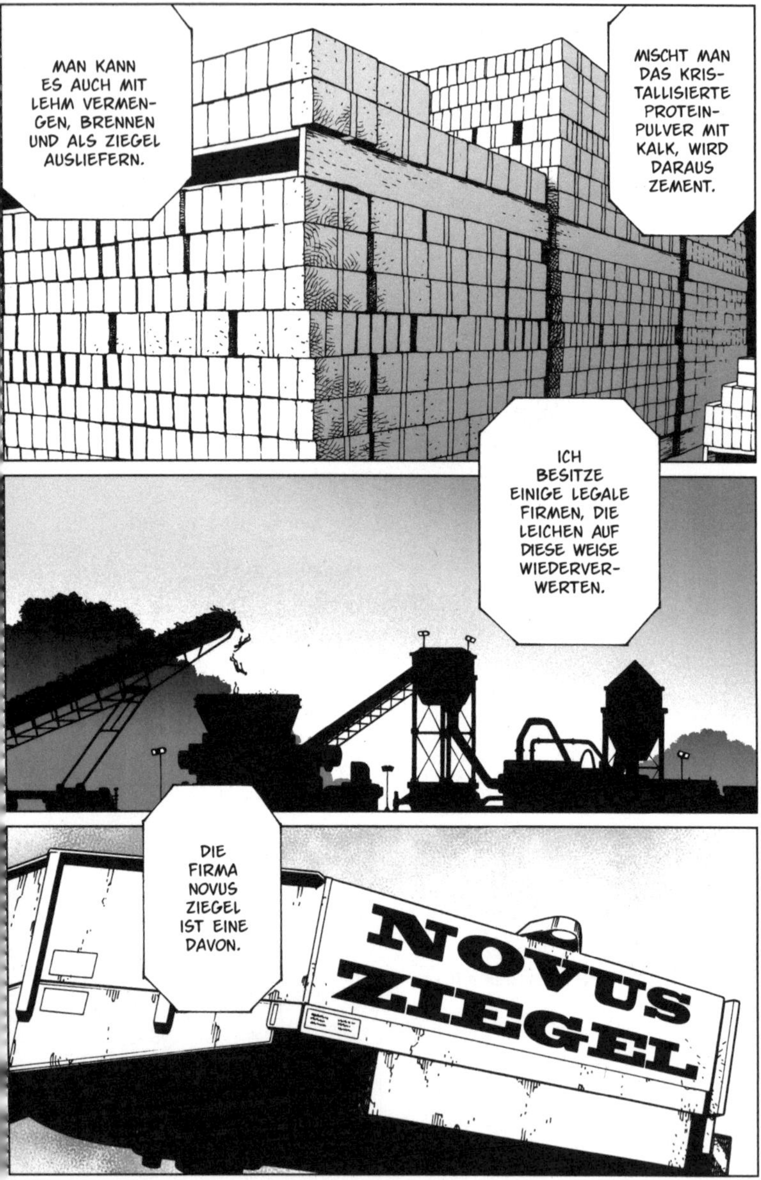
MISCHT MAN DAS KRISTALLISIERTE PROTEINPULVER MIT KALK, WIRD DARAUS ZEMENT.
MAN KANN ES AUCH MIT LEHM VERMENGEN, BRENNEN UND ALS ZIEGEL AUSLIEFERN.
ICH BESITZE EINIGE LEGALE FIRMEN, DIE LEICHEN AUF DIESE WEISE WIEDERVERWERTEN.
DIE FIRMA NOVUS ZIEGEL IST EINE DAVON.
NOVUS ZIEGEL

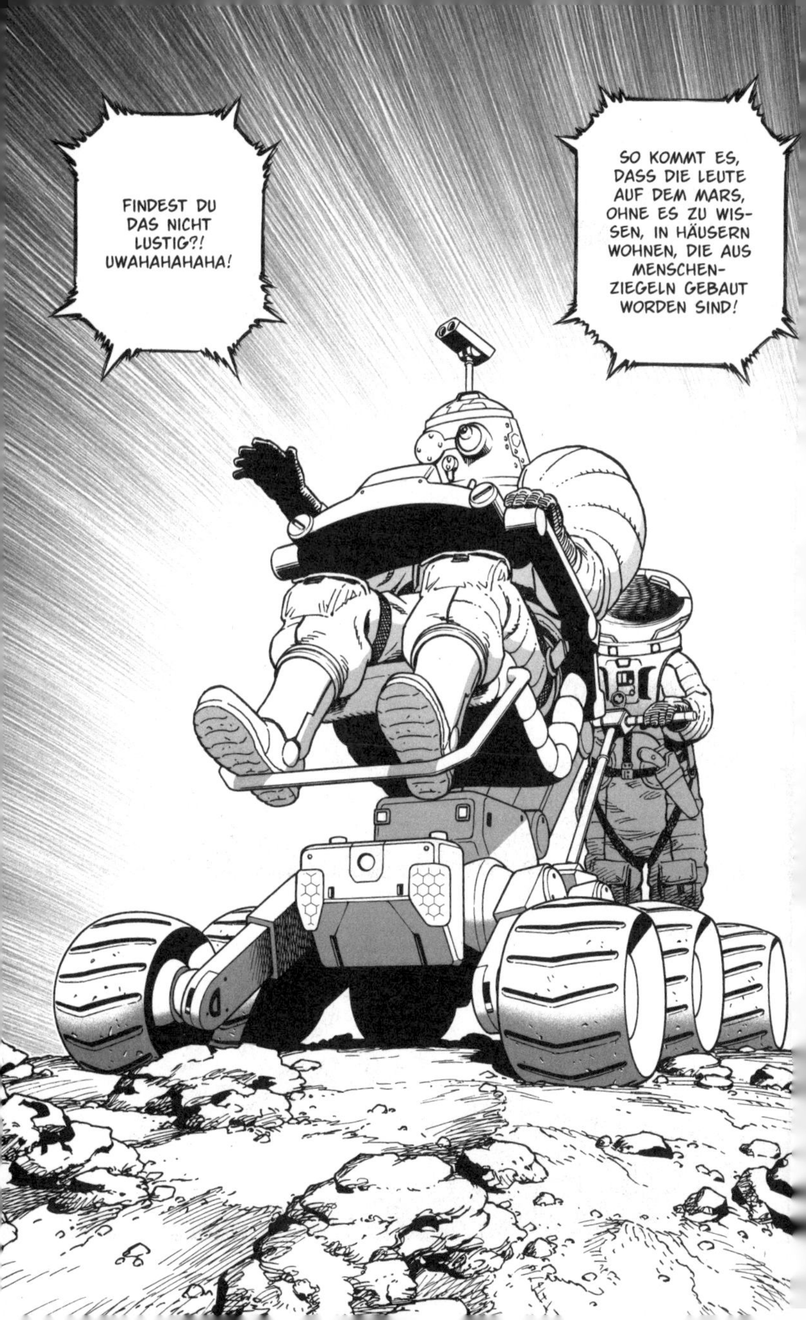
SO KOMMT ES, DASS DIE LEUTE AUF DEM MARS, OHNE ES ZU WISSEN, IN HÄUSERN WOHNEN, DIE AUS MENSCHENZIEGELN GEBAUT WORDEN SIND!
FINDEST DU DAS NICHT LUSTIG?! UWAHAHAHAHA!

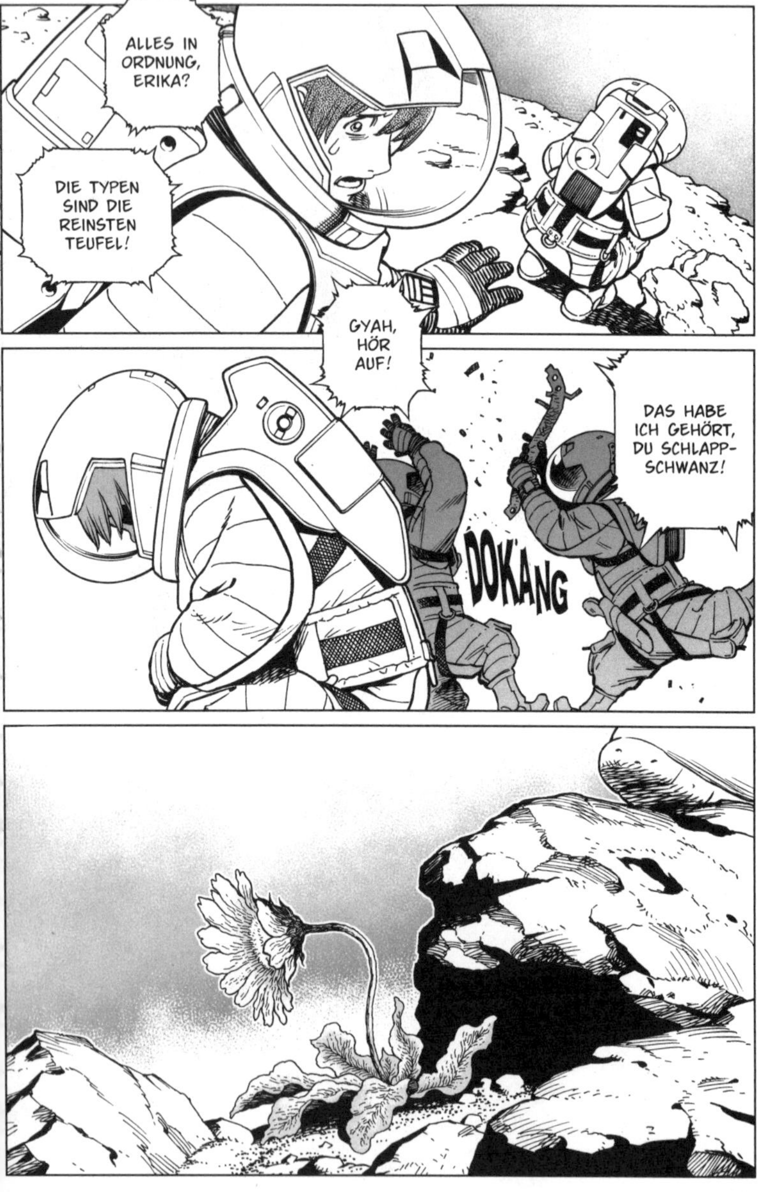
ALLES IN ORDNUNG, ERIKA?
DIE TYPEN SIND DIE REINSTEN TEUFEL!
GYAH, HÖR AUF!
DAS HABE ICH GEHÖRT, DU SCHLAPP-SCHWANZ!
DOKANG

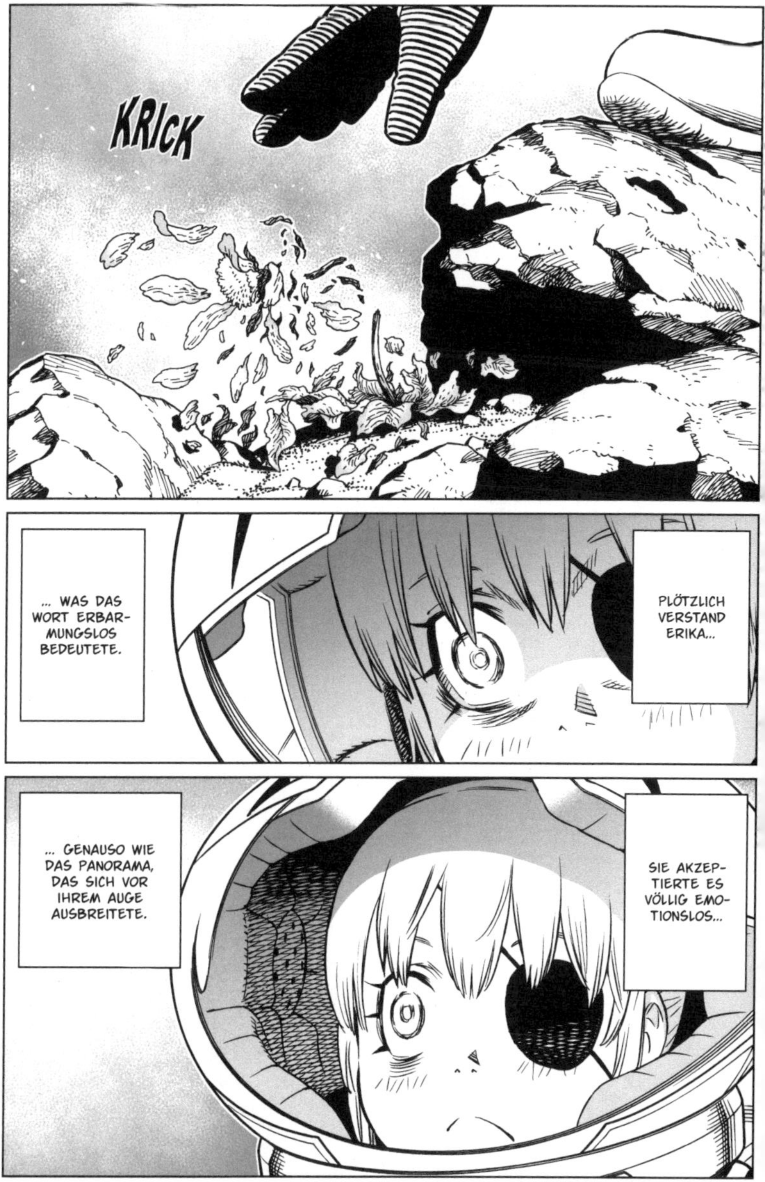
KRICK
PLÖTZLICH VERSTAND ERIKA...
... WAS DAS WORT ERBARMUNGSLOS BEDEUTETE.
SIE AKZEPTIERTE ES VÖLLIG EMOTIONSLOS...
... GENAUSO WIE DAS PANORAMA, DAS SICH VOR IHREM AUGE AUSBREITETE.

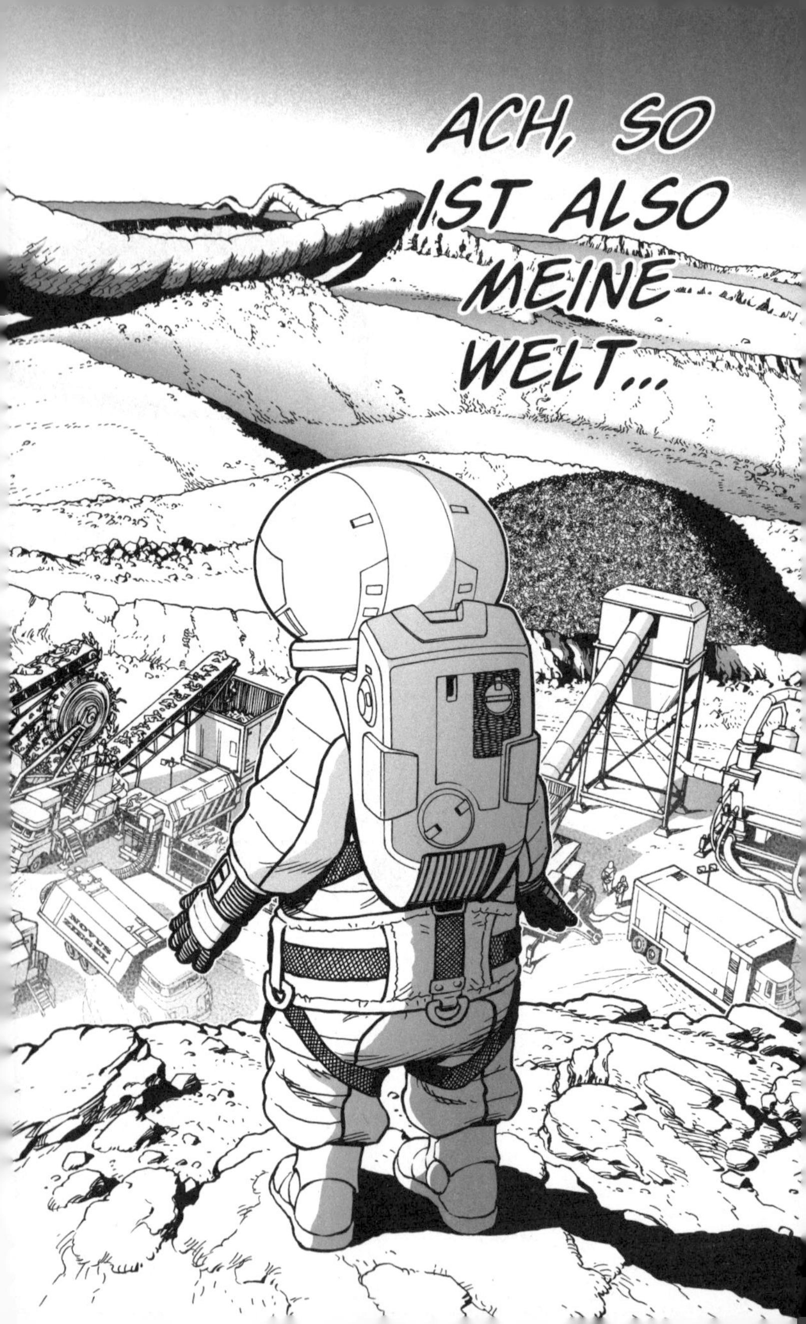
ACH, SO IST ALSO MEINE WELT...
NOVUS ZIEGEL

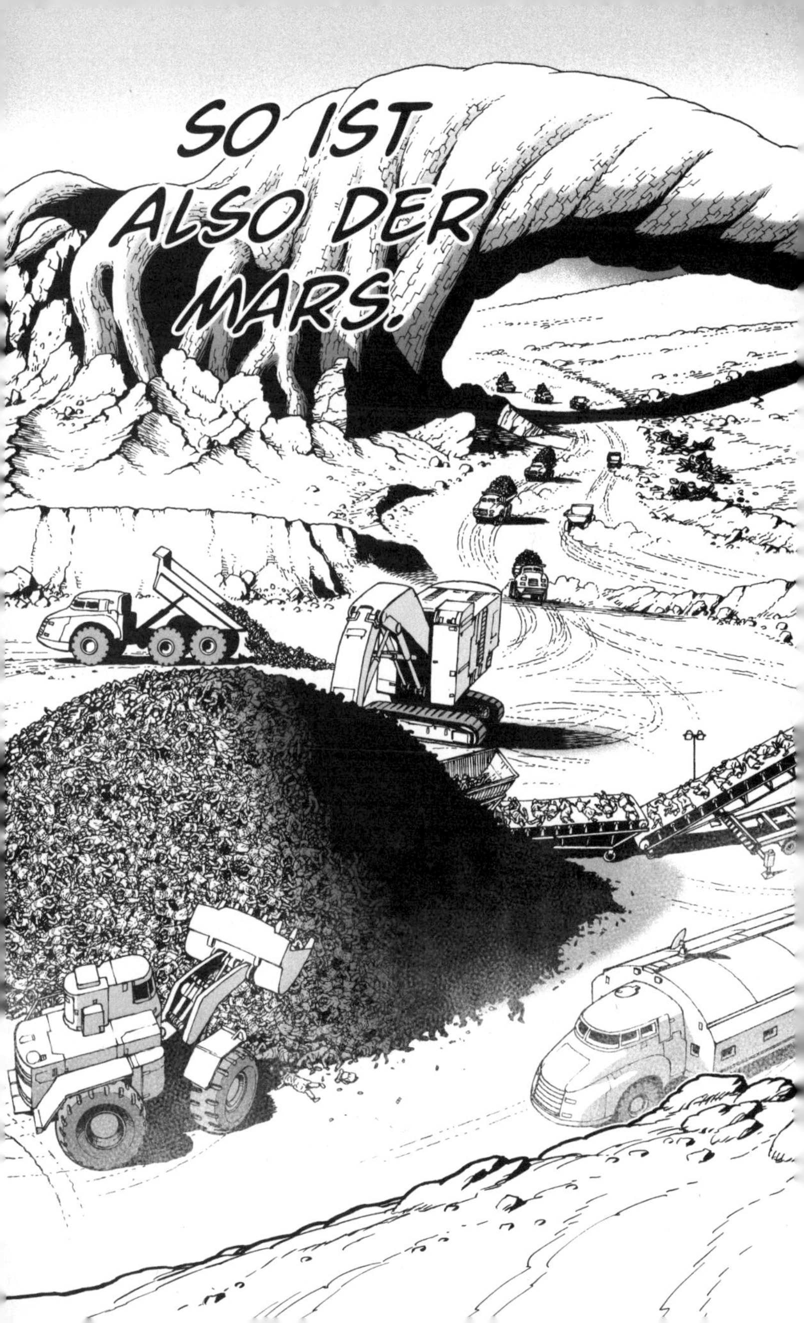
SO IST ALSO DER MARS.

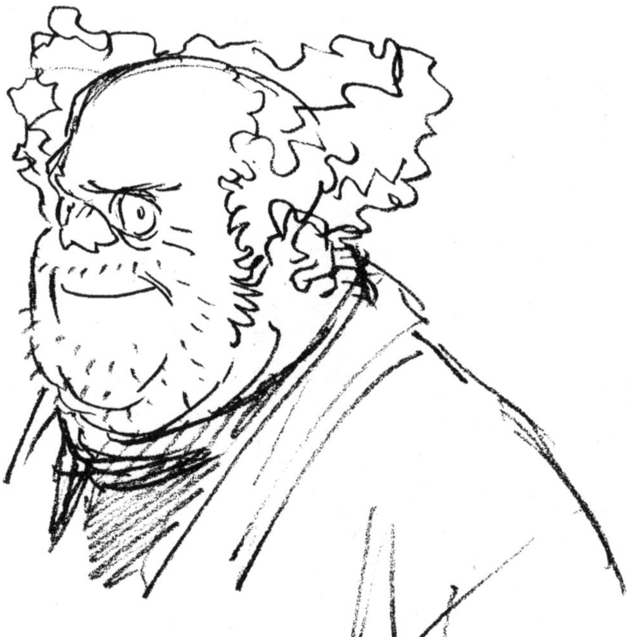

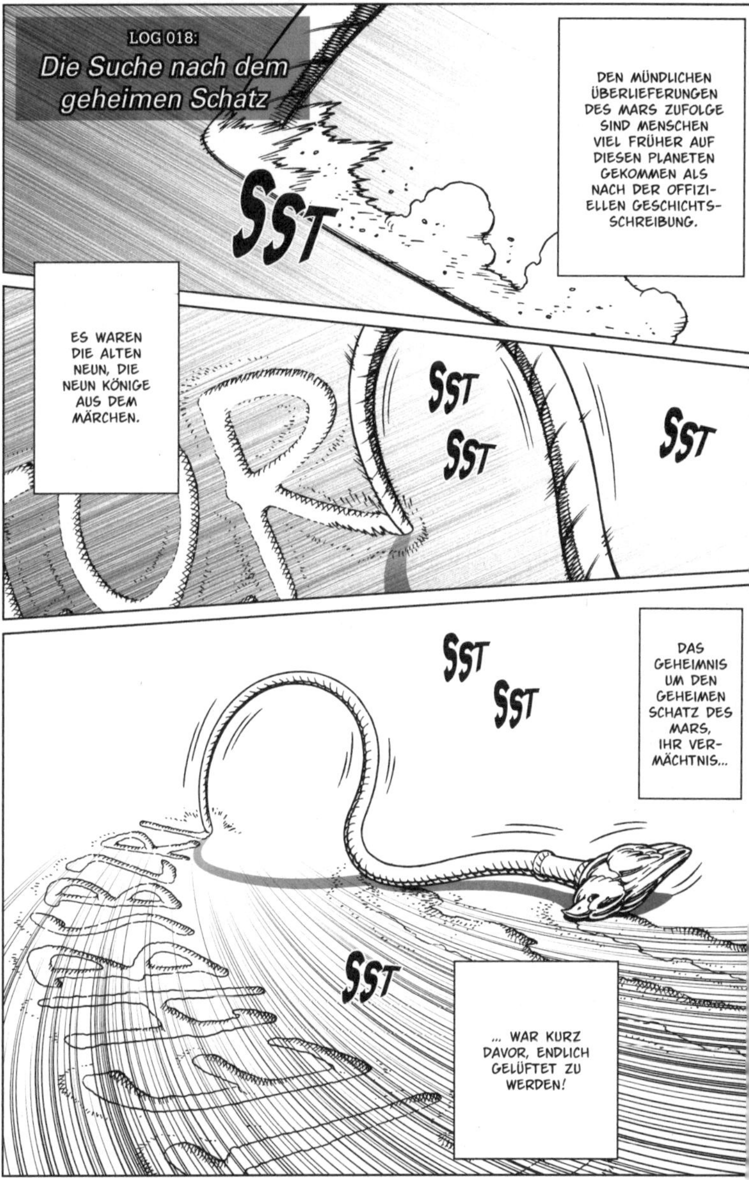
LOG 018:
Die Suche nach dem geheimen Schatz
DEN MÜNDLICHEN ÜBERLIEFERUNGEN DES MARS ZUFOLGE SIND MENSCHEN VIEL FRÜHER AUF DIESEN PLANETEN GEKOMMEN ALS NACH DER OFFIZIELLEN GESCHICHTSSCHREIBUNG.
SST
ES WAREN DIE ALTEN NEUN, DIE NEUN KÖNIGE AUS DEM MÄRCHEN.
SST
SST
SST
DAS GEHEIMNIS UM DEN GEHEIMEN SCHATZ DES MARS, IHR VERMÄCHTNIS...
SST
SST
SST
... WAR KURZ DAVOR, ENDLICH GELÜFTET ZU WERDEN!

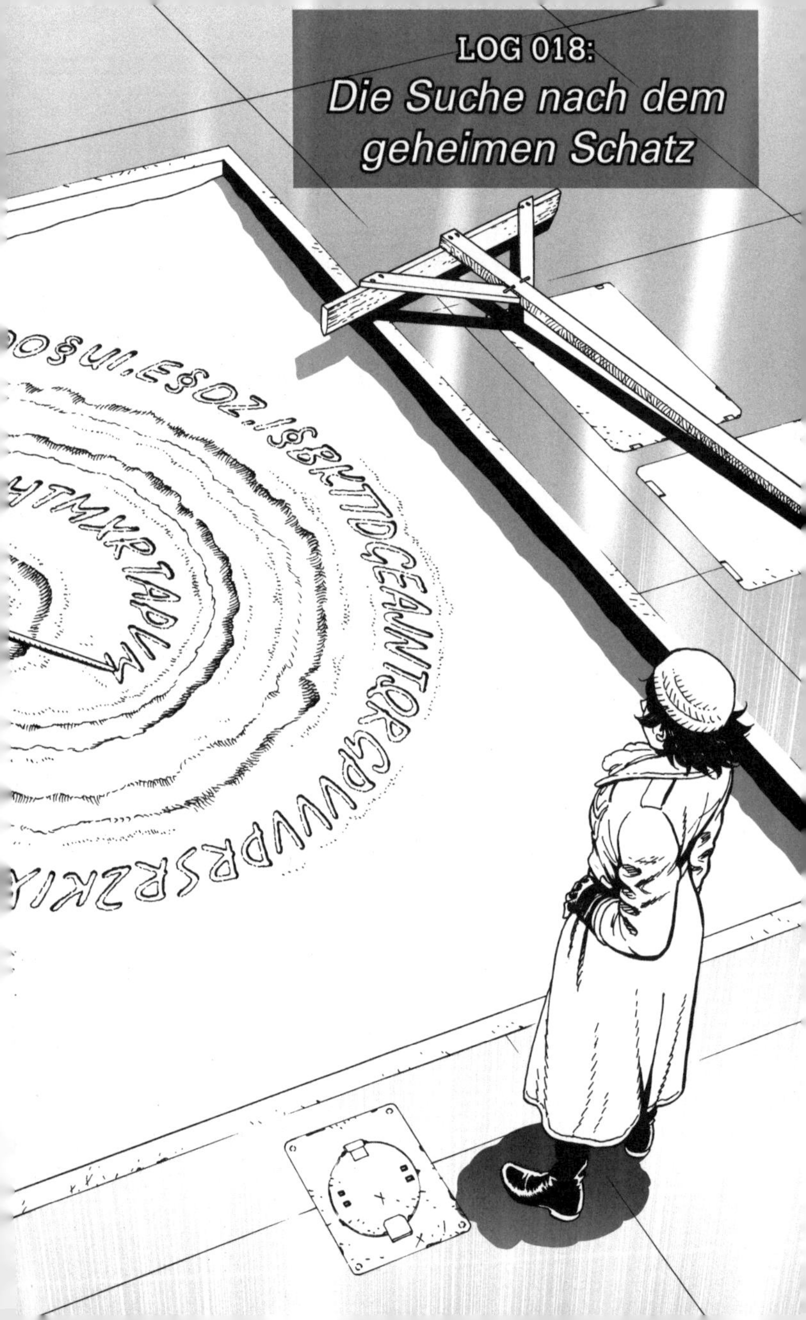
LOG 018:
Die Suche nach dem geheimen Schatz

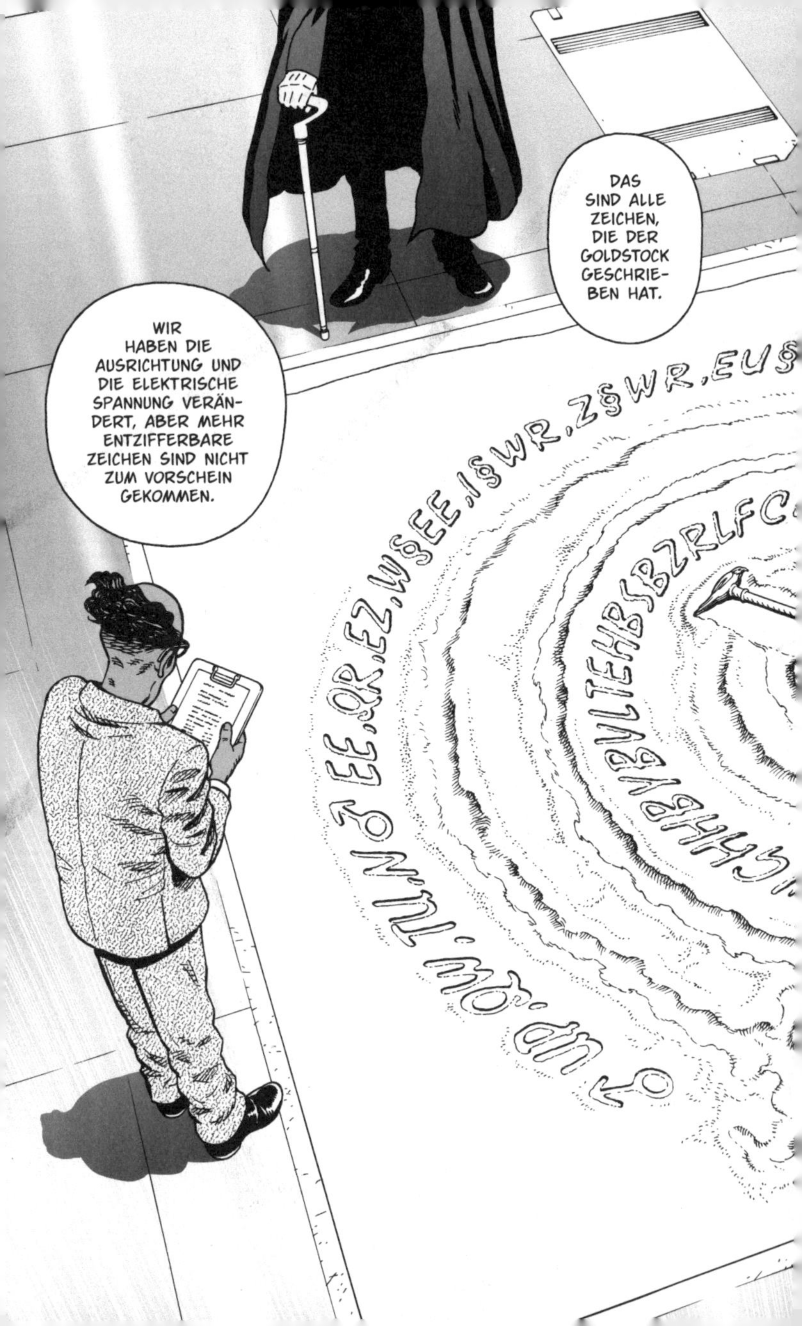
DAS SIND ALLE ZEICHEN, DIE DER GOLDSTOCK GESCHRIEBEN HAT.
WIR HABEN DIE AUSRICHTUNG UND DIE ELEKTRISCHE SPANNUNG VERÄNDERT, ABER MEHR ENTZIFFERBARE ZEICHEN SIND NICHT ZUM VORSCHEIN GEKOMMEN.

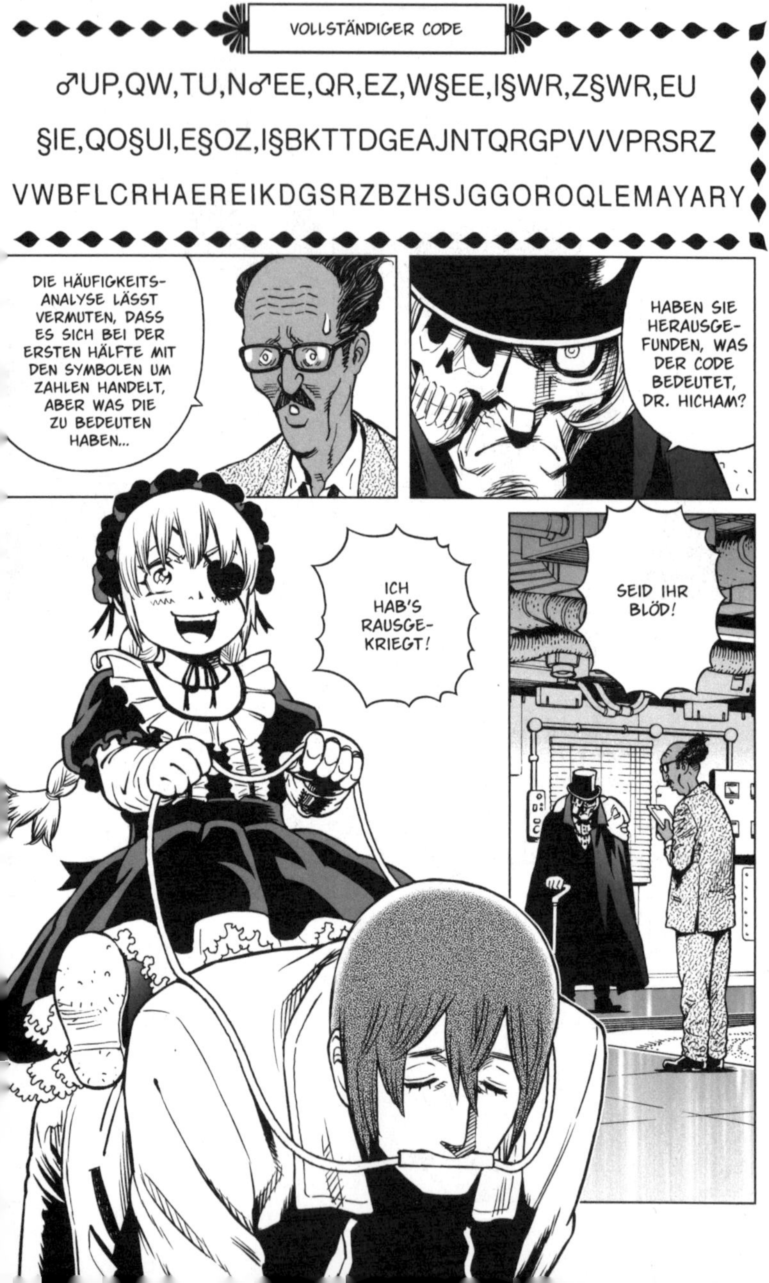
VOLLSTÄNDIGER CODE
♂UP,QW,TU,N♂EE,QR,EZ,W§EE,I§WR,Z§WR,EU
§IE,QO§UI,E§OZ,I§BKTTDGEAJNTQRGPVVVPRSRZ
VWBFLCRHAEREIKDGSRZBZHSJGGOROQLEMAYARY
HABEN SIE HERAUSGEFUNDEN, WAS DER CODE BEDEUTET, DR. HICHAM?
DIE HÄUFIGKEITSANALYSE LÄSST VERMUTEN, DASS ES SICH BEI DER ERSTEN HÄLFTE MIT DEN SYMBOLEN UM ZAHLEN HANDELT, ABER WAS DIE ZU BEDEUTEN HABEN...
SEID IHR BLÖD!
ICH HAB'S RAUSGEKRIEGT!

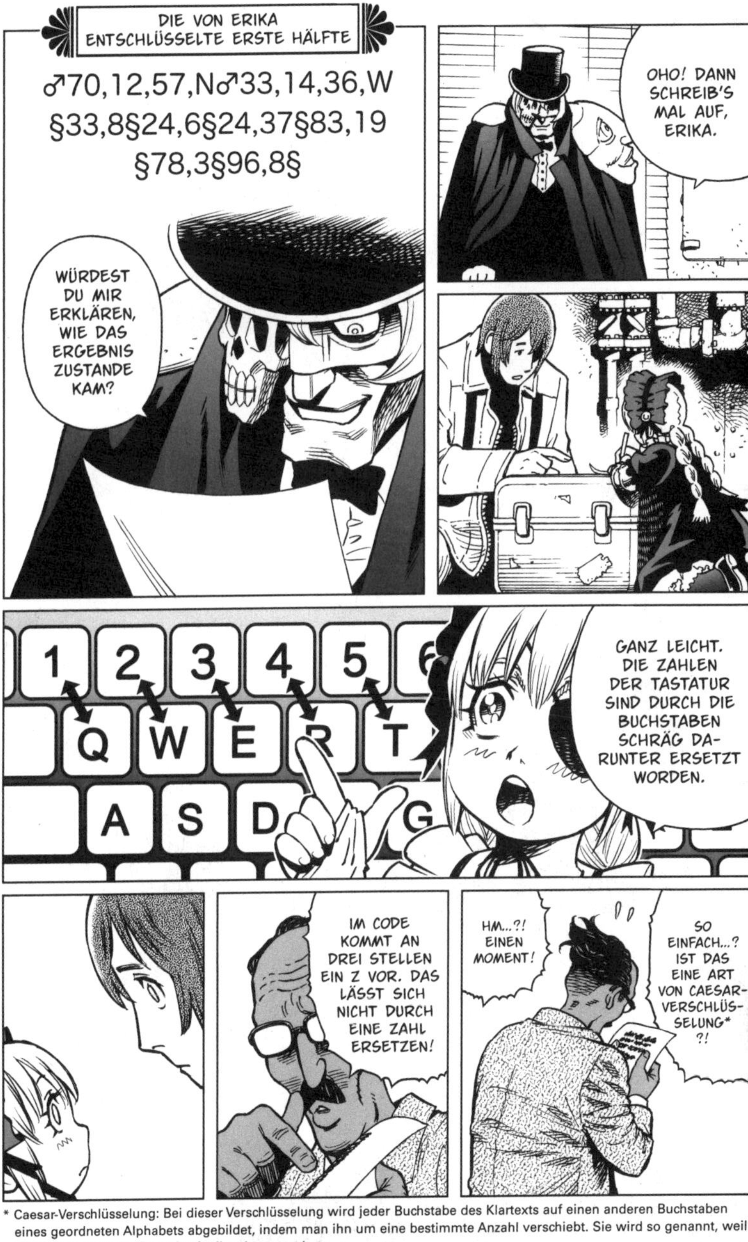

* Caesar-Verschlüsselung: Bei dieser Verschlüsselung wird jeder Buchstabe des Klartexts auf einen anderen Buchstaben eines geordneten Alphabets abgebildet, indem man ihn um eine bestimmte Anzahl verschiebt. Sie wird so genannt, weil Julius Caesar sie im Rom der Antike eingesetzt hat.

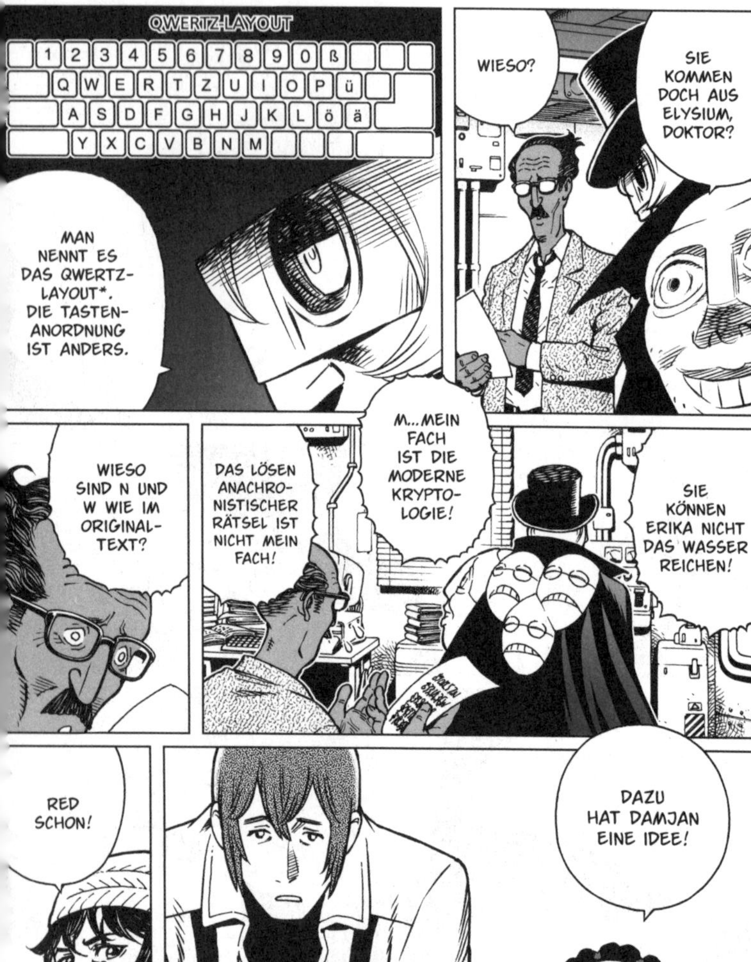

* QWERTZ-Layout: Diese Tastaturanordnung ist in den deutschsprachigen Ländern im Gebrauch. Weil im Deutschen das Z häufiger benutzt wird, hat es im QWERTZ-Layout die Position mit dem Y getauscht.

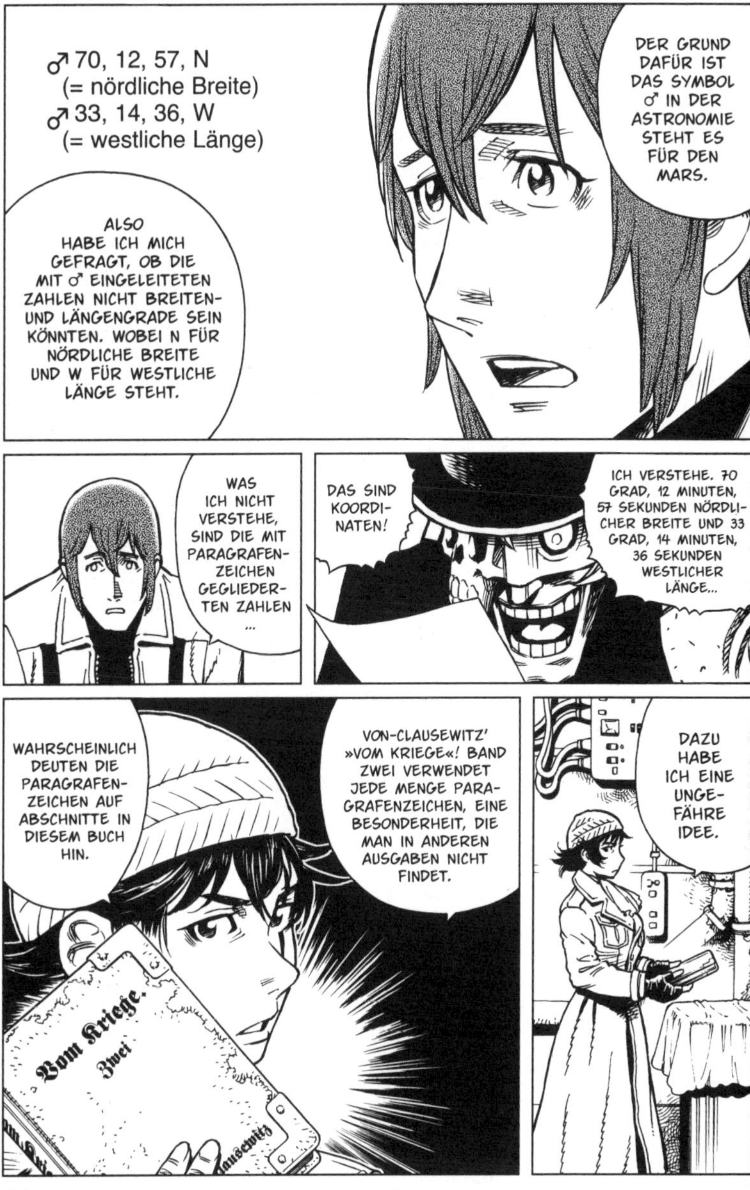
DER GRUND DAFÜR IST DAS SYMBOL ♂ IN DER ASTRONOMIE STEHT ES FÜR DEN MARS.
♂ 70, 12, 57, N (= nördliche Breite) ♂ 33, 14, 36, W (= westliche Länge)
ALSO HABE ICH MICH GEFRAGT, OB DIE MIT ♂ EINGELEITETEN ZAHLEN NICHT BREITEN- UND LÄNGENGRADE SEIN KÖNNTEN. WOBEI N FÜR NÖRDLICHE BREITE UND W FÜR WESTLICHE LÄNGE STEHT.
ICH VERSTEHE. 70 GRAD, 12 MINUTEN, 57 SEKUNDEN NÖRDLICHER BREITE UND 33 GRAD, 14 MINUTEN, 36 SEKUNDEN WESTLICHER LÄNGE...
DAS SIND KOORDINATEN!
WAS ICH NICHT VERSTEHE, SIND DIE MIT PARAGRAFENZEICHEN GEGLIEDERTEN ZAHLEN ...
DAZU HABE ICH EINE UNGEFÄHRE IDEE.
VON-CLAUSEWITZ' »VOM KRIEGE«! BAND ZWEI VERWENDET JEDE MENGE PARAGRAFENZEICHEN, EINE BESONDERHEIT, DIE MAN IN ANDEREN AUSGABEN NICHT FINDET.
WAHRSCHEINLICH DEUTEN DIE PARAGRAFENZEICHEN AUF ABSCHNITTE IN DIESEM BUCH HIN.
Vom Kriege. Zwei

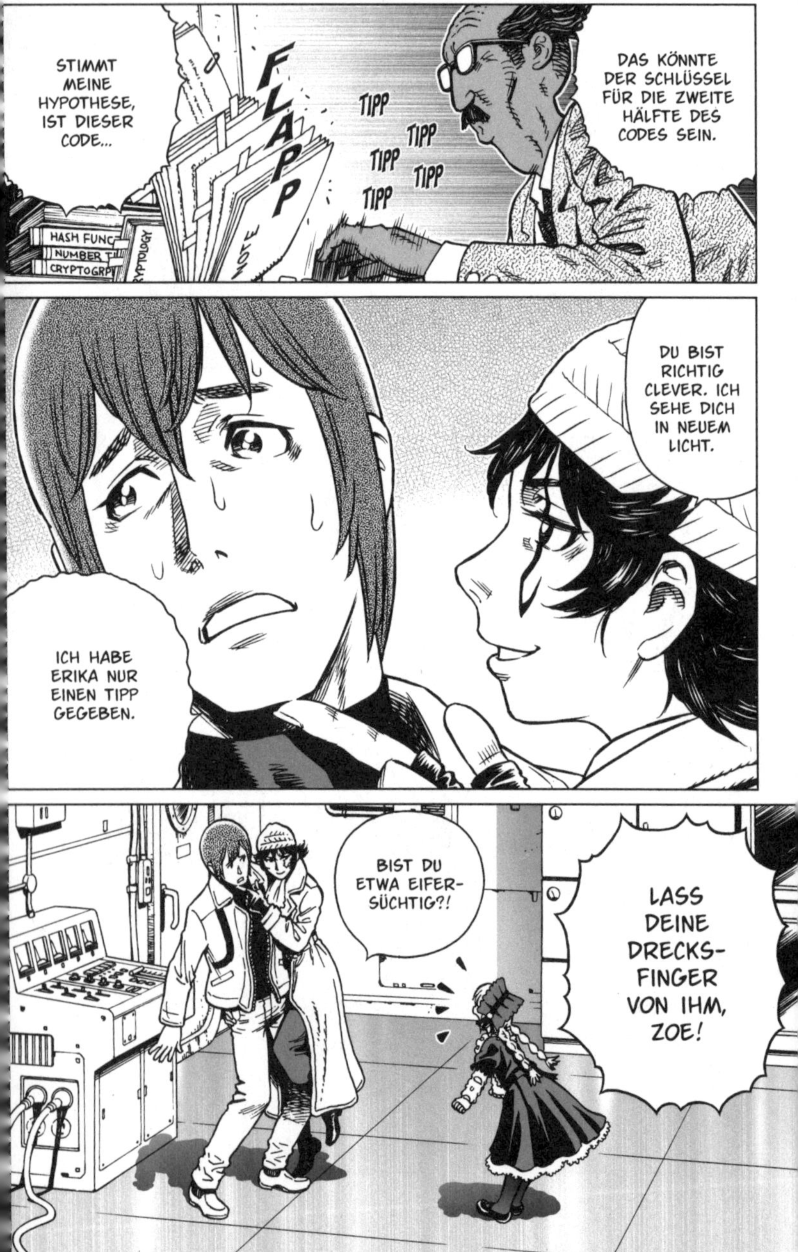
STIMMT MEINE HYPOTHESE, IST DIESER CODE...
DAS KÖNNTE DER SCHLÜSSEL FÜR DIE ZWEITE HÄLFTE DES CODES SEIN.
FLAPP
TIPP
TIPP
TIPP
TIPP
TIPP
HASH FUNC
NUMBER T
CRYPTOGRP
RYPTOLOGY
NOTE
DU BIST RICHTIG CLEVER. ICH SEHE DICH IN NEUEM LICHT.
ICH HABE ERIKA NUR EINEN TIPP GEGEBEN.
LASS DEINE DRECKS-FINGER VON IHM, ZOE!
BIST DU ETWA EIFER-SÜCHTIG?!

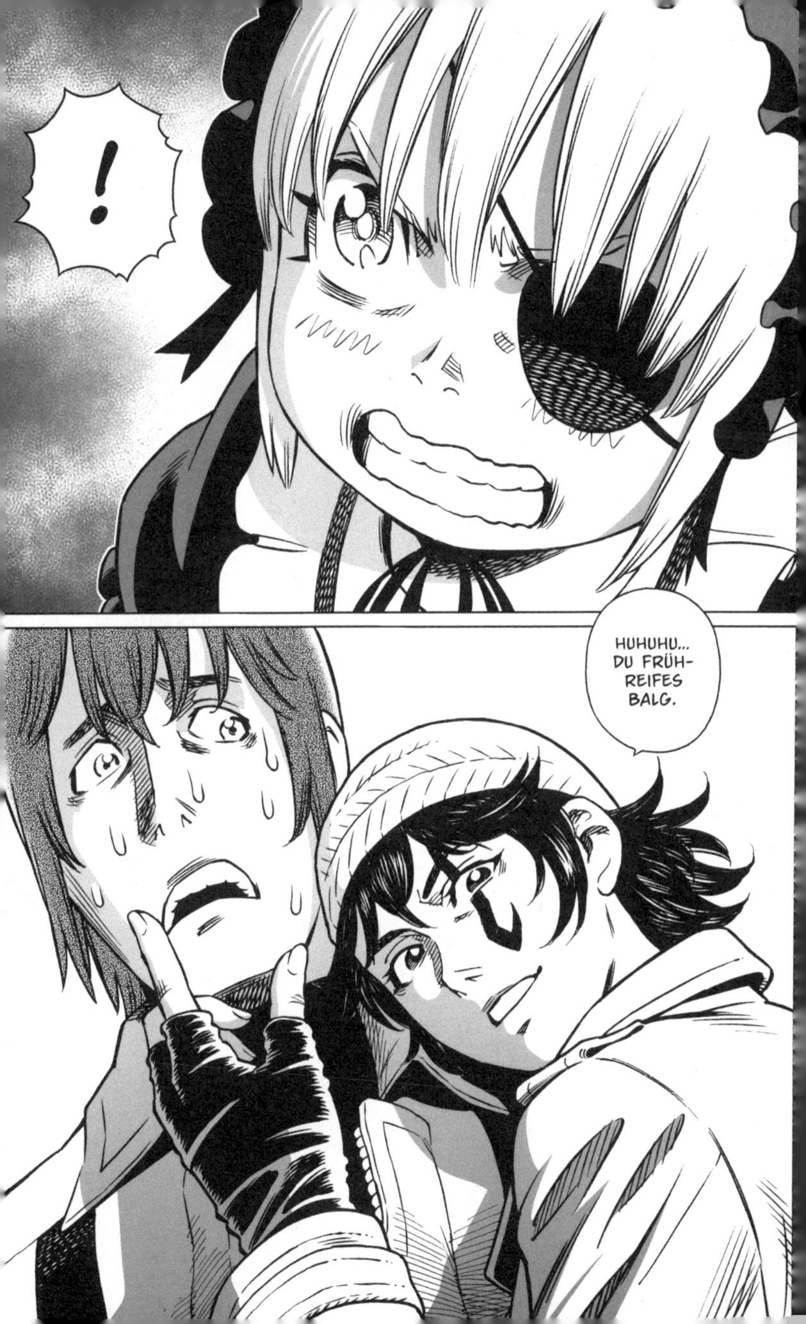
!
HUHUHU...
DU FRÜH-
REIFES
BALG.

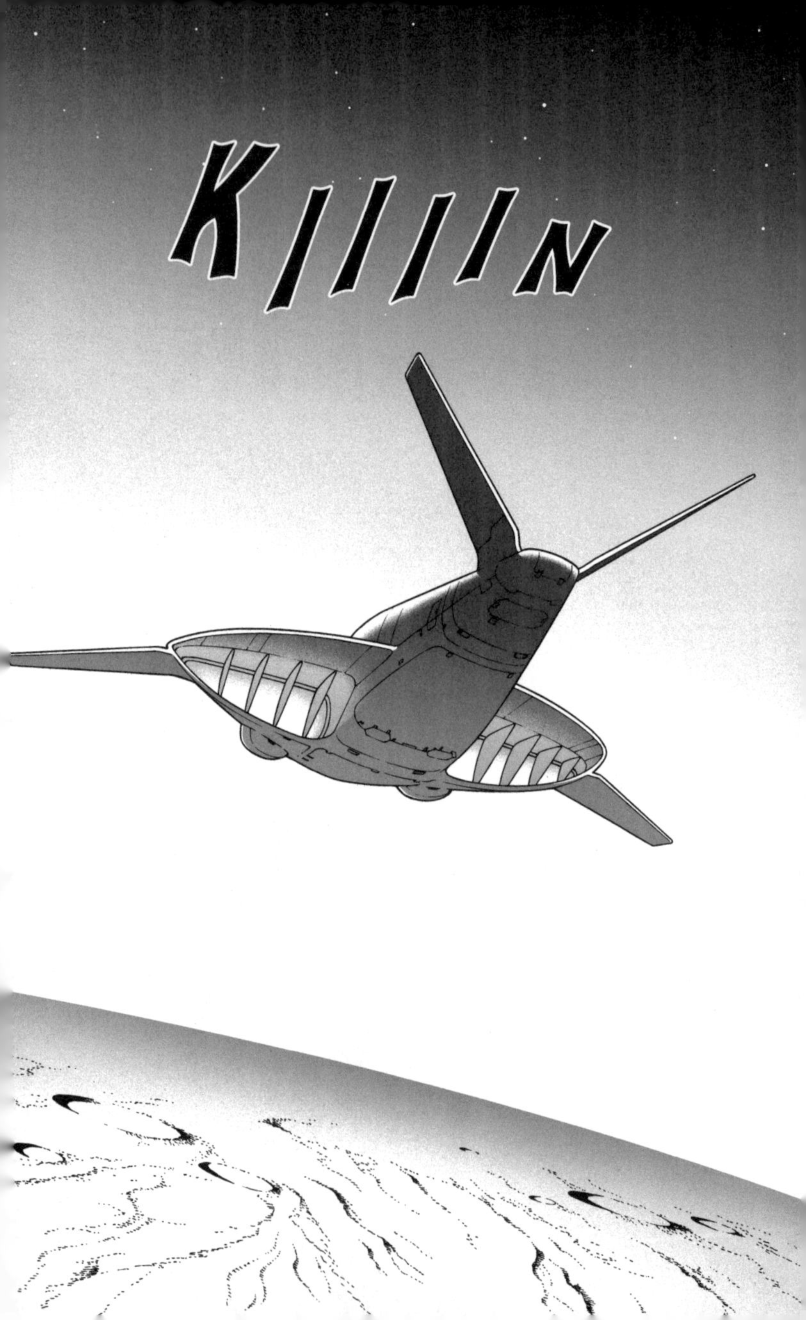
KIIIIN

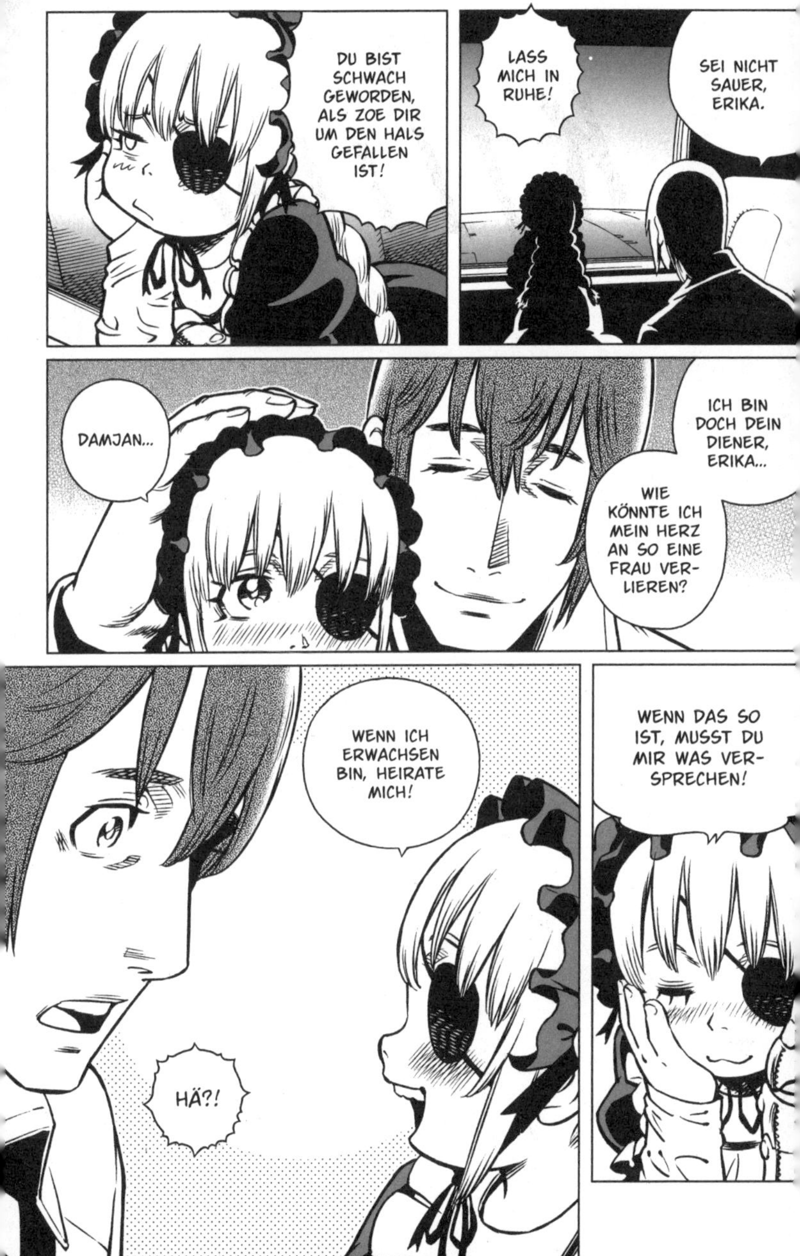
SEI NICHT SAUER, ERIKA.
LASS MICH IN RUHE!
DU BIST SCHWACH GEWORDEN, ALS ZOE DIR UM DEN HALS GEFALLEN IST!
ICH BIN DOCH DEIN DIENER, ERIKA...
WIE KÖNNTE ICH MEIN HERZ AN SO EINE FRAU VER-LIEREN?
DAMJAN...
WENN DAS SO IST, MUSST DU MIR WAS VER-SPRECHEN!
WENN ICH ERWACHSEN BIN, HEIRATE MICH!
HÄ?!

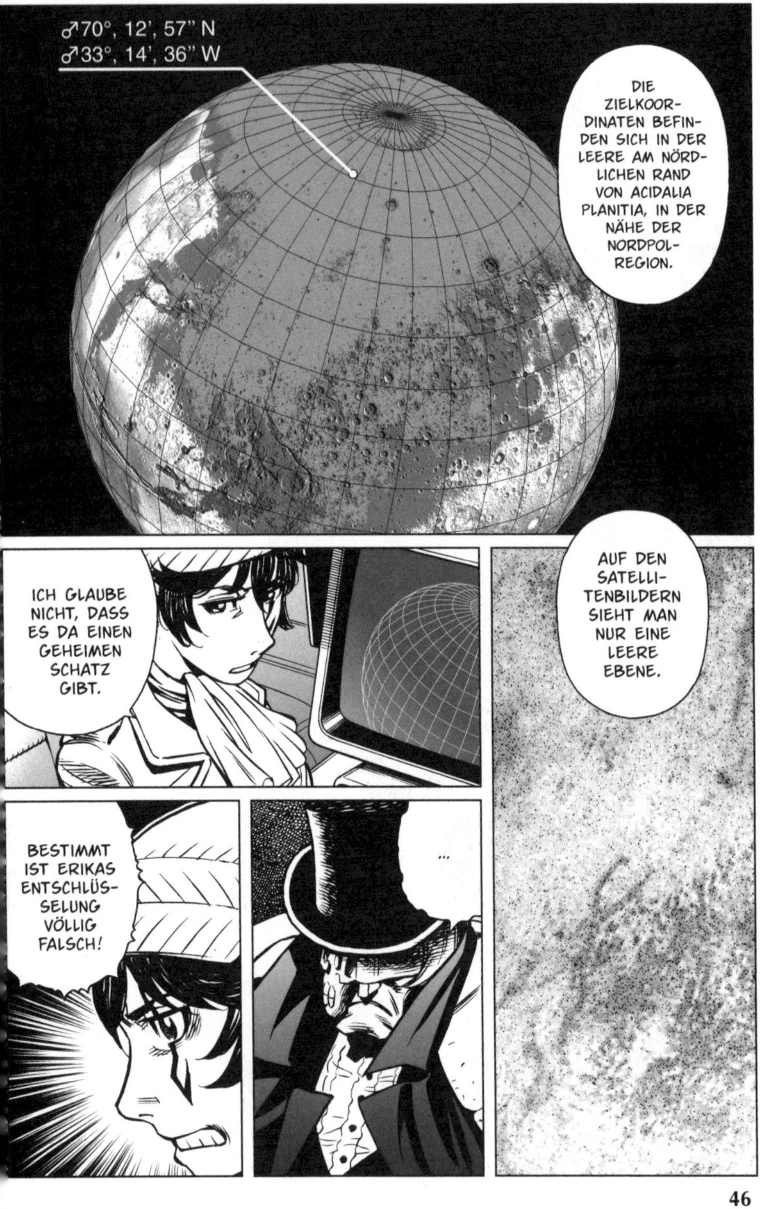
♂70°, 12', 57" N
♂33°, 14', 36" W
DIE ZIELKOORDINATEN BEFINDEN SICH IN DER LEERE AM NÖRDLICHEN RAND VON ACIDALIA PLANITIA, IN DER NÄHE DER NORDPOLREGION.
AUF DEN SATELLITENBILDERN SIEHT MAN NUR EINE LEERE EBENE.
ICH GLAUBE NICHT, DASS ES DA EINEN GEHEIMEN SCHATZ GIBT.
...
BESTIMMT IST ERIKAS ENTSCHLÜSSELUNG VÖLLIG FALSCH!

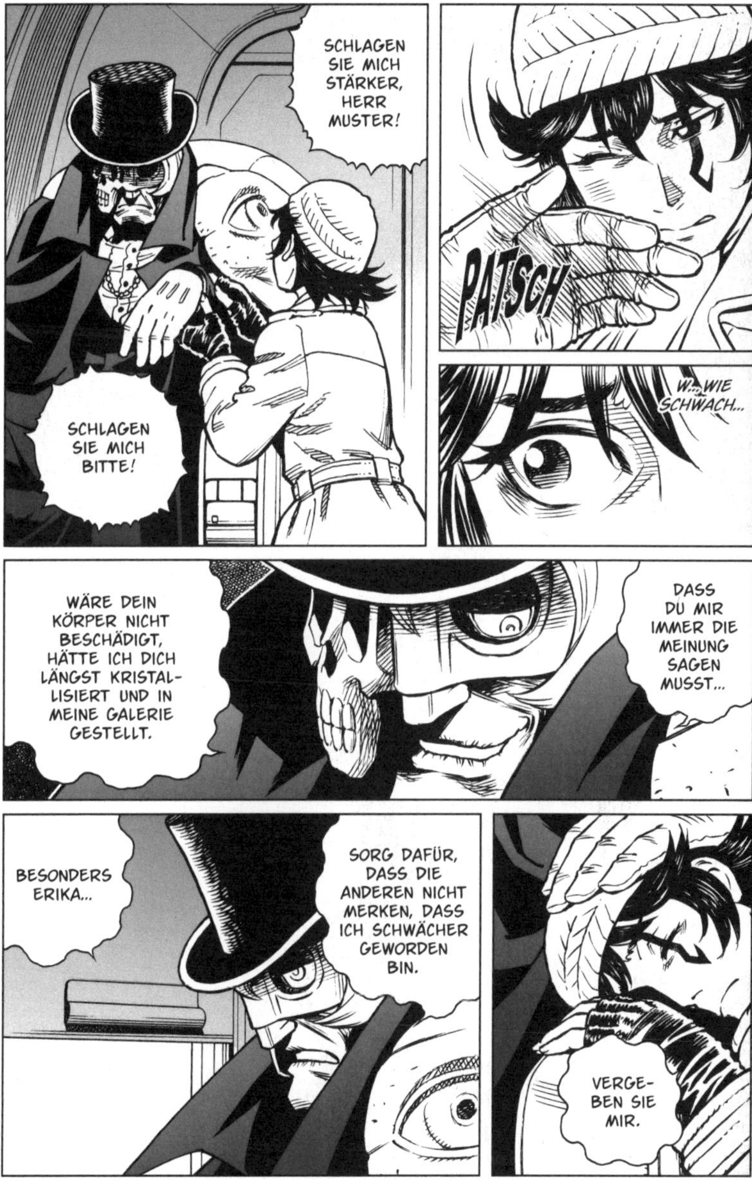
SCHLAGEN SIE MICH STÄRKER, HERR MUSTER!
SCHLAGEN SIE MICH BITTE!
PATSCH
W... WIE SCHWACH...
DASS DU MIR IMMER DIE MEINUNG SAGEN MUSST...
WÄRE DEIN KÖRPER NICHT BESCHÄDIGT, HÄTTE ICH DICH LÄNGST KRISTAL-LISIERT UND IN MEINE GALERIE GESTELLT.
SORG DAFÜR, DASS DIE ANDEREN NICHT MERKEN, DASS ICH SCHWÄCHER GEWORDEN BIN.
BESONDERS ERIKA...
VERGE-BEN SIE MIR.

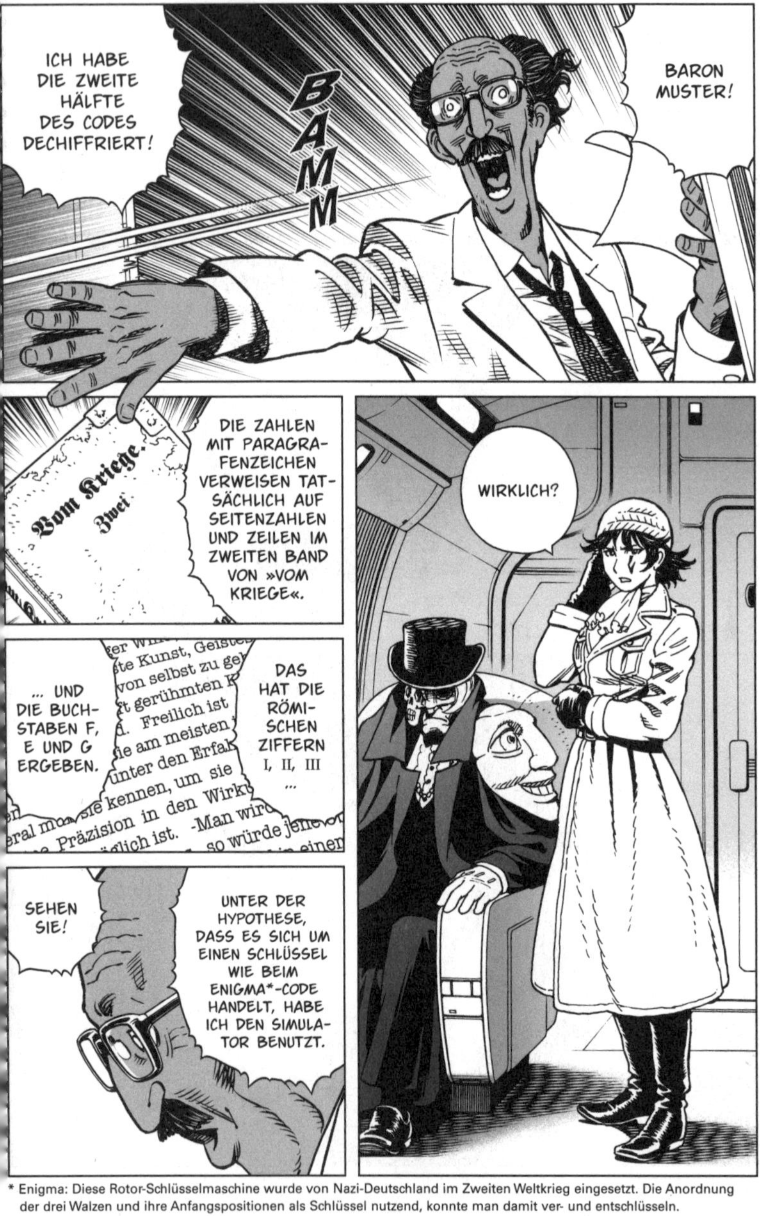

* Enigma: Diese Rotor-Schlüsselmaschine wurde von Nazi-Deutschland im Zweiten Weltkrieg eingesetzt. Die Anordnung der drei Walzen und ihre Anfangspositionen als Schlüssel nutzend, konnte man damit ver- und entschlüsseln.

ZWEITE HÄLFTE DES CODES

BKTTDGEAJNTQRGPVVVPRSRZKIXAWGH
HBYBVLTEHBSBZRLFCLHPHTMXRTAPVM

NACH DER ENTSCHLÜSSELUNG

WO DER ADLER AM AUGAPFEL DES SKELETTS
PICKT BIETE DEN TANZENDEN STOCK AN

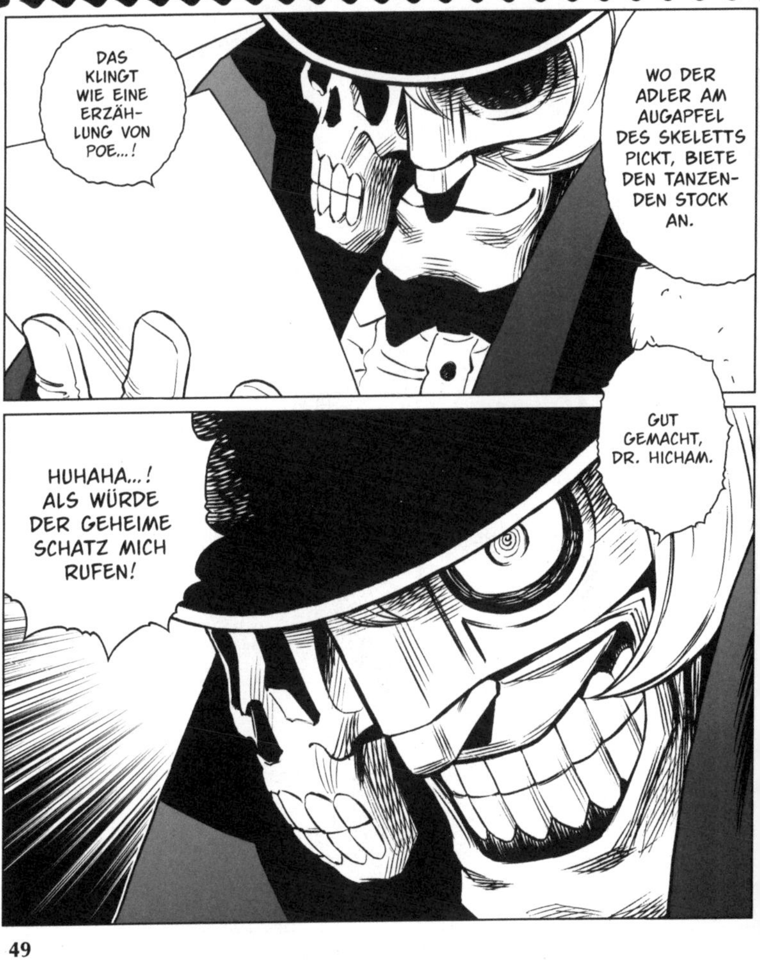

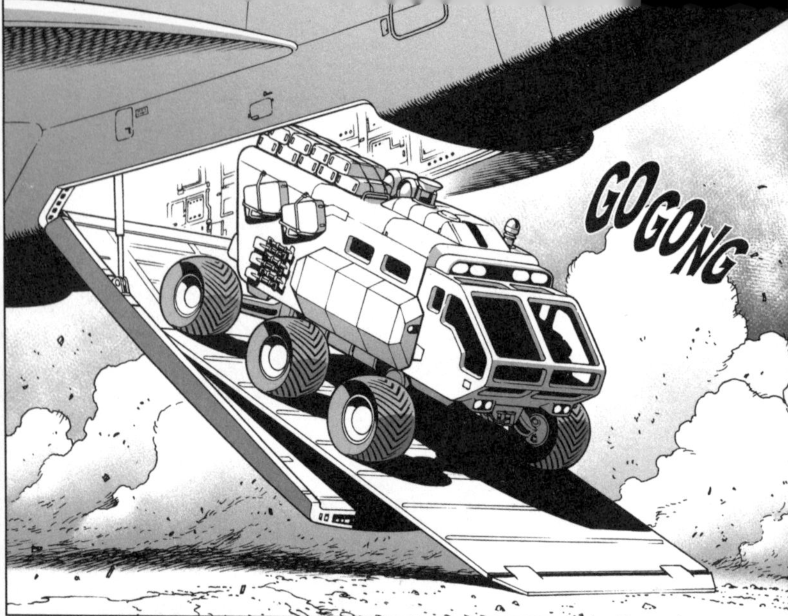
GOGONG
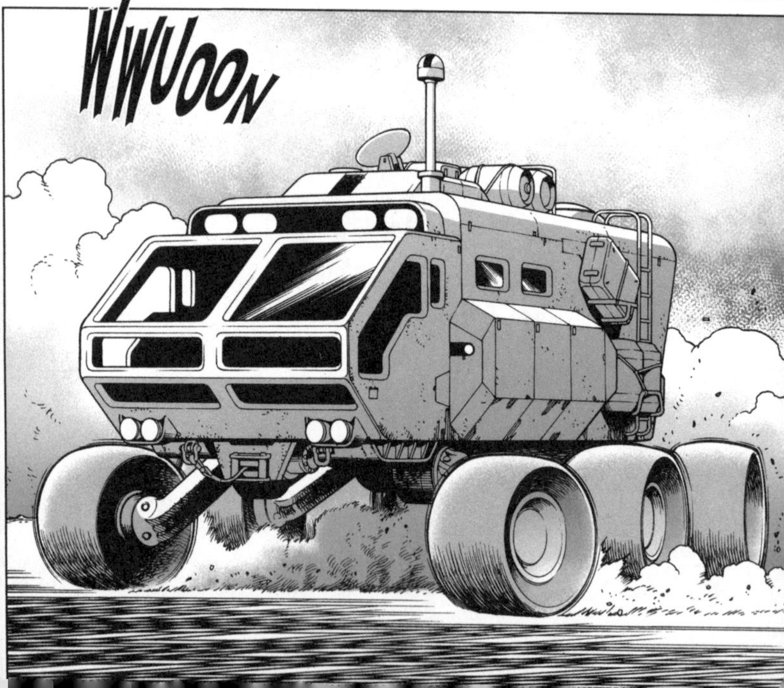
WWUOON

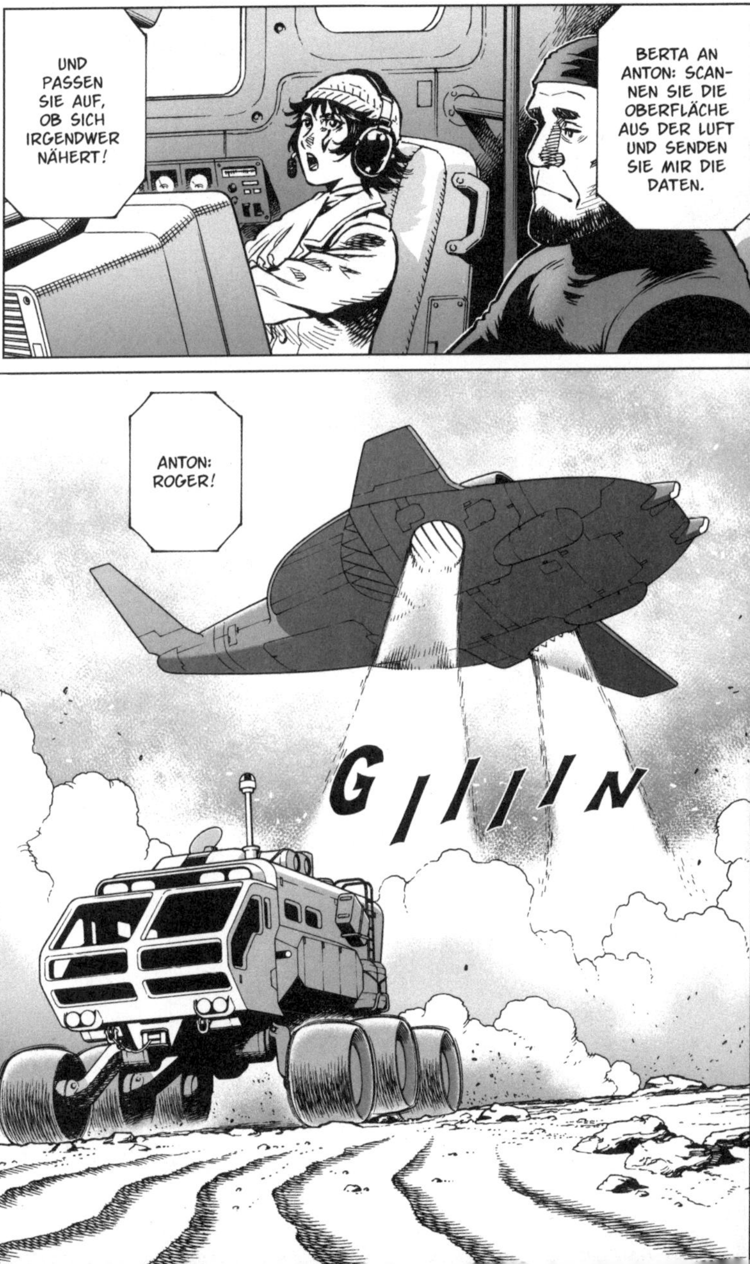
BERTA AN ANTON: SCANNEN SIE DIE OBERFLÄCHE AUS DER LUFT UND SENDEN SIE MIR DIE DATEN.
UND PASSEN SIE AUF, OB SICH IRGENDWER NÄHERT!
ANTON: ROGER!
GIIIIN

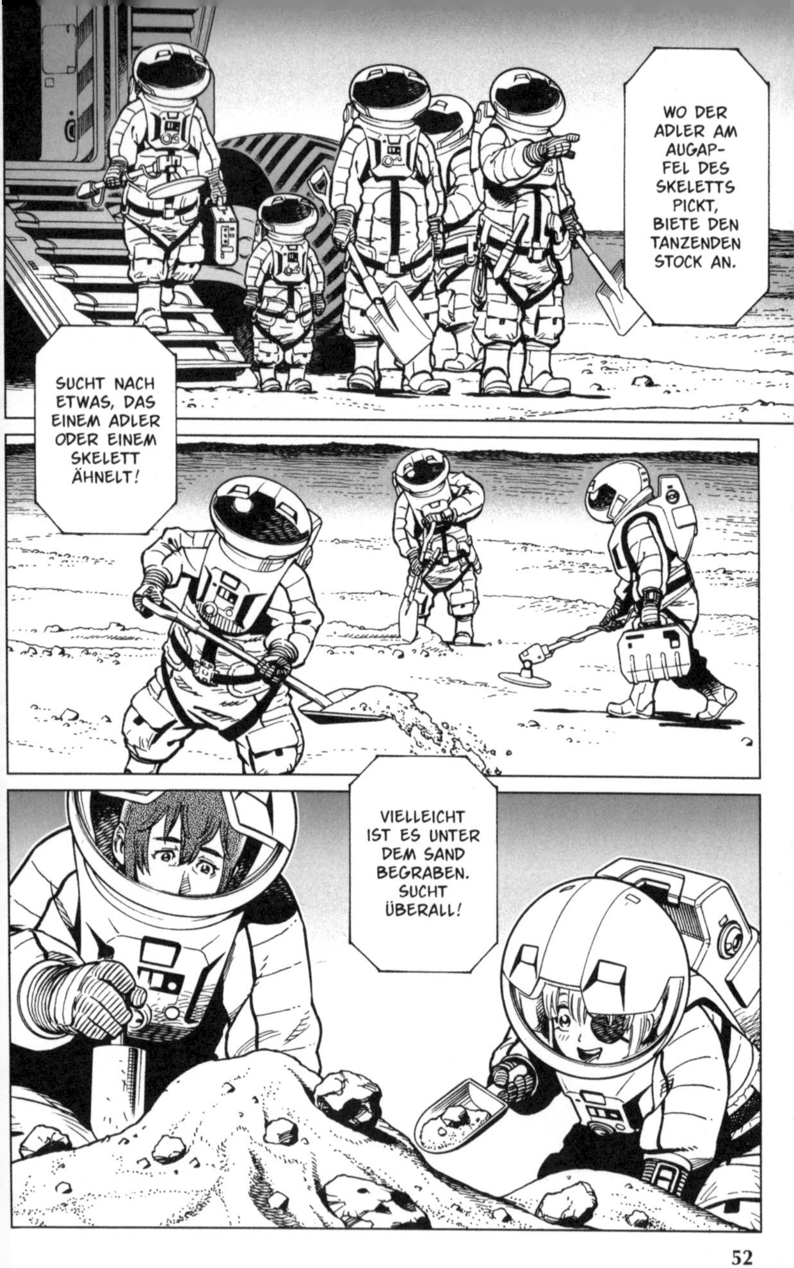
WO DER ADLER AM AUGAPFEL DES SKELETTS PICKT, BIETE DEN TANZENDEN STOCK AN.
SUCHT NACH ETWAS, DAS EINEM ADLER ODER EINEM SKELETT ÄHNELT!
VIELLEICHT IST ES UNTER DEM SAND BEGRABEN. SUCHT ÜBERALL!

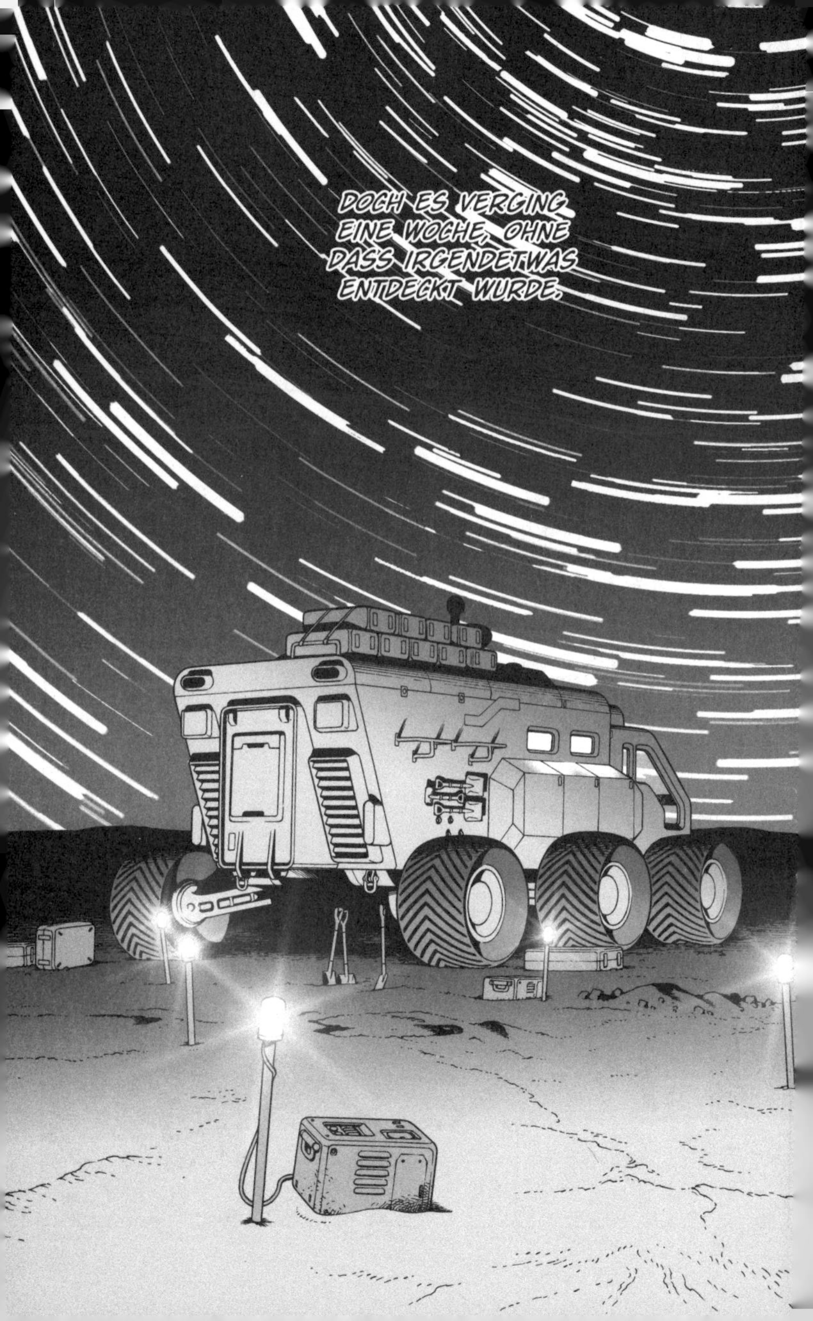
DOCH ES VERGING EINE WOCHE, OHNE DASS IRGENDETWAS ENTDECKT WURDE.

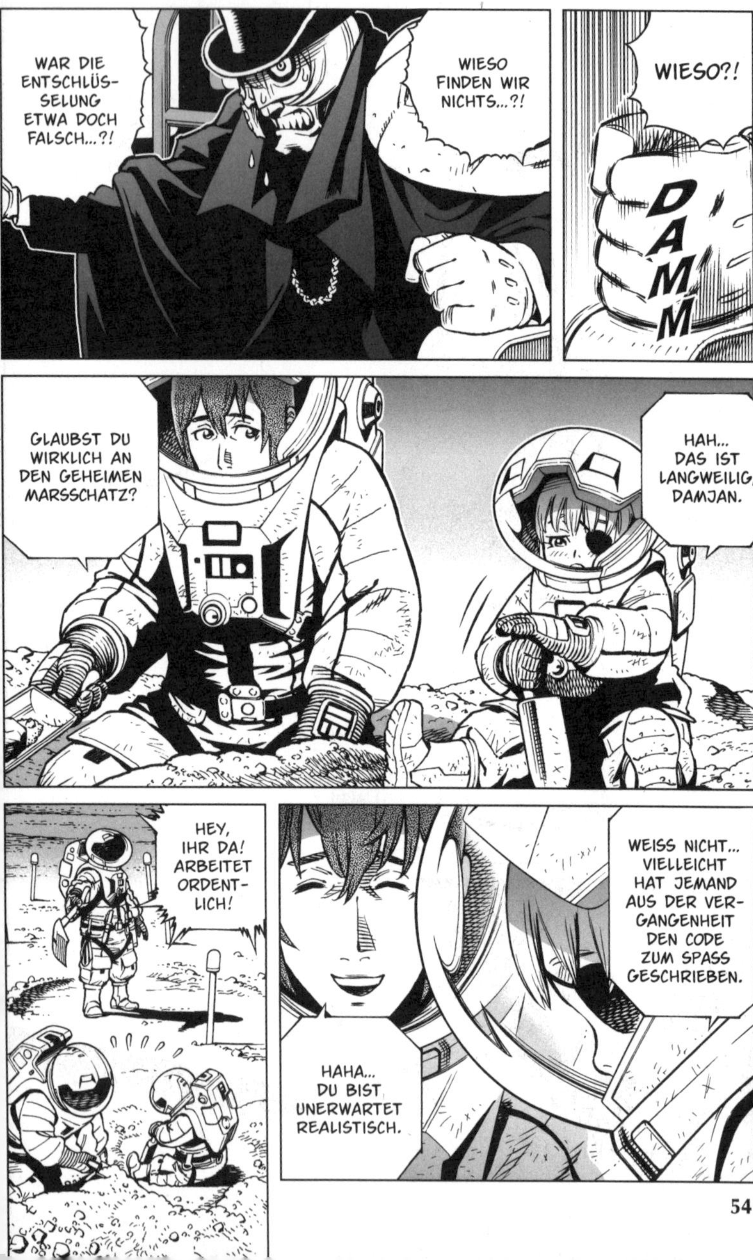
WIESO?!
DAMM
WIESO FINDEN WIR NICHTS...?!
WAR DIE ENTSCHLÜS-SELUNG ETWA DOCH FALSCH...?!
HAH... DAS IST LANGWEILIG, DAMJAN.
GLAUBST DU WIRKLICH AN DEN GEHEIMEN MARSSCHATZ?
WEISS NICHT... VIELLEICHT HAT JEMAND AUS DER VER-GANGENHEIT DEN CODE ZUM SPASS GESCHRIEBEN.
HAHA... DU BIST UNERWARTET REALISTISCH.
HEY, IHR DA! ARBEITET ORDENT-LICH!

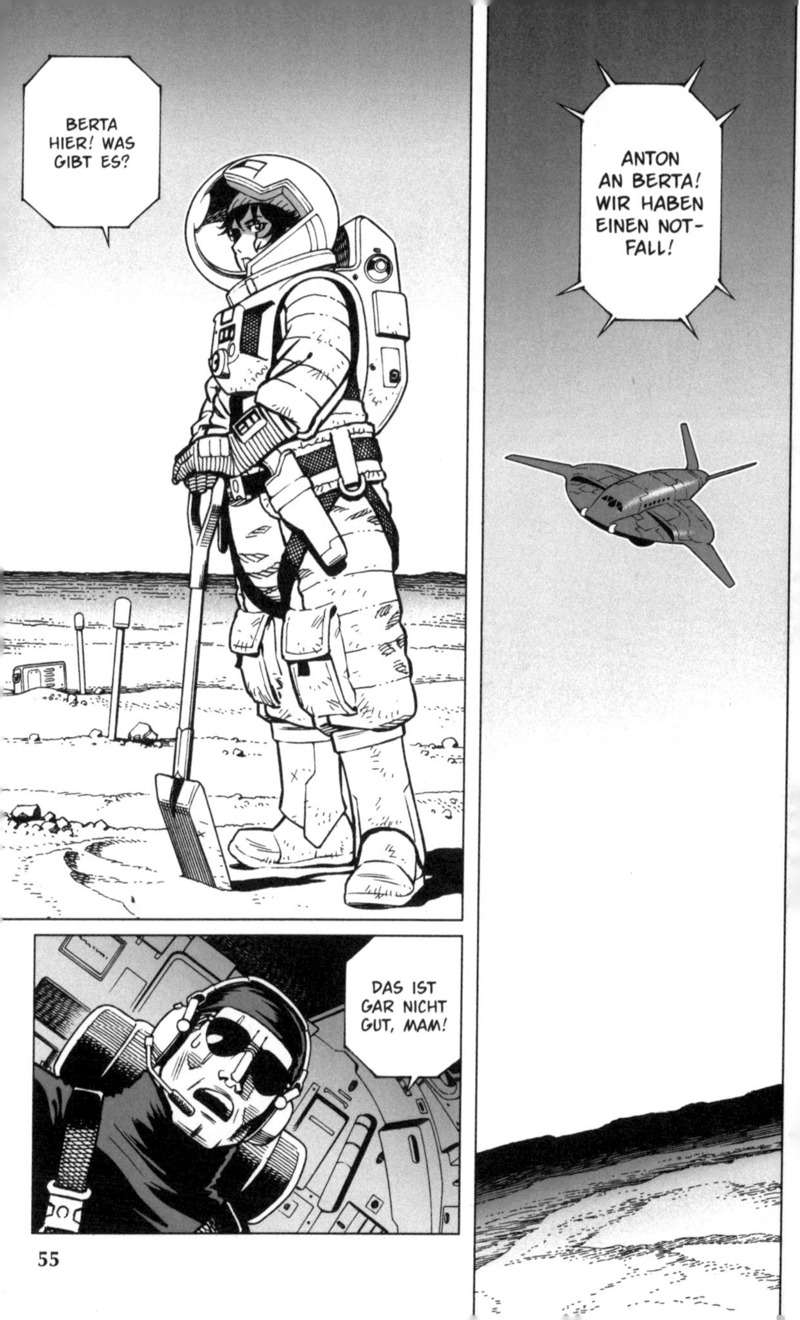
ANTON AN BERTA! WIR HABEN EINEN NOT-FALL!
BERTA HIER! WAS GIBT ES?
DAS IST GAR NICHT GUT, MAM!

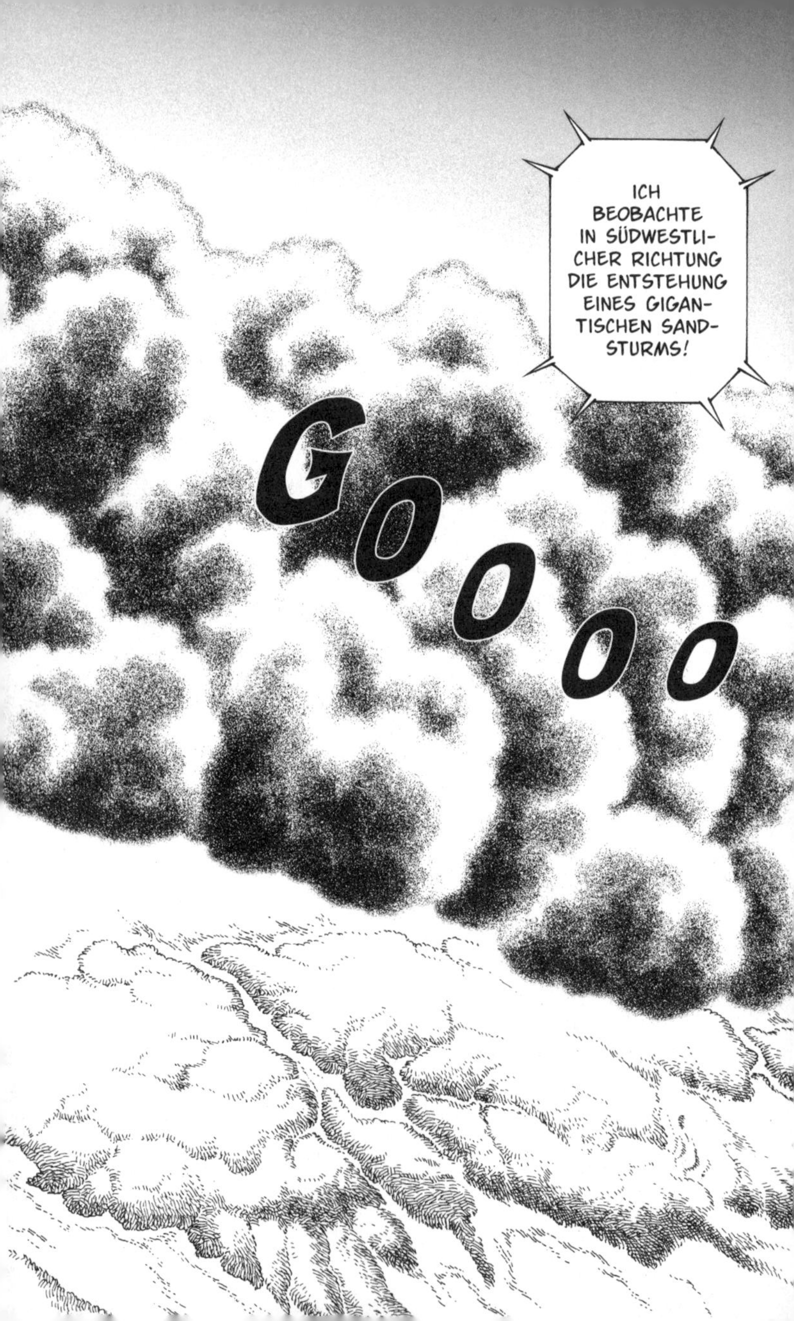
ICH BEOBACHTE IN SÜDWESTLICHER RICHTUNG DIE ENTSTEHUNG EINES GIGANTISCHEN SANDSTURMS!
GOOOOO

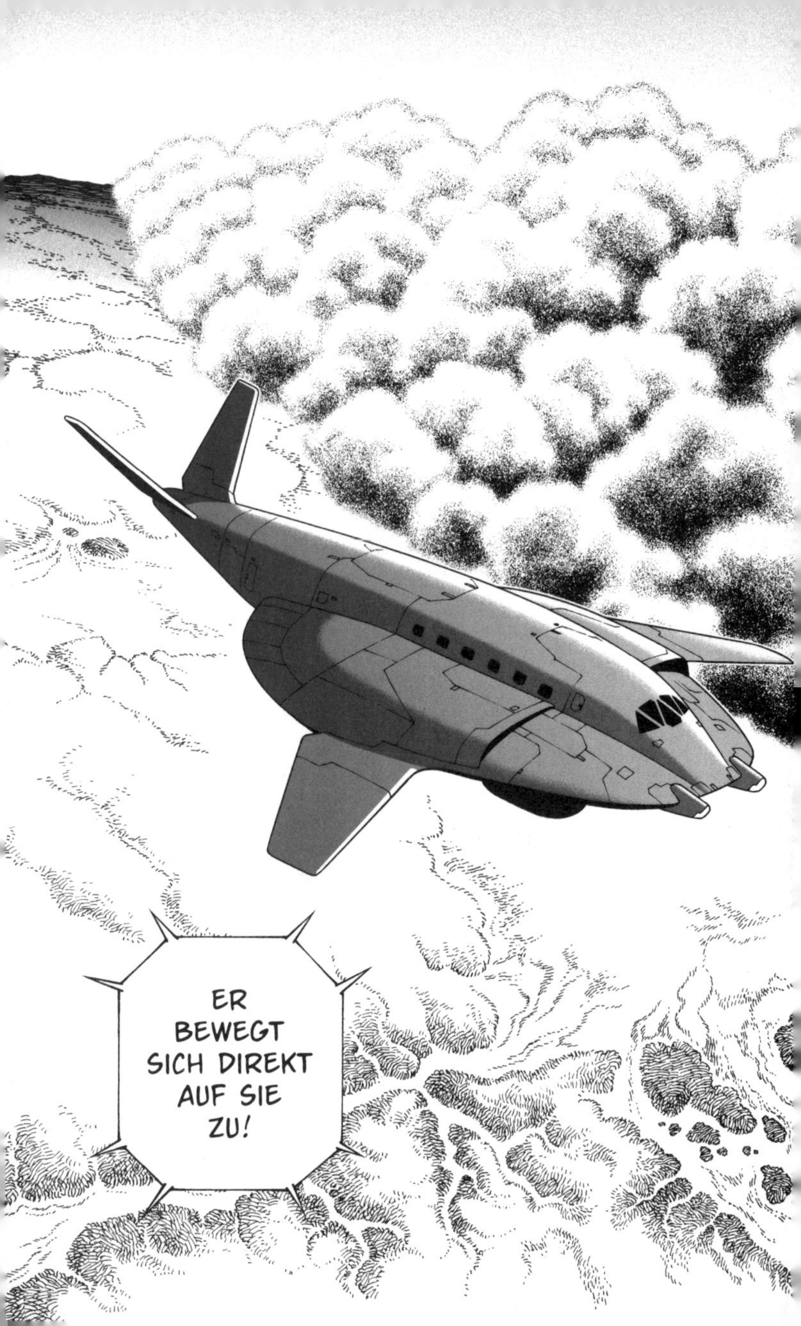
ER
BEWEGT
SICH DIREKT
AUF SIE
ZU!

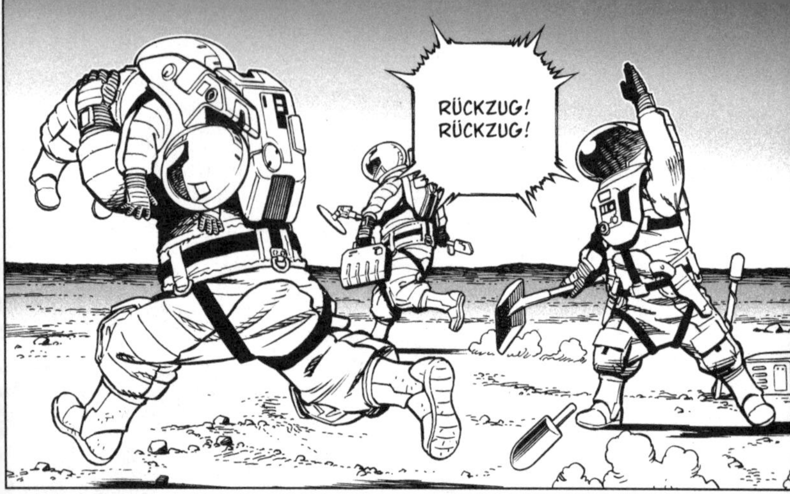
RÜCKZUG!
RÜCKZUG!

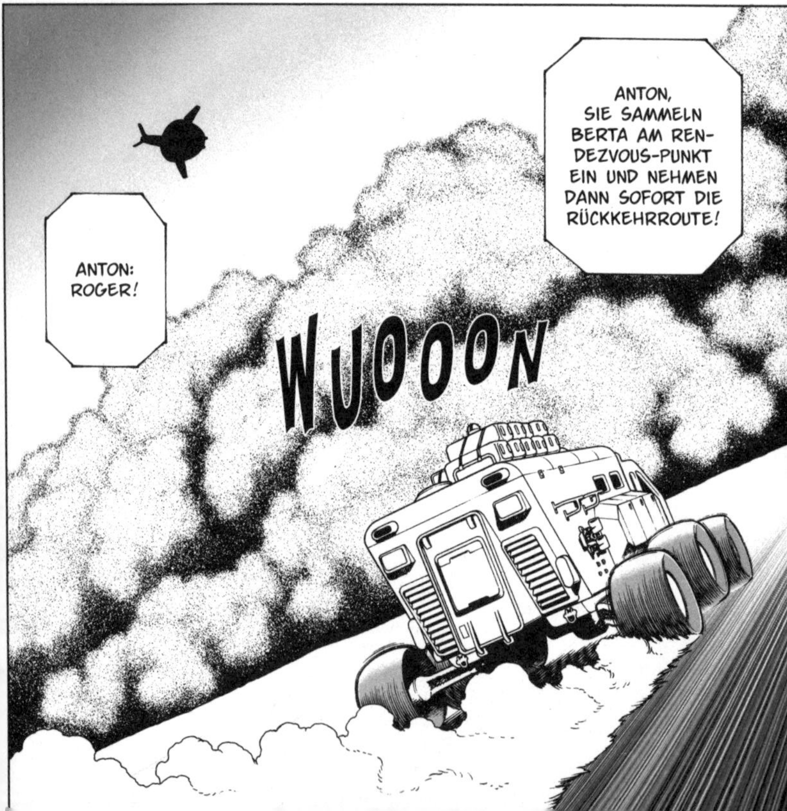
ANTON, SIE SAMMELN BERTA AM RENDEZVOUS-PUNKT EIN UND NEHMEN DANN SOFORT DIE RÜCKKEHRROUTE!
ANTON: ROGER!
WUOOON

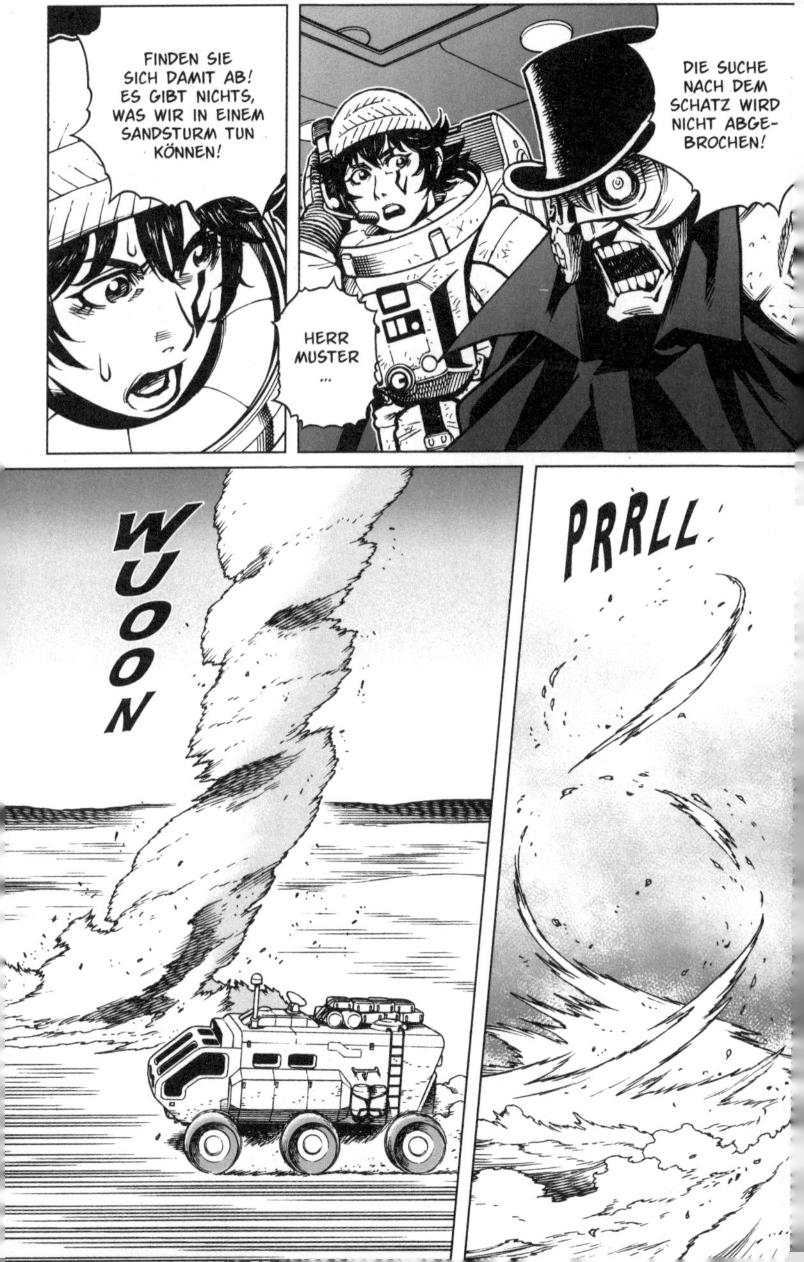
FINDEN SIE SICH DAMIT AB! ES GIBT NICHTS, WAS WIR IN EINEM SANDSTURM TUN KÖNNEN!
DIE SUCHE NACH DEM SCHATZ WIRD NICHT ABGE-BROCHEN!
HERR MUSTER ...
WUOOON
PRRLL

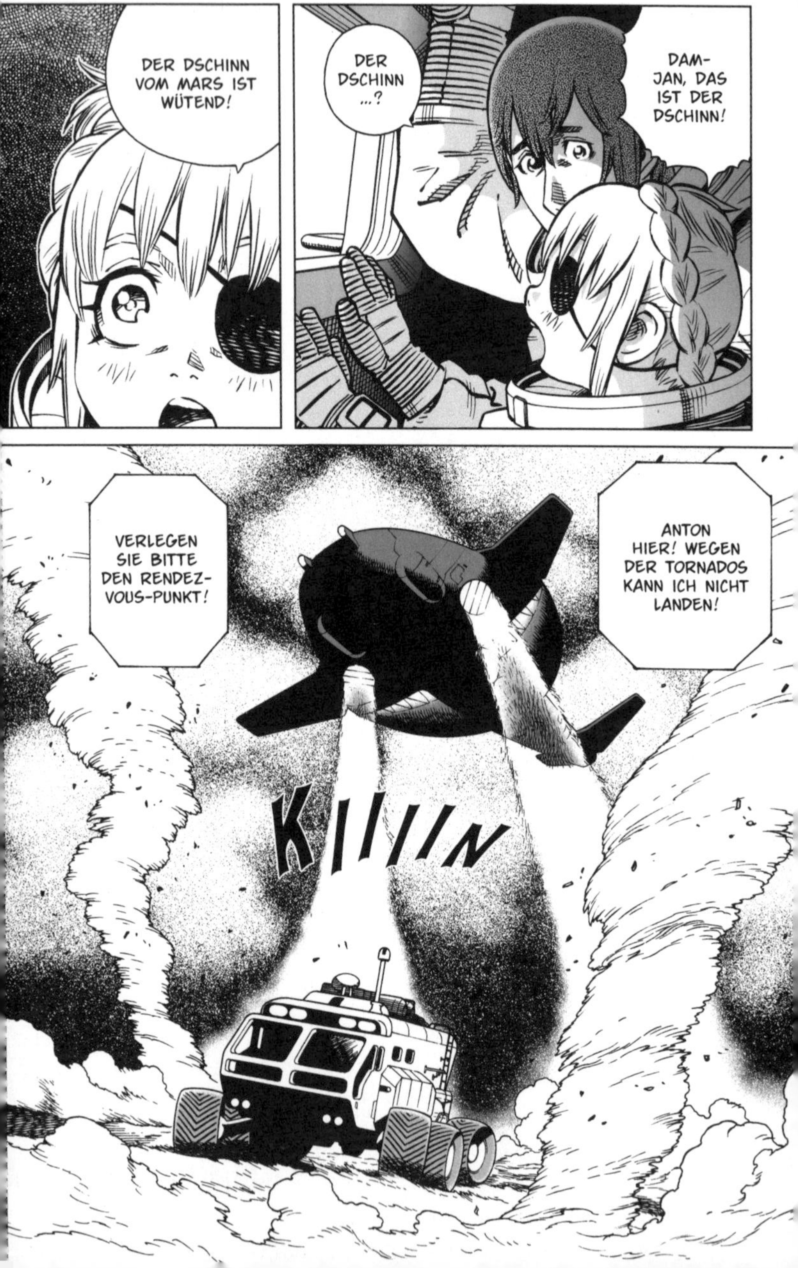
DAM-
JAN, DAS
IST DER
DSCHINN!
DER
DSCHINN
...?
DER DSCHINN
VOM MARS IST
WÜTEND!
ANTON
HIER! WEGEN
DER TORNADOS
KANN ICH NICHT
LANDEN!
VERLEGEN
SIE BITTE
DEN RENDEZ-
VOUS-PUNKT!
KIIIIN

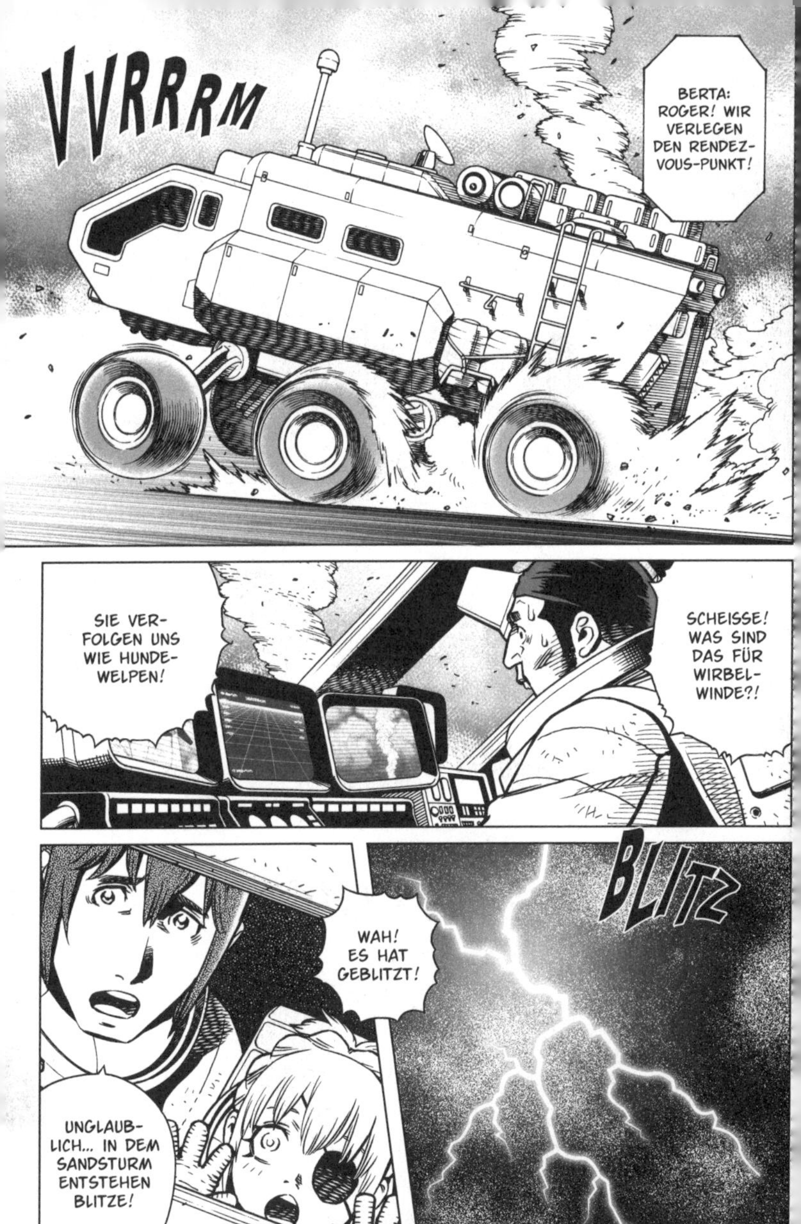
VVRRRM
BERTA: ROGER! WIR VERLEGEN DEN RENDEZ-VOUS-PUNKT!
SCHEISSE! WAS SIND DAS FÜR WIRBEL-WINDE?!
SIE VER-FOLGEN UNS WIE HUNDE-WELPEN!
BLITZ
WAH! ES HAT GEBLITZT!
UNGLAUB-LICH... IN DEM SANDSTURM ENTSTEHEN BLITZE!

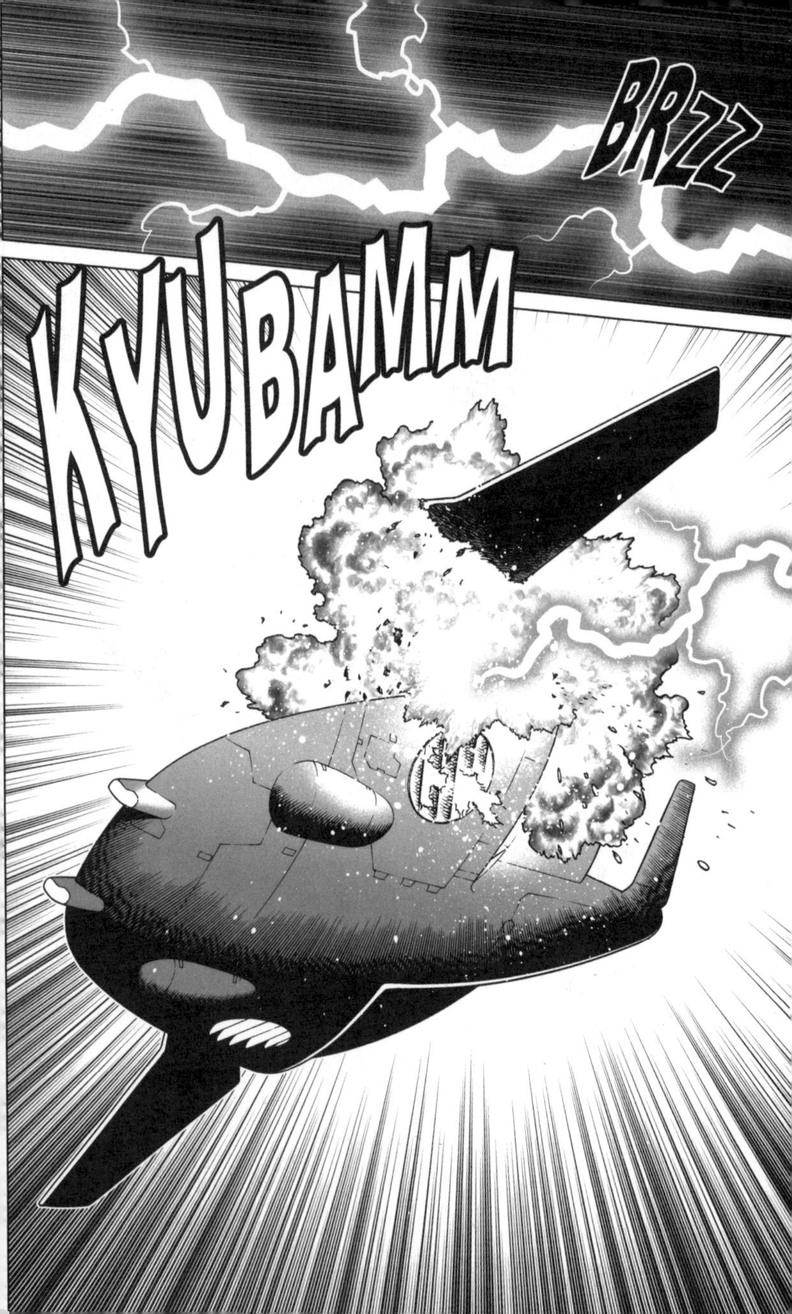
BRZZ
KYUBAMM

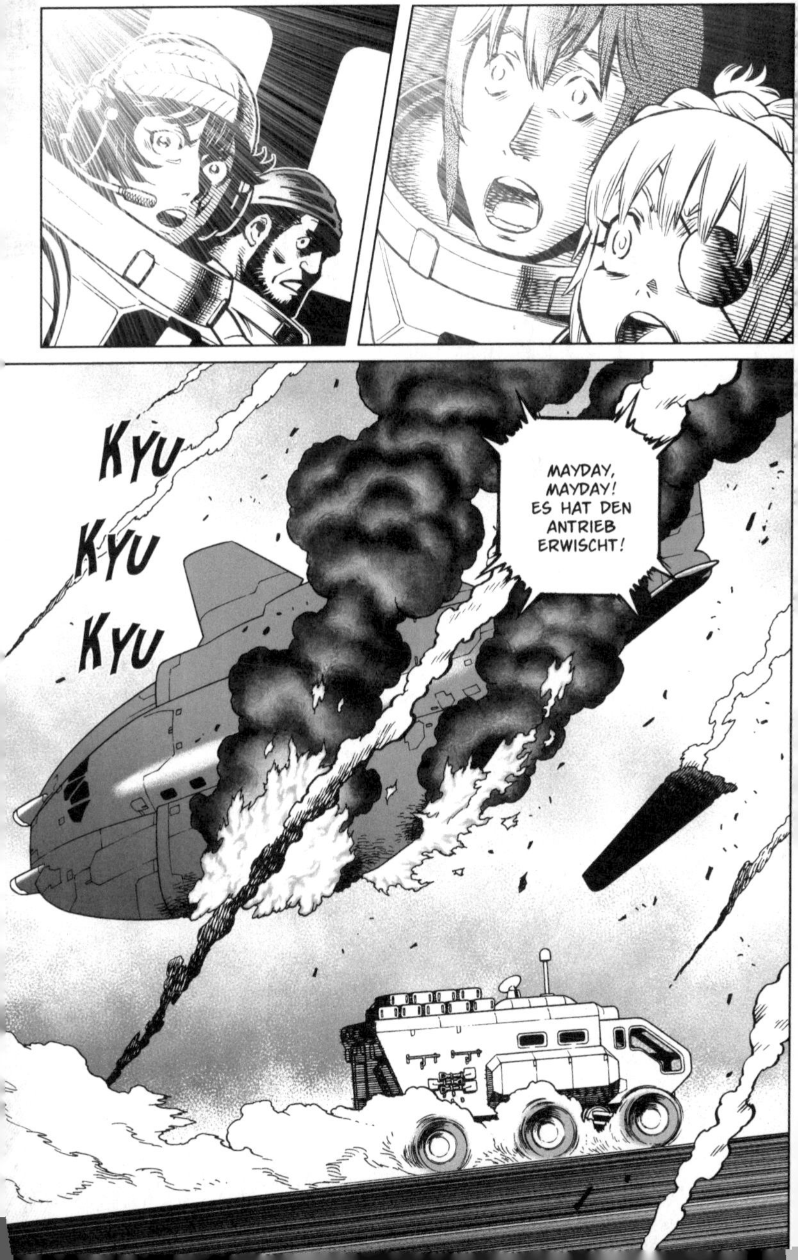
KYU
KYU
KYU
MAYDAY, MAYDAY! ES HAT DEN ANTRIEB ERWISCHT!

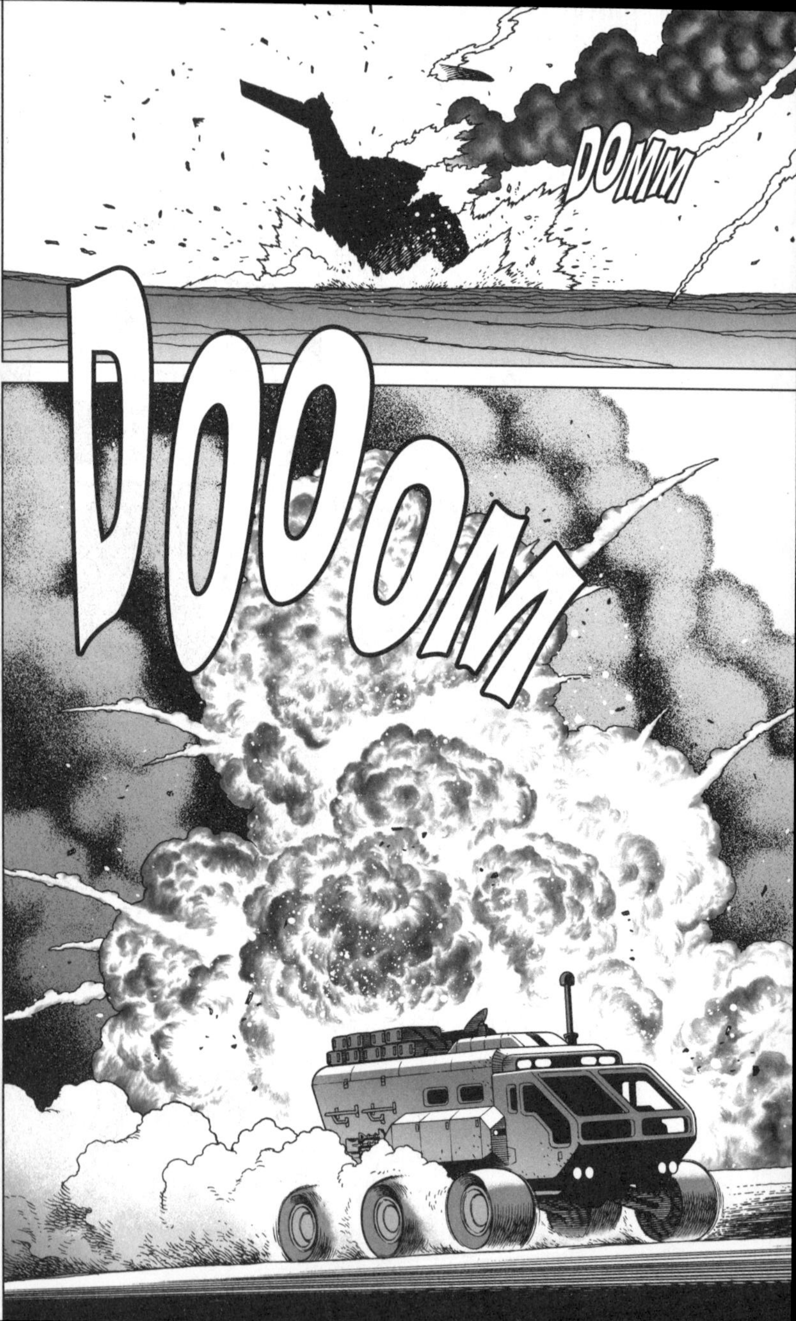
DOMM
DOOOM

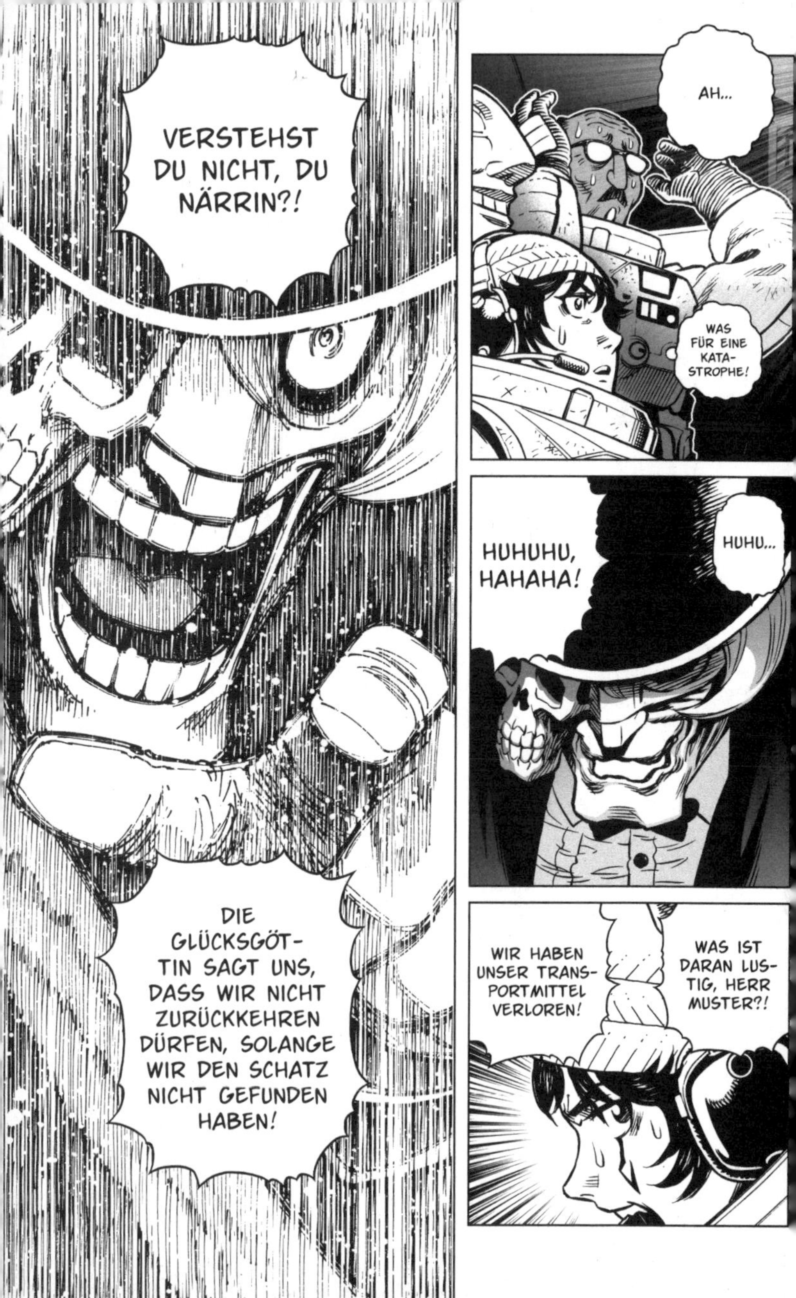
VERSTEHST DU NICHT, DU NÄRRIN?!
DIE GLÜCKSGÖT-TIN SAGT UNS, DASS WIR NICHT ZURÜCKKEHREN DÜRFEN, SOLANGE WIR DEN SCHATZ NICHT GEFUNDEN HABEN!
AH...
WAS FÜR EINE KATA-STROPHE!
HUHU...
HUHUHU, HAHAHA!
WAS IST DARAN LUS-TIG, HERR MUSTER?!
WIR HABEN UNSER TRANS-PORTMITTEL VERLOREN!

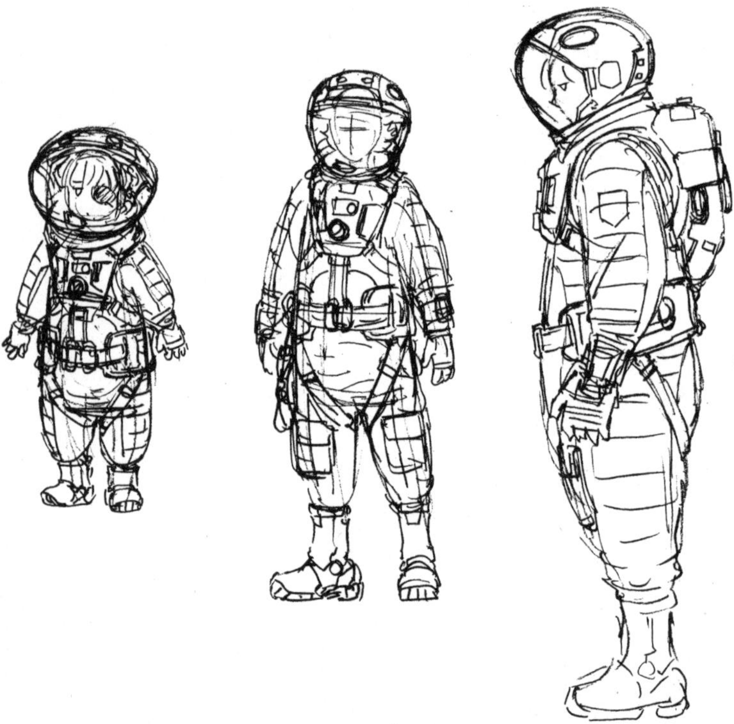

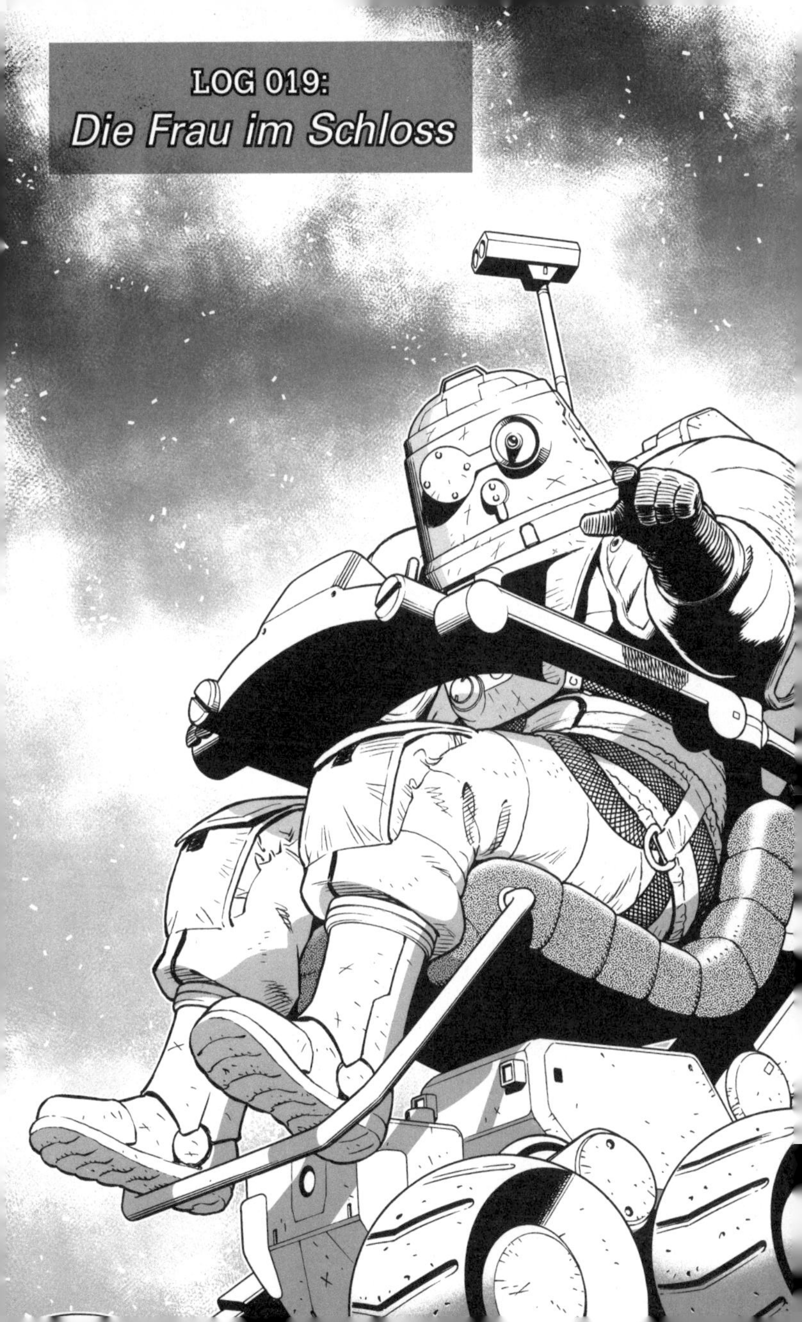
LOG 019:
Die Frau im Schloss

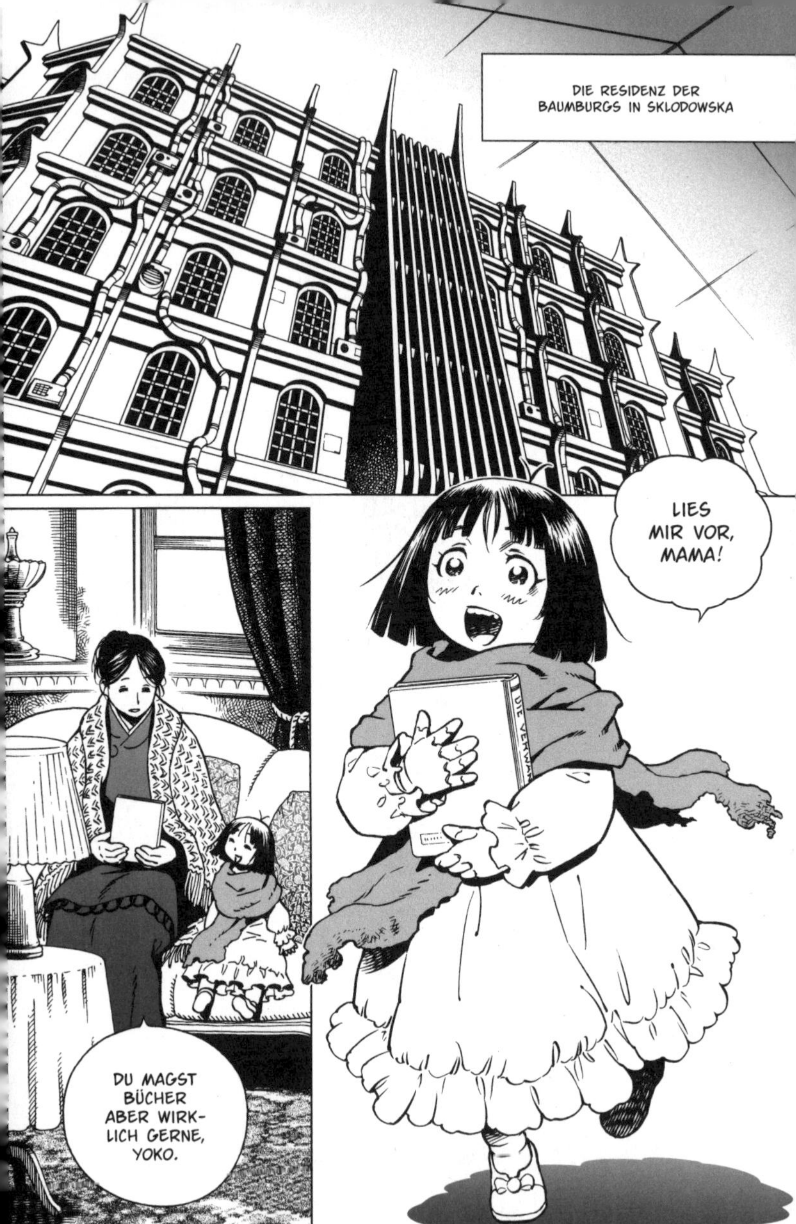
DIE RESIDENZ DER BAUMBURGS IN SKLODOWSKA
LIES MIR VOR, MAMA!
DU MAGST BÜCHER ABER WIRKLICH GERNE, YOKO.

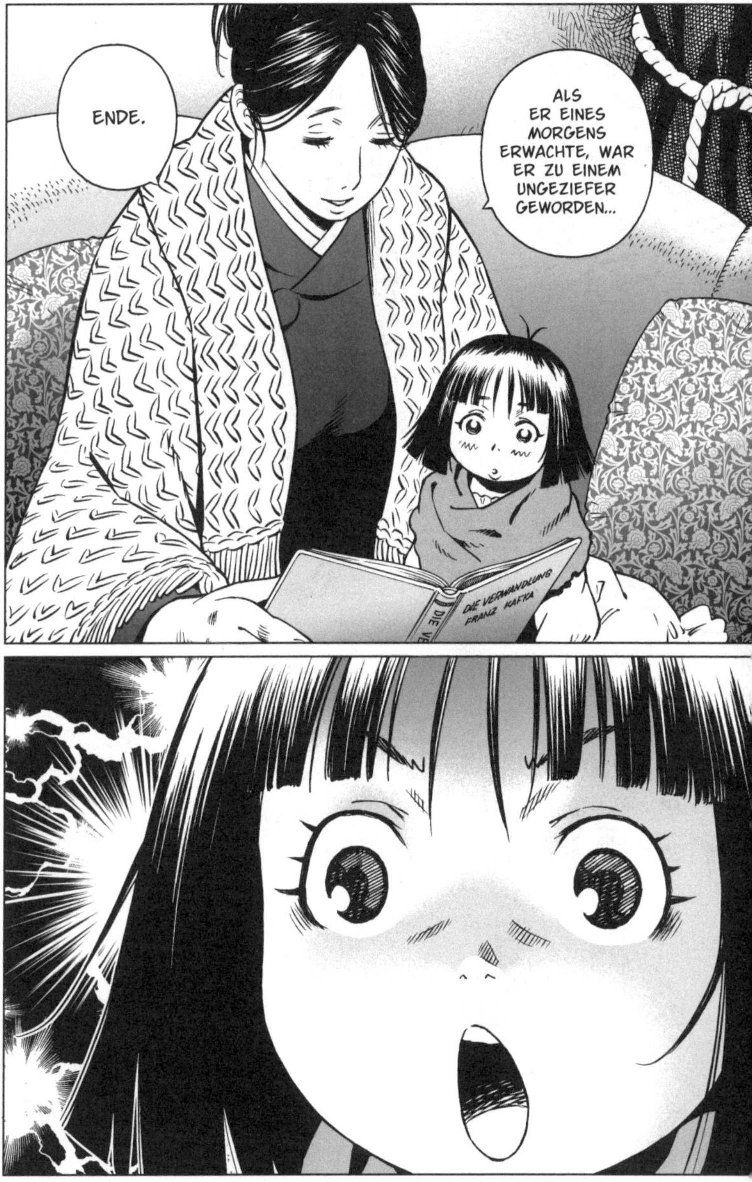
ALS ER EINES MORGENS ERWACHTE, WAR ER ZU EINEM UNGEZIEFER GEWORDEN...
ENDE.
DIE VERWANDLUNG
FRANZ KAFKA

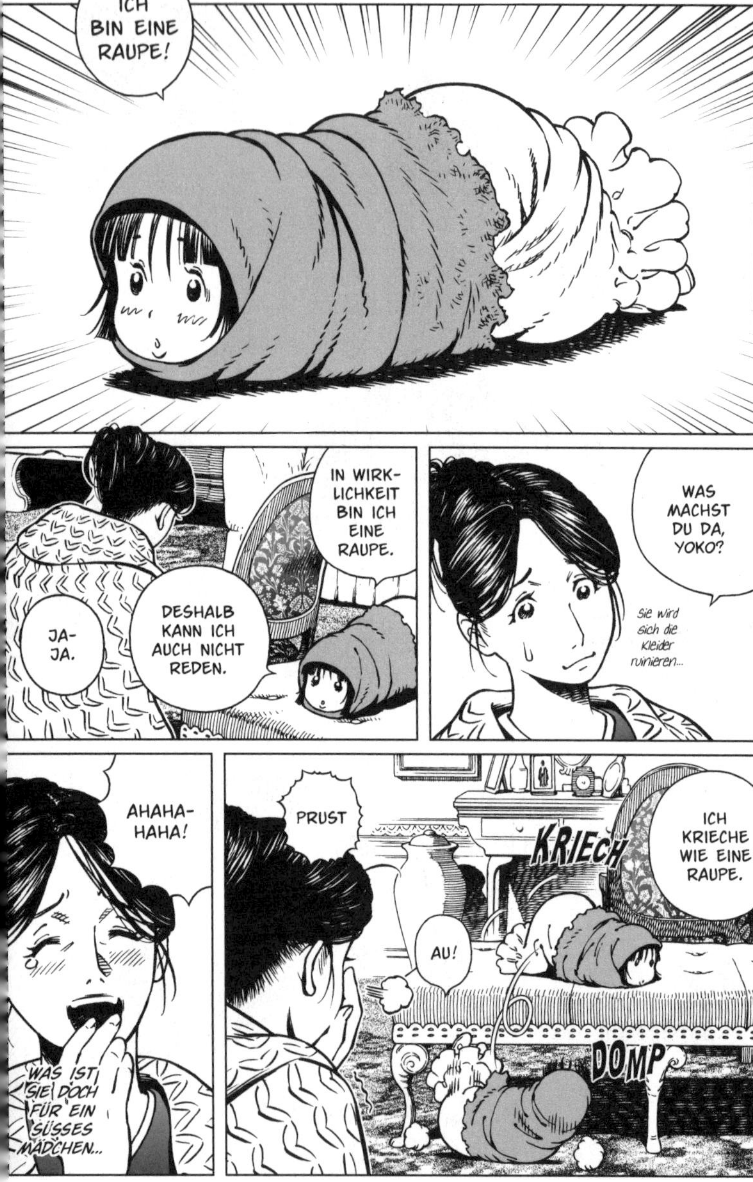
ICH BIN EINE RAUPE!
WAS MACHST DU DA, YOKO?
Sie wird sich die Kleider ruinieren...
IN WIRKLICHKEIT BIN ICH EINE RAUPE.
DESHALB KANN ICH AUCH NICHT REDEN.
JA-JA.
ICH KRIECHE WIE EINE RAUPE.
KRIECH
AU!
DOMP
PRUST
AHAHA-HAHA!
WAS IST SIE DOCH FÜR EIN SÜSSES MÄDCHEN...

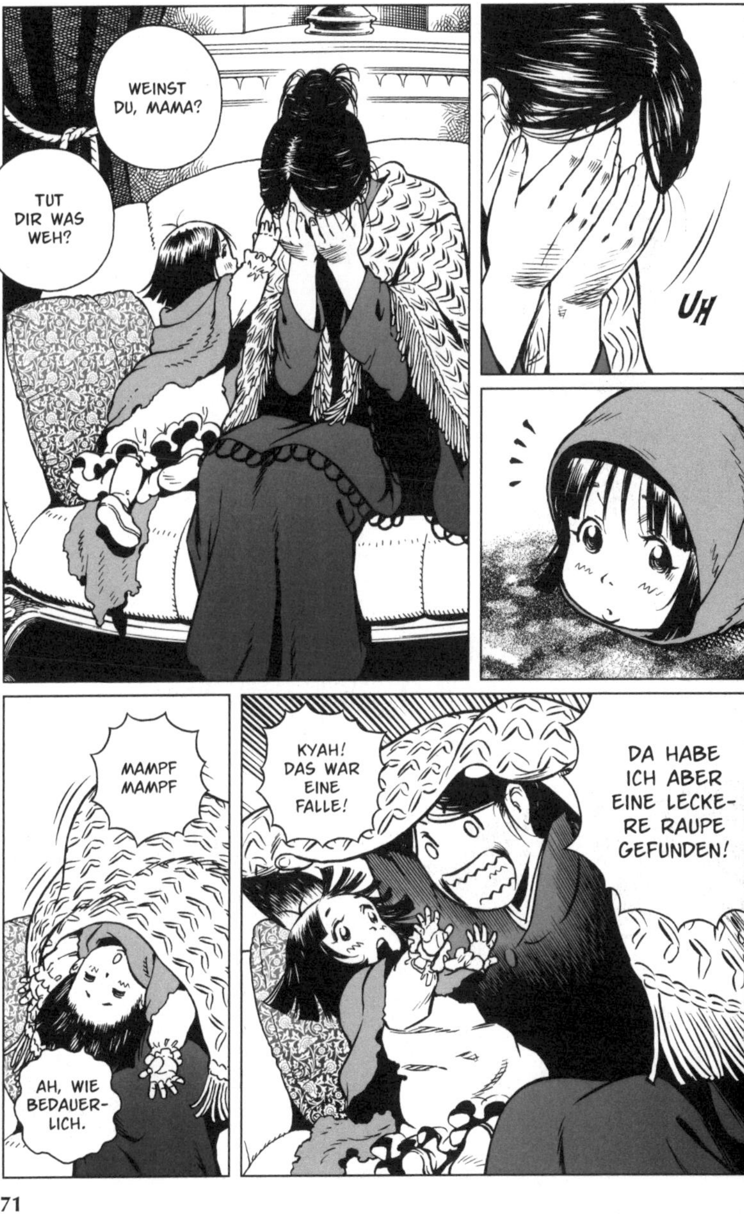
UH
WEINST DU, MAMA?
TUT DIR WAS WEH?
DA HABE ICH ABER EINE LECKE-RE RAUPE GEFUNDEN!
KYAH! DAS WAR EINE FALLE!
MAMPF MAMPF
AH, WIE BEDAUER-LICH.

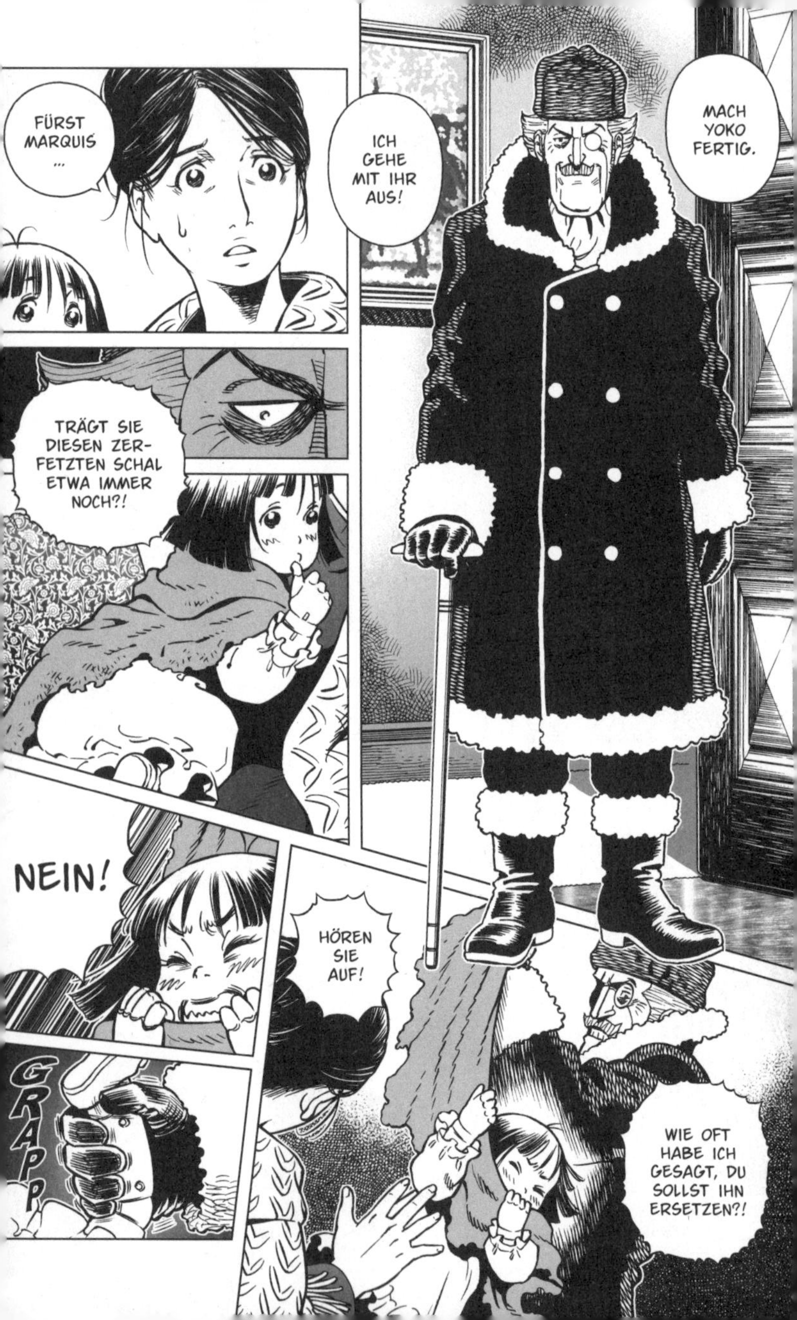
MACH YOKO FERTIG.
ICH GEHE MIT IHR AUS!
FÜRST MARQUIS ...
TRÄGT SIE DIESEN ZERFETZTEN SCHAL ETWA IMMER NOCH?!
WIE OFT HABE ICH GESAGT, DU SOLLST IHN ERSETZEN?!
HÖREN SIE AUF!
NEIN!
GRAPP

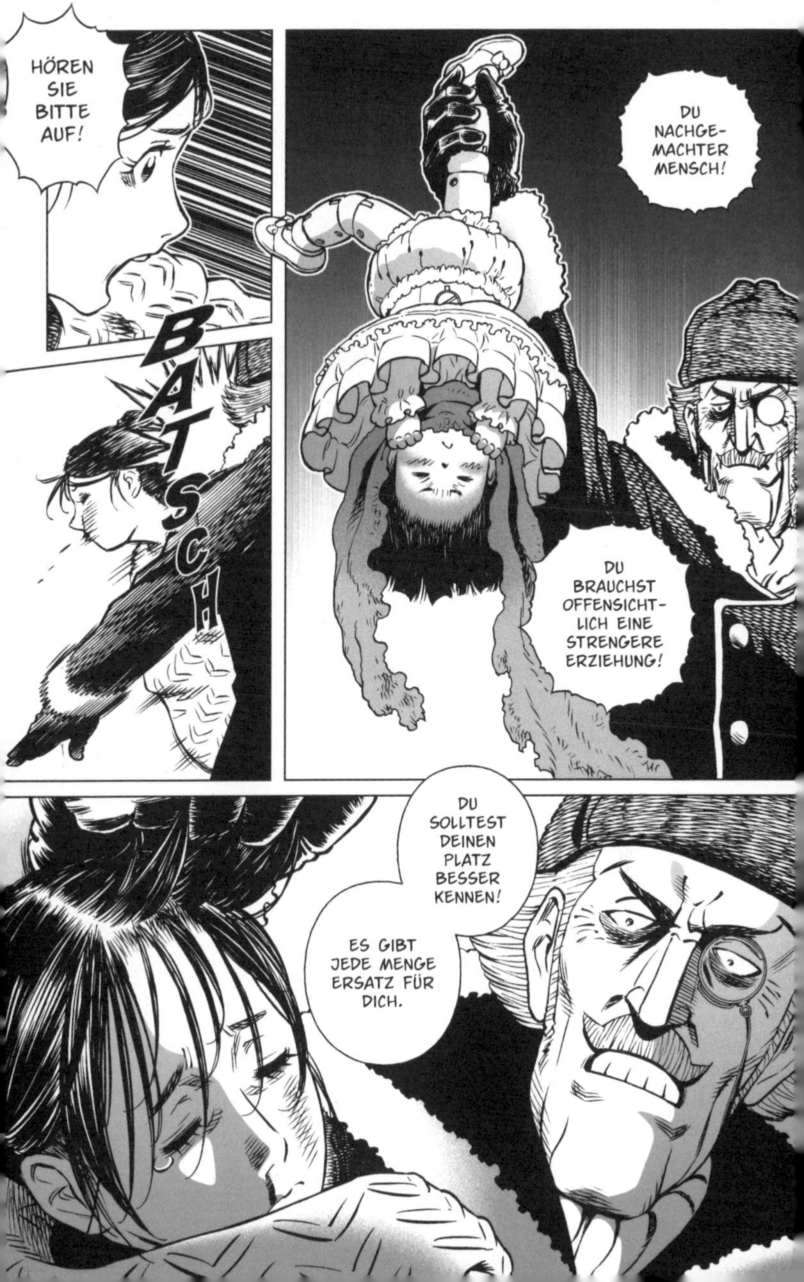
DU NACHGE-MACHTER MENSCH!
HÖREN SIE BITTE AUF!
DU BRAUCHST OFFENSICHT-LICH EINE STRENGERE ERZIEHUNG!
BATSCH
DU SOLLTEST DEINEN PLATZ BESSER KENNEN!
ES GIBT JEDE MENGE ERSATZ FÜR DICH.

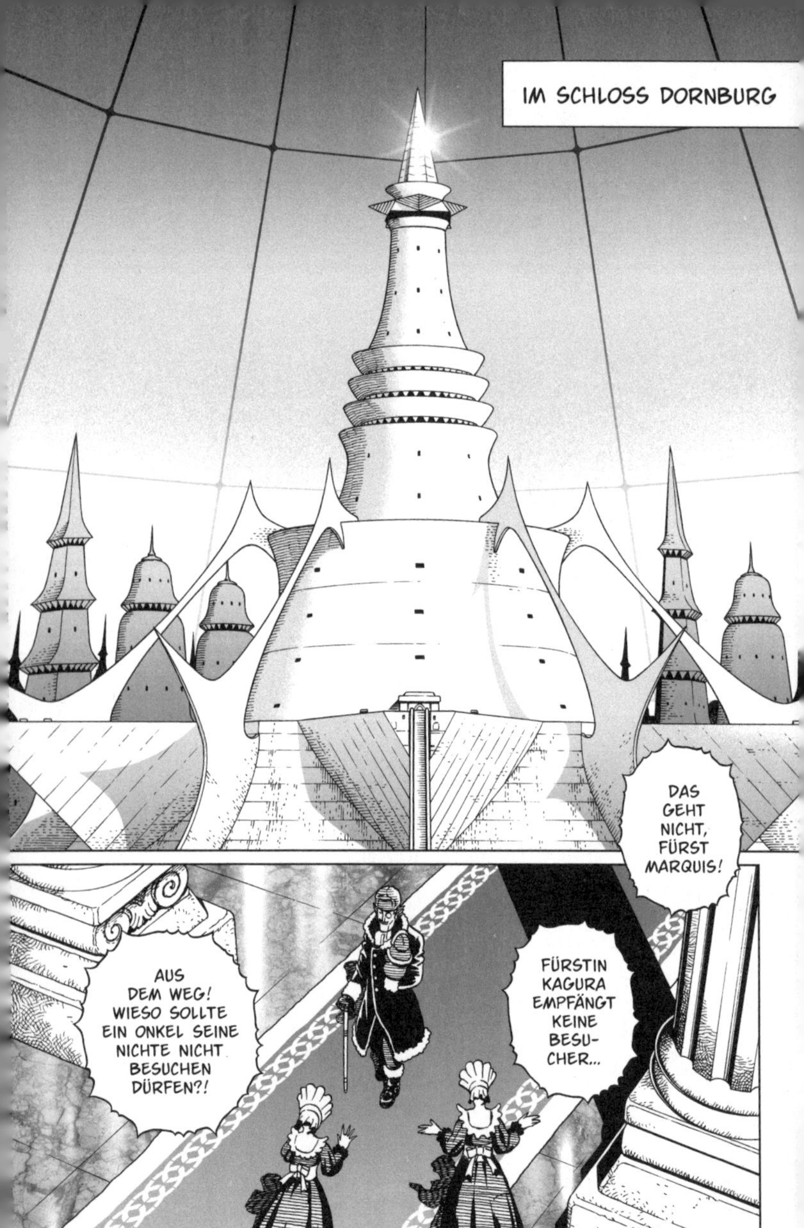
IM SCHLOSS DORNBURG
DAS GEHT NICHT, FÜRST MARQUIS!
FÜRSTIN KAGURA EMPFÄNGT KEINE BESU-CHER...
AUS DEM WEG! WIESO SOLLTE EIN ONKEL SEINE NICHTE NICHT BESUCHEN DÜRFEN?!

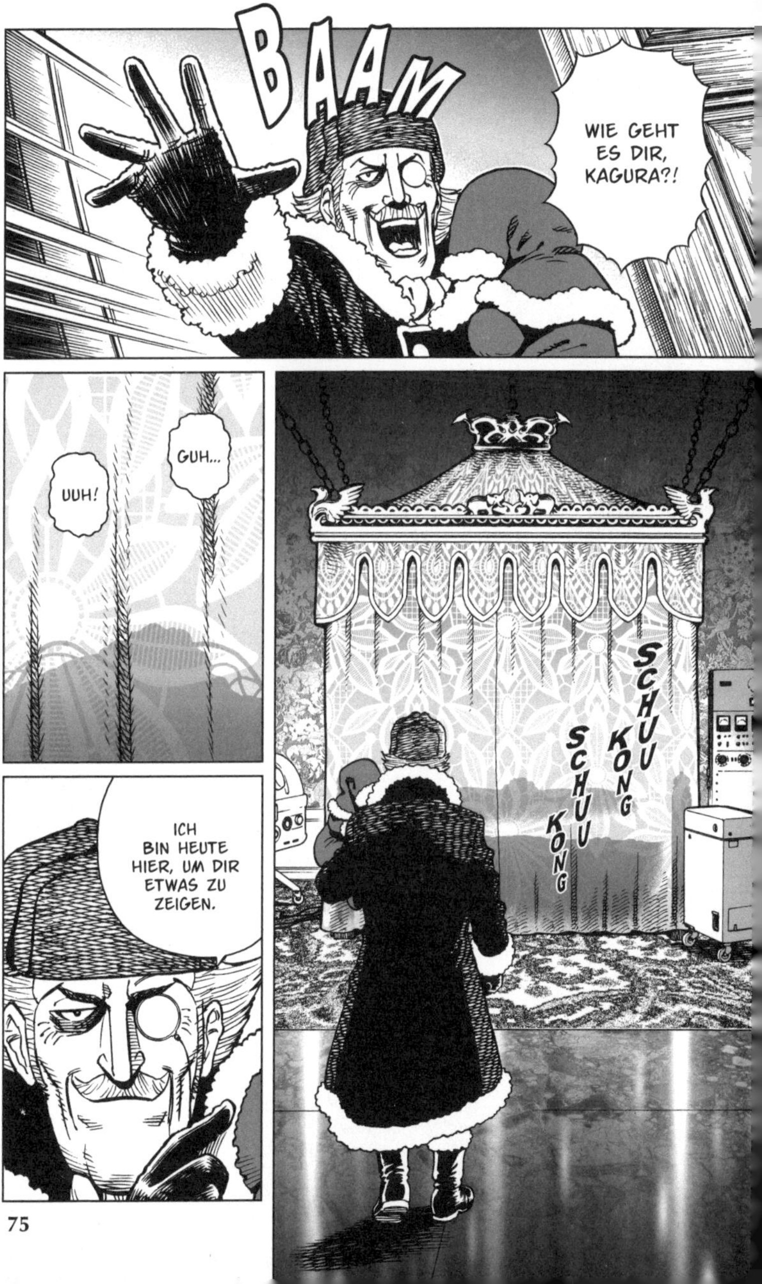
BAAM
WIE GEHT ES DIR, KAGURA?!
GUH...
UUH!
SCHUU KONG SCHUU KONG SCHUU KONG
ICH BIN HEUTE HIER, UM DIR ETWAS ZU ZEIGEN.

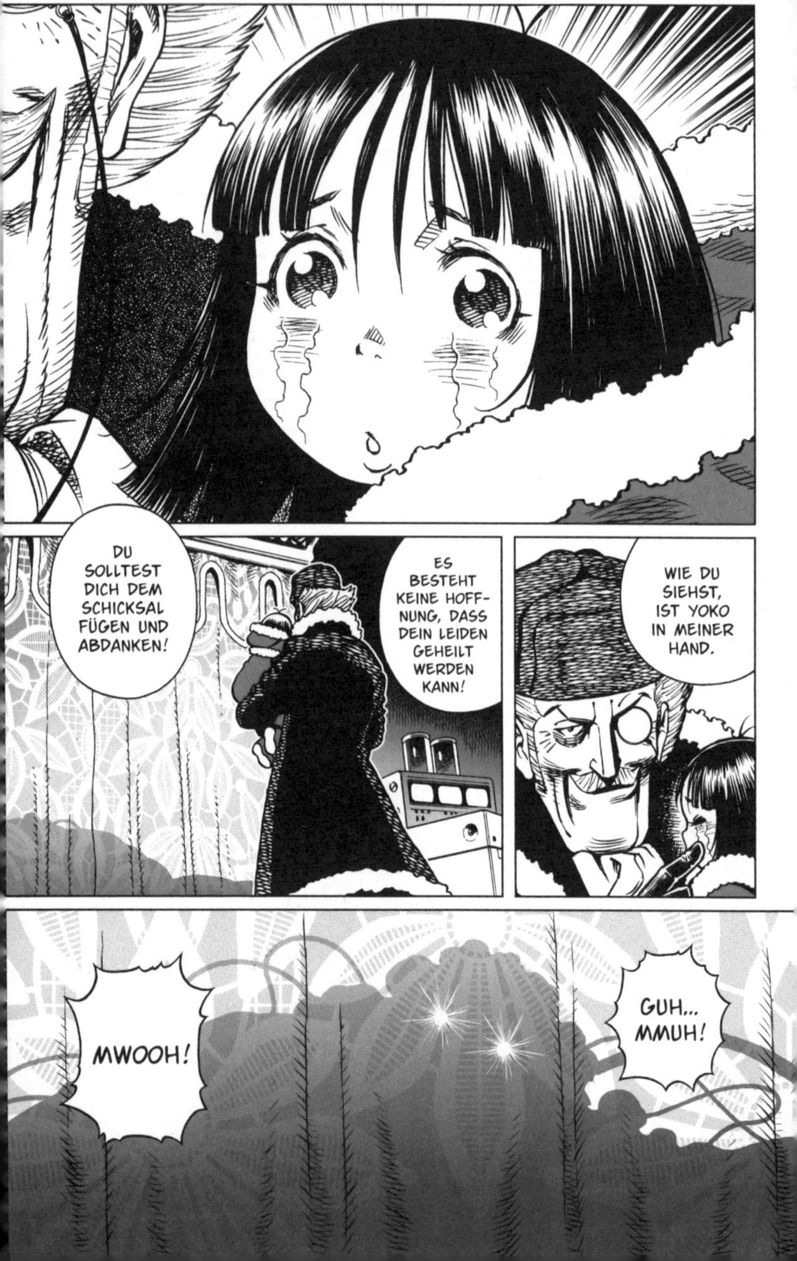
WIE DU SIEHST, IST YOKO IN MEINER HAND.
ES BESTEHT KEINE HOFFNUNG, DASS DEIN LEIDEN GEHEILT WERDEN KANN!
DU SOLLTEST DICH DEM SCHICKSAL FÜGEN UND ABDANKEN!
GUH... MMUH!
MWOOH!

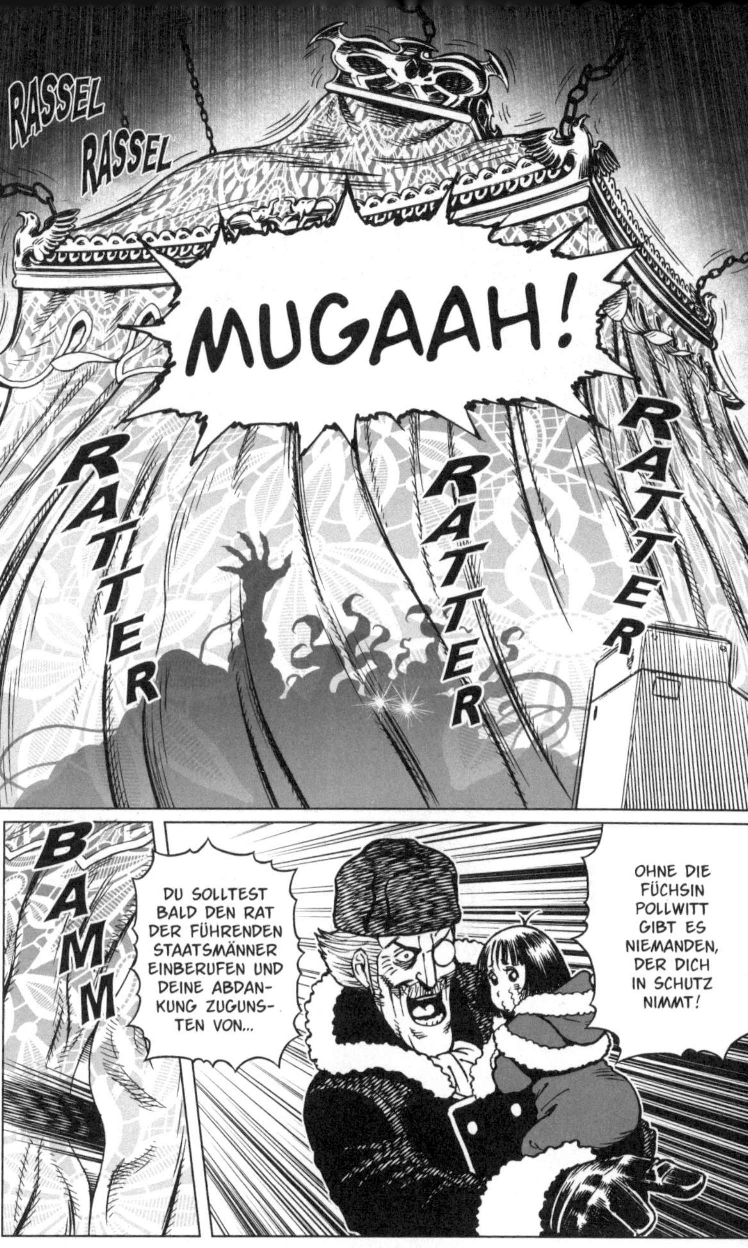
RASSEL
RASSEL
MUGAAH!
RATTER
RATTER
RATTER
OHNE DIE FÜCHSIN POLLWITT GIBT ES NIEMANDEN, DER DICH IN SCHUTZ NIMMT!
DU SOLLTEST BALD DEN RAT DER FÜHRENDEN STAATSMÄNNER EINBERUFEN UND DEINE ABDANKUNG ZUGUNSTEN VON...
BAMM

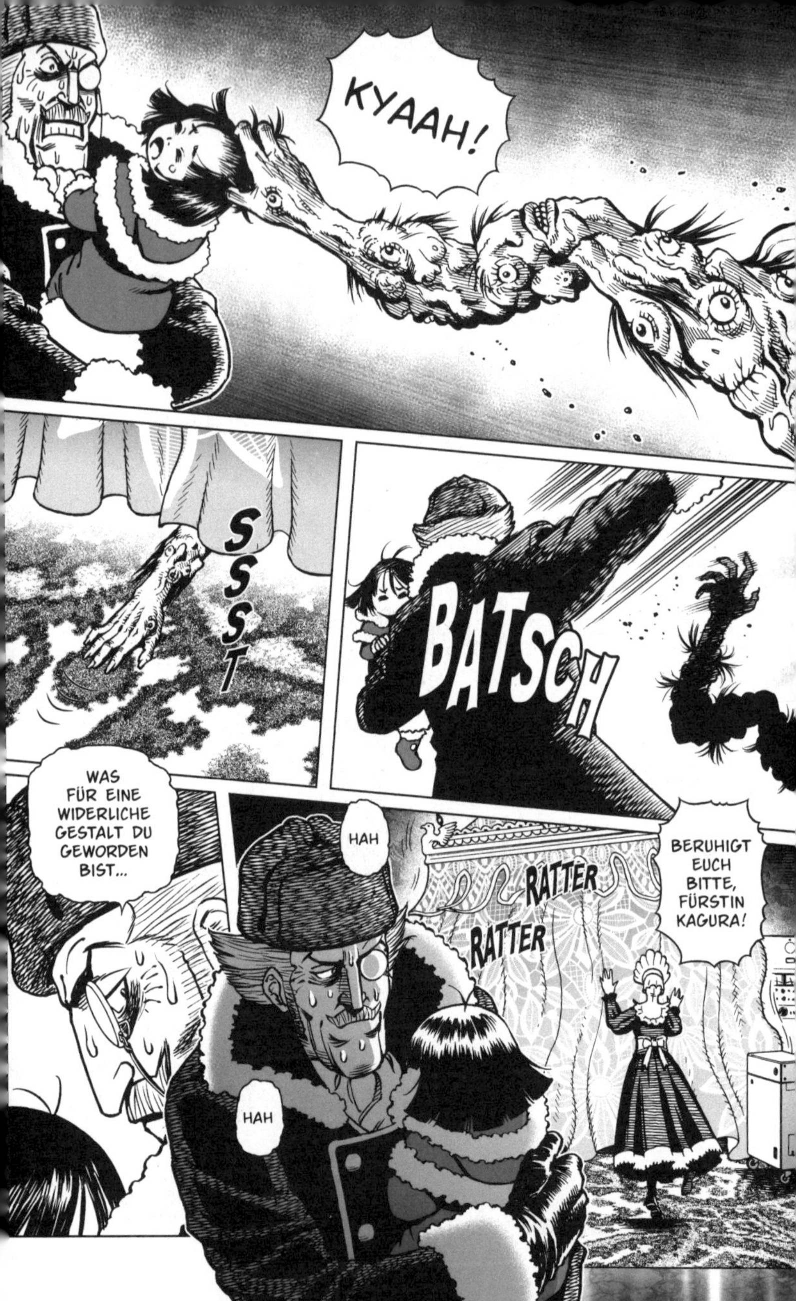
KYAAH!
SSST
BATSCH
WAS FÜR EINE WIDERLICHE GESTALT DU GEWORDEN BIST...
BERUHIGT EUCH BITTE, FÜRSTIN KAGURA!
RATTER
RATTER
HAH
HAH

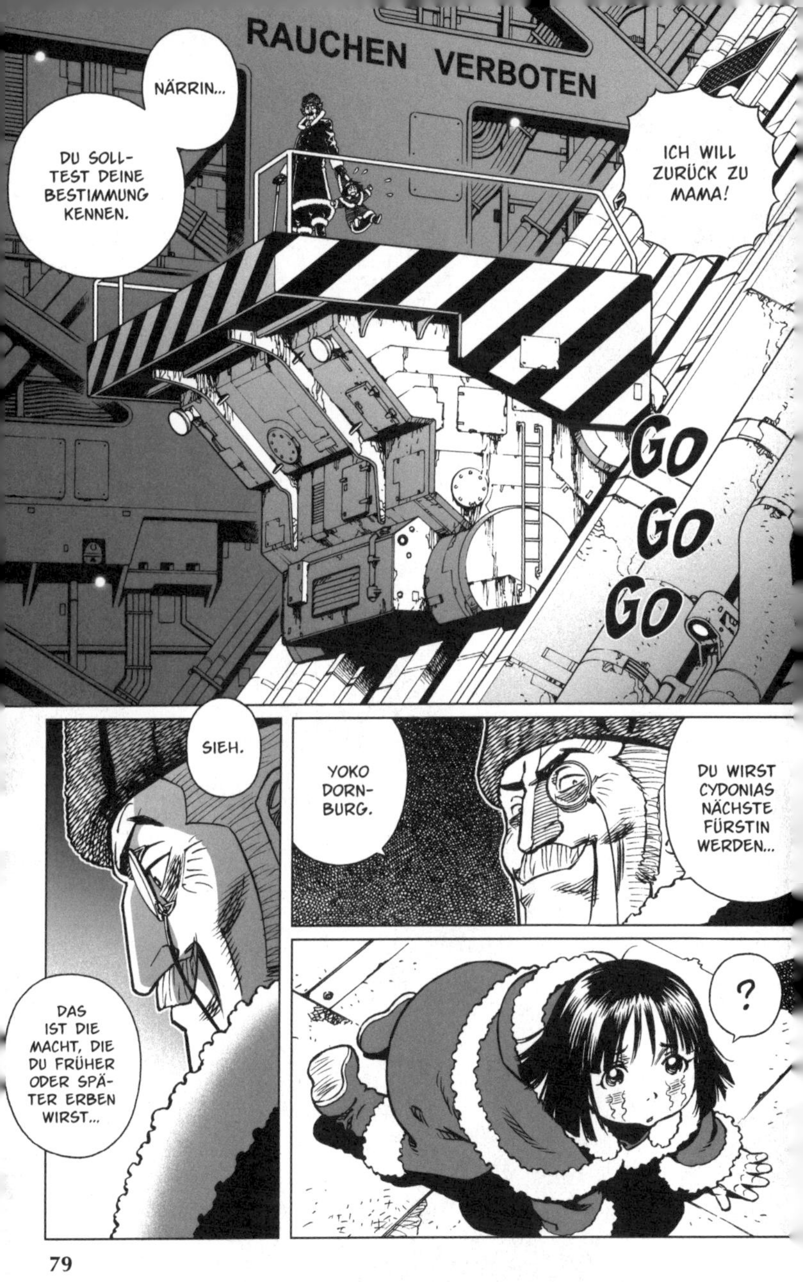
RAUCHEN VERBOTEN
ICH WILL ZURÜCK ZU MAMA!
NÄRRIN...
DU SOLLTEST DEINE BESTIMMUNG KENNEN.
GO GO GO
DU WIRST CYDONIAS NÄCHSTE FÜRSTIN WERDEN...
YOKO DORNBURG.
SIEH.
?
DAS IST DIE MACHT, DIE DU FRÜHER ODER SPÄTER ERBEN WIRST...

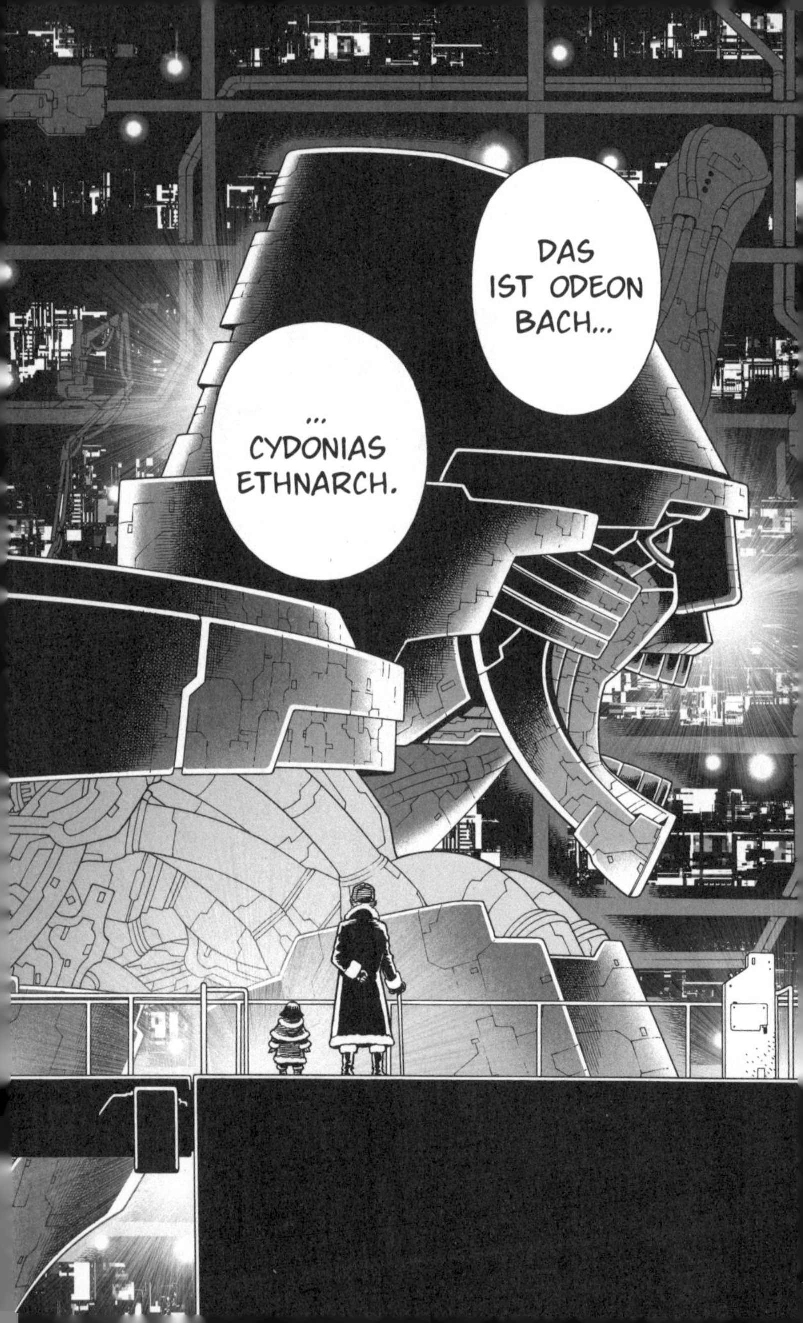
DAS IST ODEON BACH...
... CYDONIAS ETHNARCH.

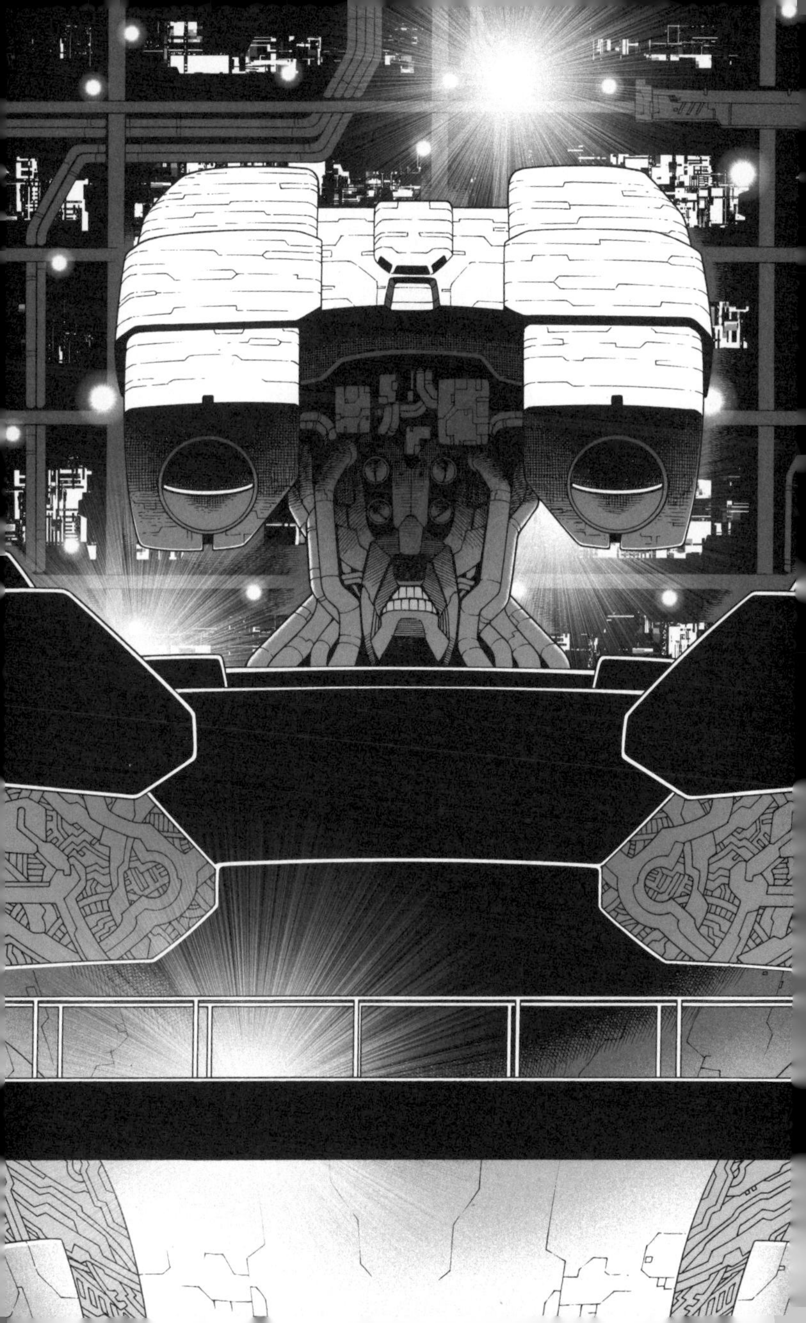

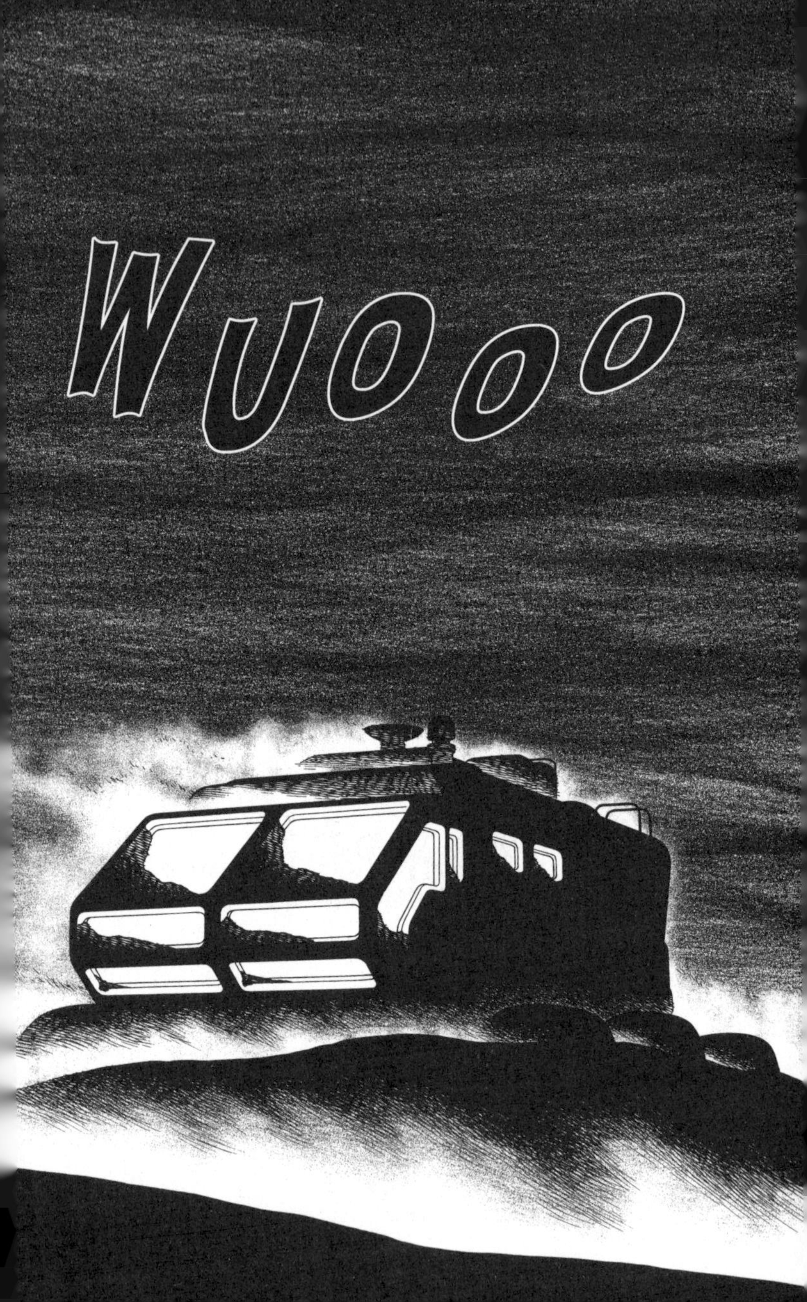
WUOOO

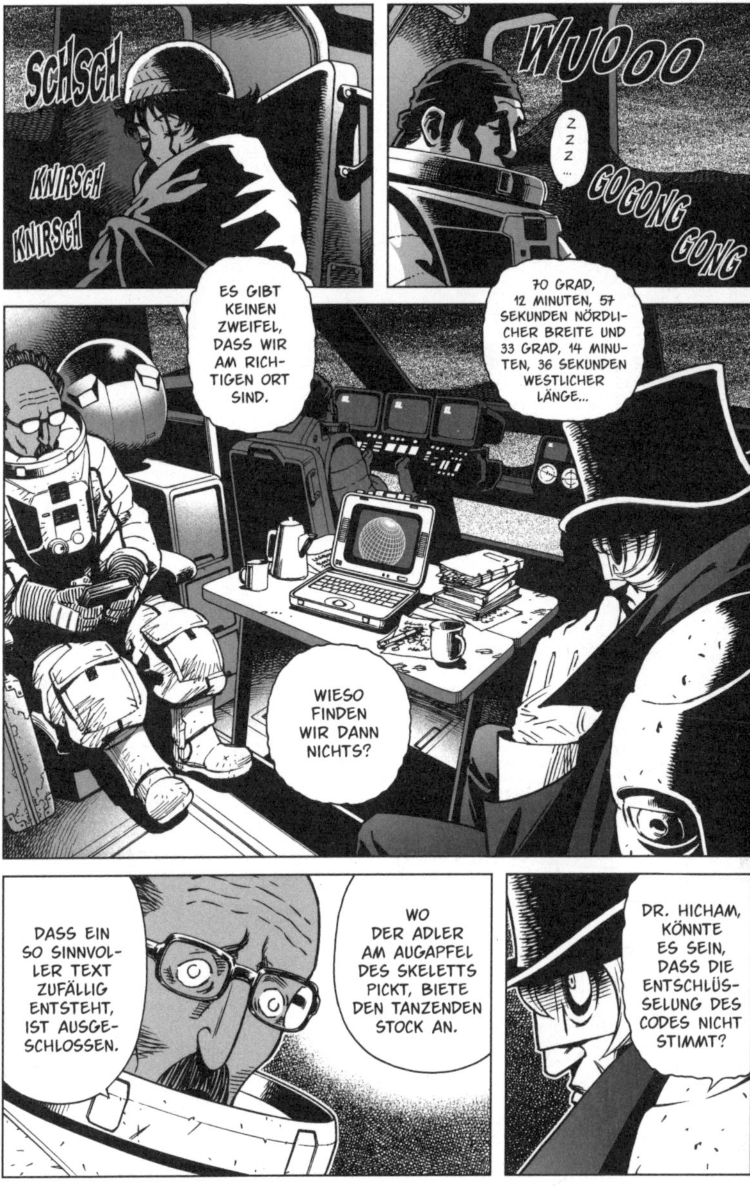
SCHSCH
KNIRSCH
KNIRSCH
WUOOO
ZZZ...
GOGONG GONG
ES GIBT KEINEN ZWEIFEL, DASS WIR AM RICHTIGEN ORT SIND.
70 GRAD, 12 MINUTEN, 57 SEKUNDEN NÖRDLICHER BREITE UND 33 GRAD, 14 MINUTEN, 36 SEKUNDEN WESTLICHER LÄNGE...
WIESO FINDEN WIR DANN NICHTS?
DR. HICHAM, KÖNNTE ES SEIN, DASS DIE ENTSCHLÜSSELUNG DES CODES NICHT STIMMT?
WO DER ADLER AM AUGAPFEL DES SKELETTS PICKT, BIETE DEN TANZENDEN STOCK AN.
DASS EIN SO SINNVOLLER TEXT ZUFÄLLIG ENTSTEHT, IST AUSGESCHLOSSEN.

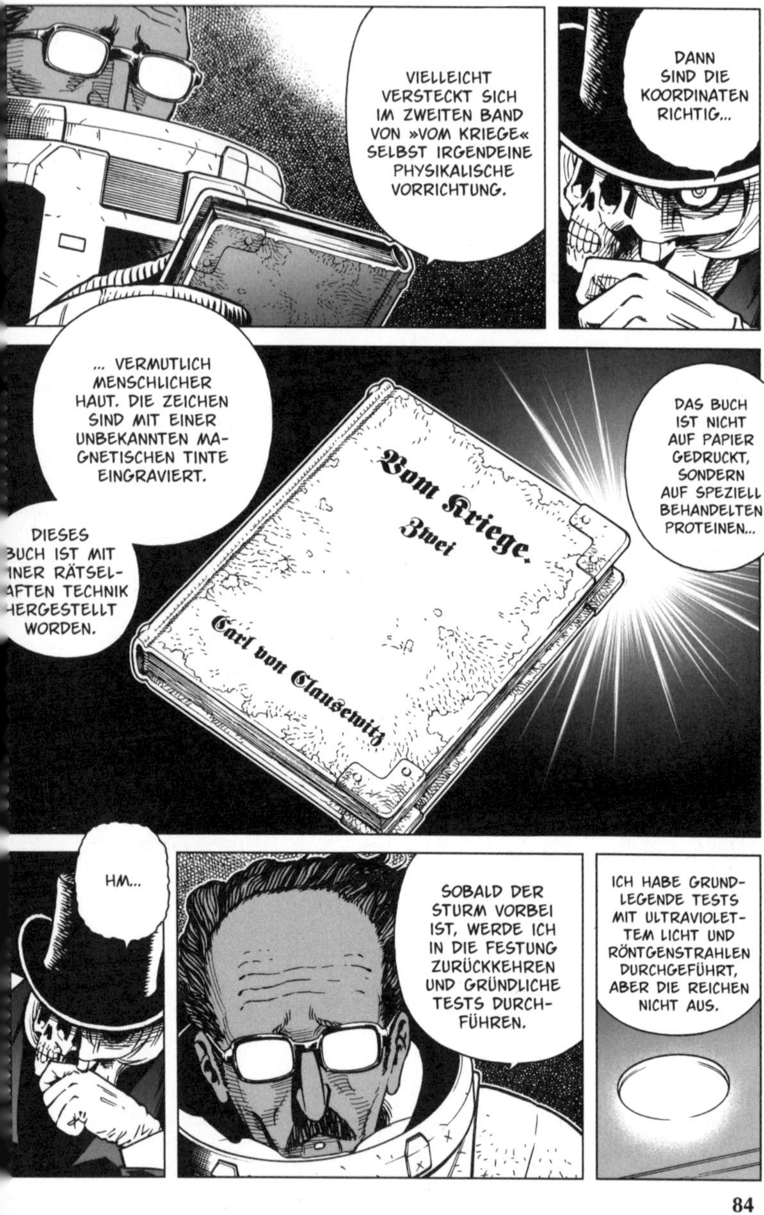
DANN SIND DIE KOORDINATEN RICHTIG...
VIELLEICHT VERSTECKT SICH IM ZWEITEN BAND VON »VOM KRIEGE« SELBST IRGENDEINE PHYSIKALISCHE VORRICHTUNG.
DAS BUCH IST NICHT AUF PAPIER GEDRUCKT, SONDERN AUF SPEZIELL BEHANDELTEN PROTEINEN...
... VERMUTLICH MENSCHLICHER HAUT. DIE ZEICHEN SIND MIT EINER UNBEKANNTEN MAGNETISCHEN TINTE EINGRAVIERT.
Vom Kriege. Zwei
Carl von Clausewitz
DIESES BUCH IST MIT INER RÄTSEL-AFTEN TECHNIK HERGESTELLT WORDEN.
ICH HABE GRUNDLEGENDE TESTS MIT ULTRAVIOLETTEM LICHT UND RÖNTGENSTRAHLEN DURCHGEFÜHRT, ABER DIE REICHEN NICHT AUS.
SOBALD DER STURM VORBEI IST, WERDE ICH IN DIE FESTUNG ZURÜCKKEHREN UND GRÜNDLICHE TESTS DURCHFÜHREN.
HM...

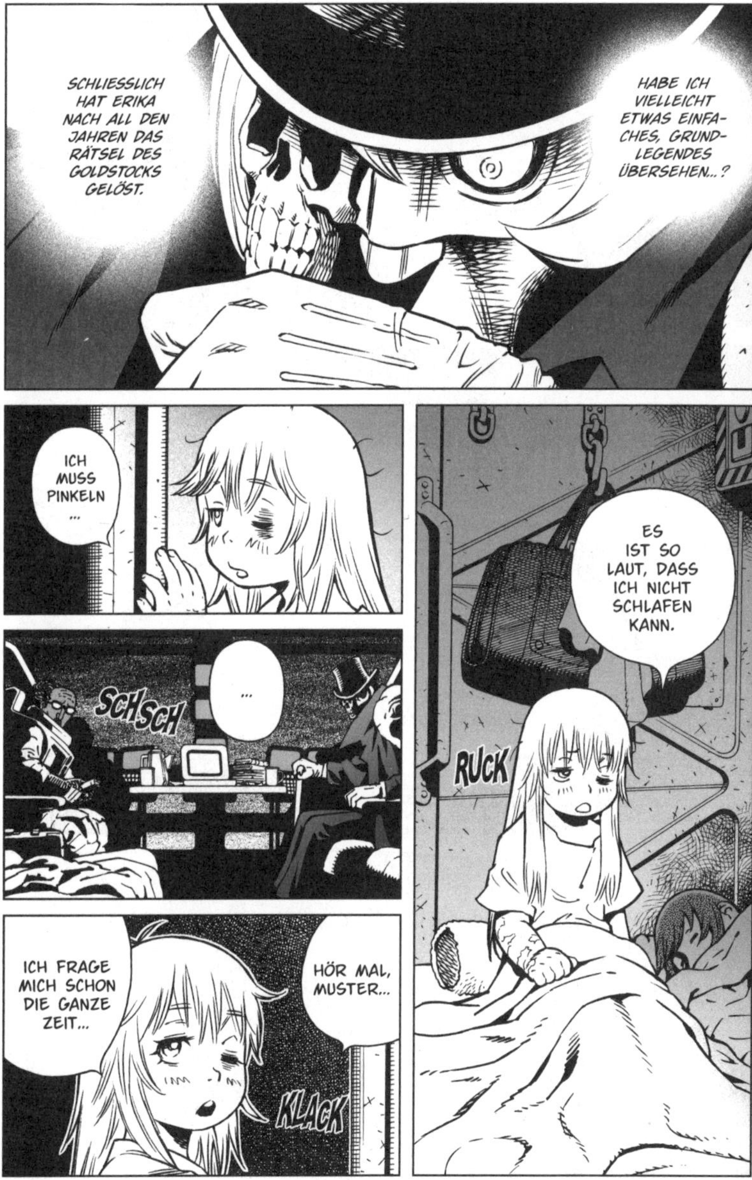
HABE ICH VIELLEICHT ETWAS EINFACHES, GRUNDLEGENDES ÜBERSEHEN..?
SCHLIESSLICH HAT ERIKA NACH ALL DEN JAHREN DAS RÄTSEL DES GOLDSTOCKS GELÖST.
ES IST SO LAUT, DASS ICH NICHT SCHLAFEN KANN.
RUCK
ICH MUSS PINKELN ...
...
SCHSCH
HÖR MAL, MUSTER...
ICH FRAGE MICH SCHON DIE GANZE ZEIT...
KLACK

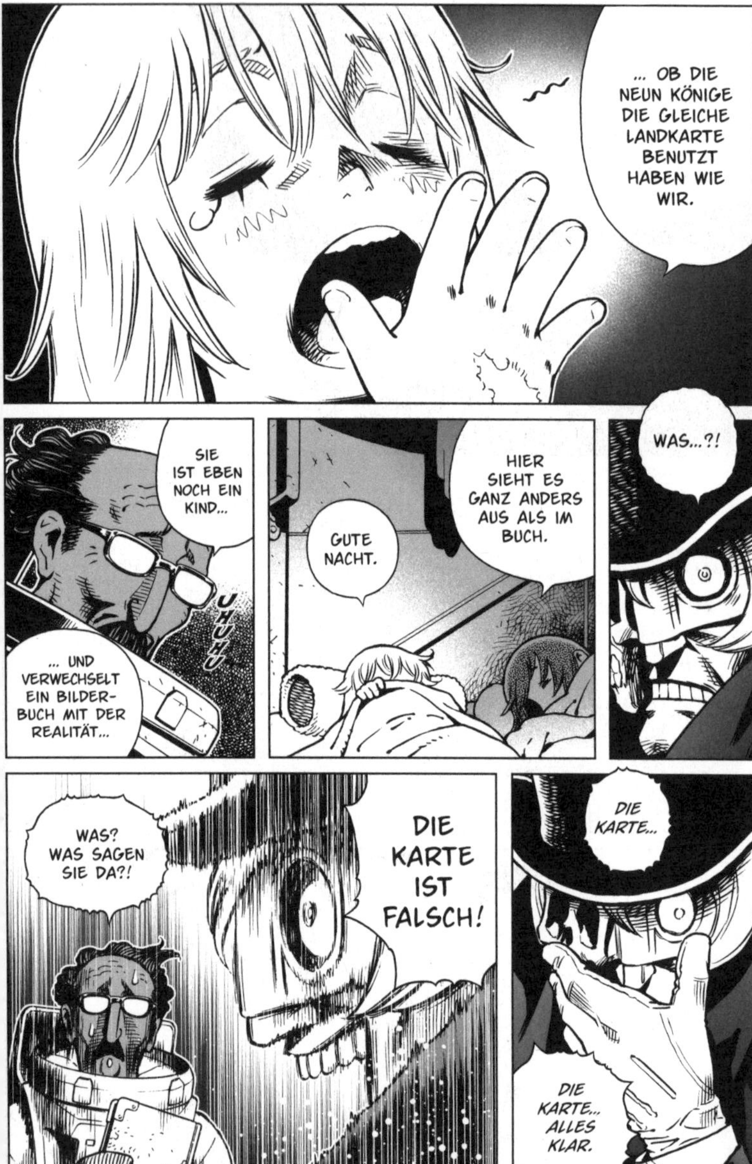
... OB DIE NEUN KÖNIGE DIE GLEICHE LANDKARTE BENUTZT HABEN WIE WIR.
WAS...?!
HIER SIEHT ES GANZ ANDERS AUS ALS IM BUCH.
GUTE NACHT.
SIE IST EBEN NOCH EIN KIND...
UHUHU
... UND VERWECHSELT EIN BILDER-BUCH MIT DER REALITÄT...
DIE KARTE...
DIE KARTE... ALLES KLAR.
DIE KARTE IST FALSCH!
WAS? WAS SAGEN SIE DA?!

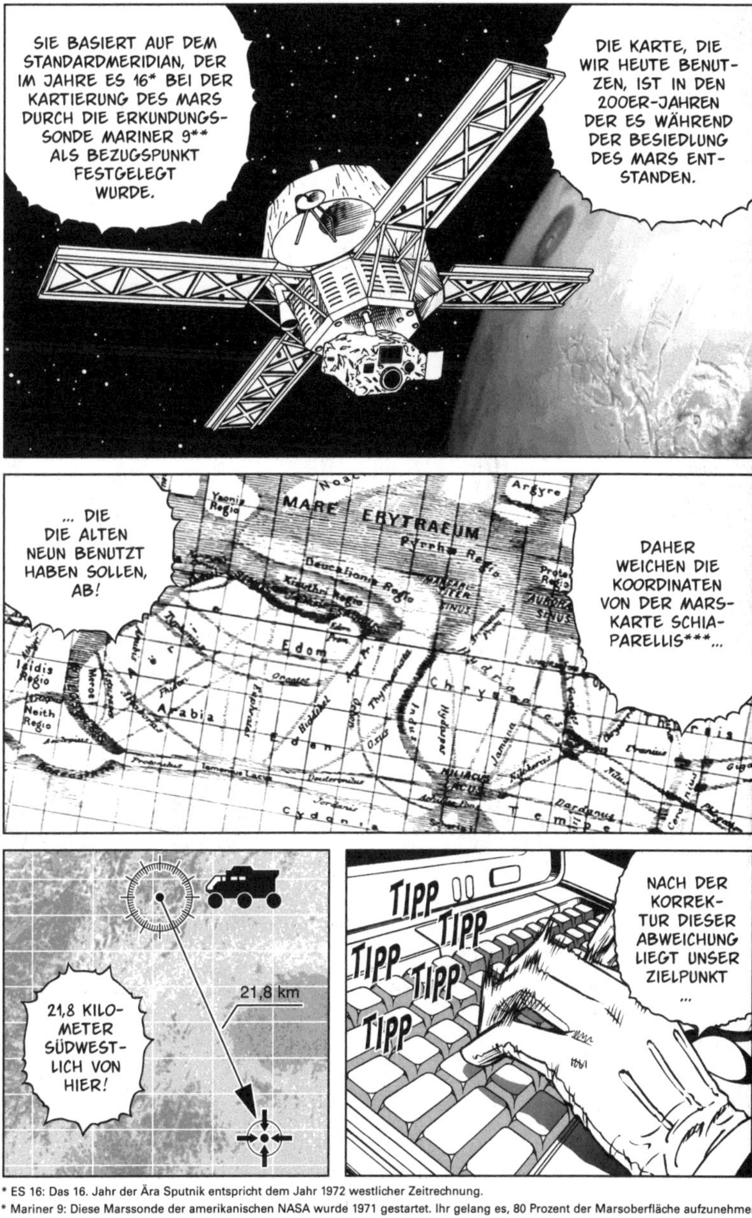

* ES 16: Das 16. Jahr der Ära Sputnik entspricht dem Jahr 1972 westlicher Zeitrechnung.

** Mariner 9: Diese Marssonde der amerikanischen NASA wurde 1971 gestartet. Ihr gelang es, 80 Prozent der Marsoberfläche aufzunehmen

*** Schiaparelli: Giovanni Virginio Schiaparelli (1835–1910) war ein italienischer Astronom, der für seine Beobachtungen des Mars bekannt w

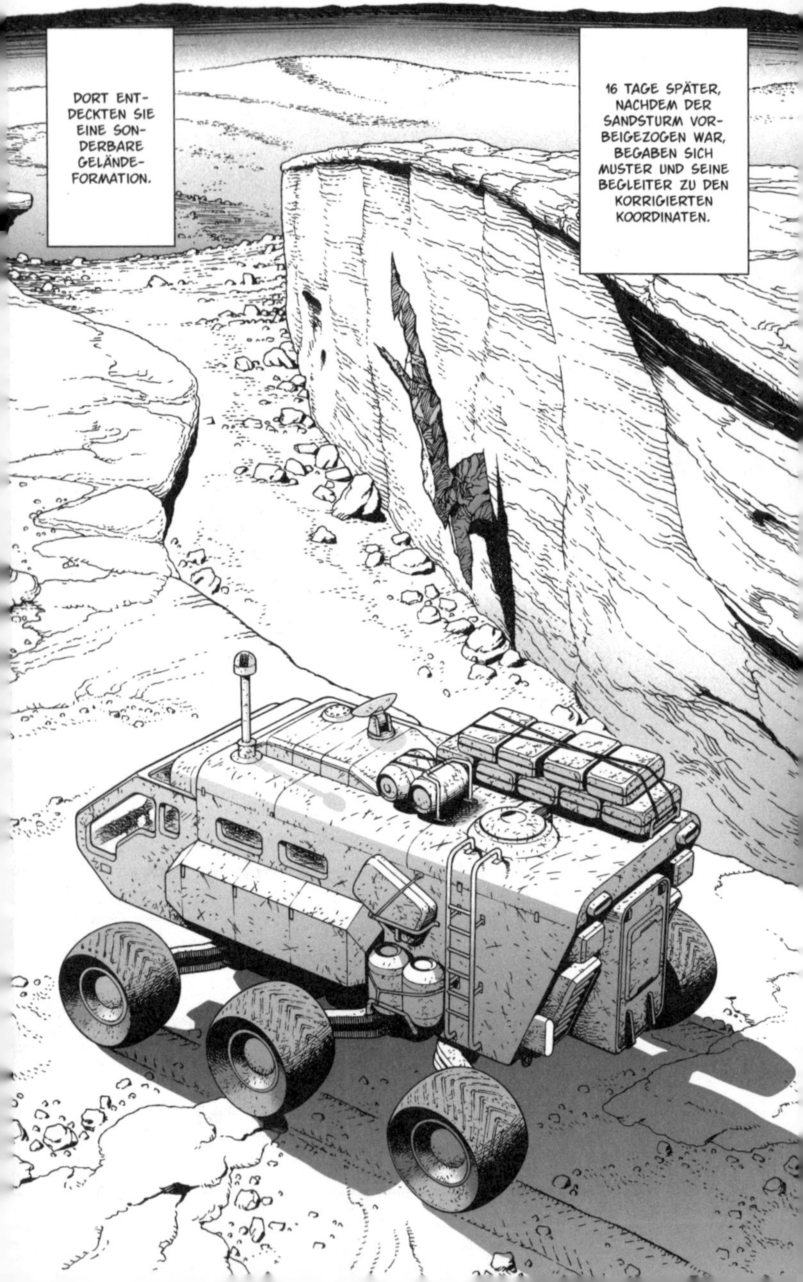
DORT ENTDECKTEN SIE EINE SONDERBARE GELÄNDEFORMATION.
16 TAGE SPÄTER, NACHDEM DER SANDSTURM VORBEIGEZOGEN WAR, BEGABEN SICH MUSTER UND SEINE BEGLEITER ZU DEN KORRIGIERTEN KOORDINATEN.

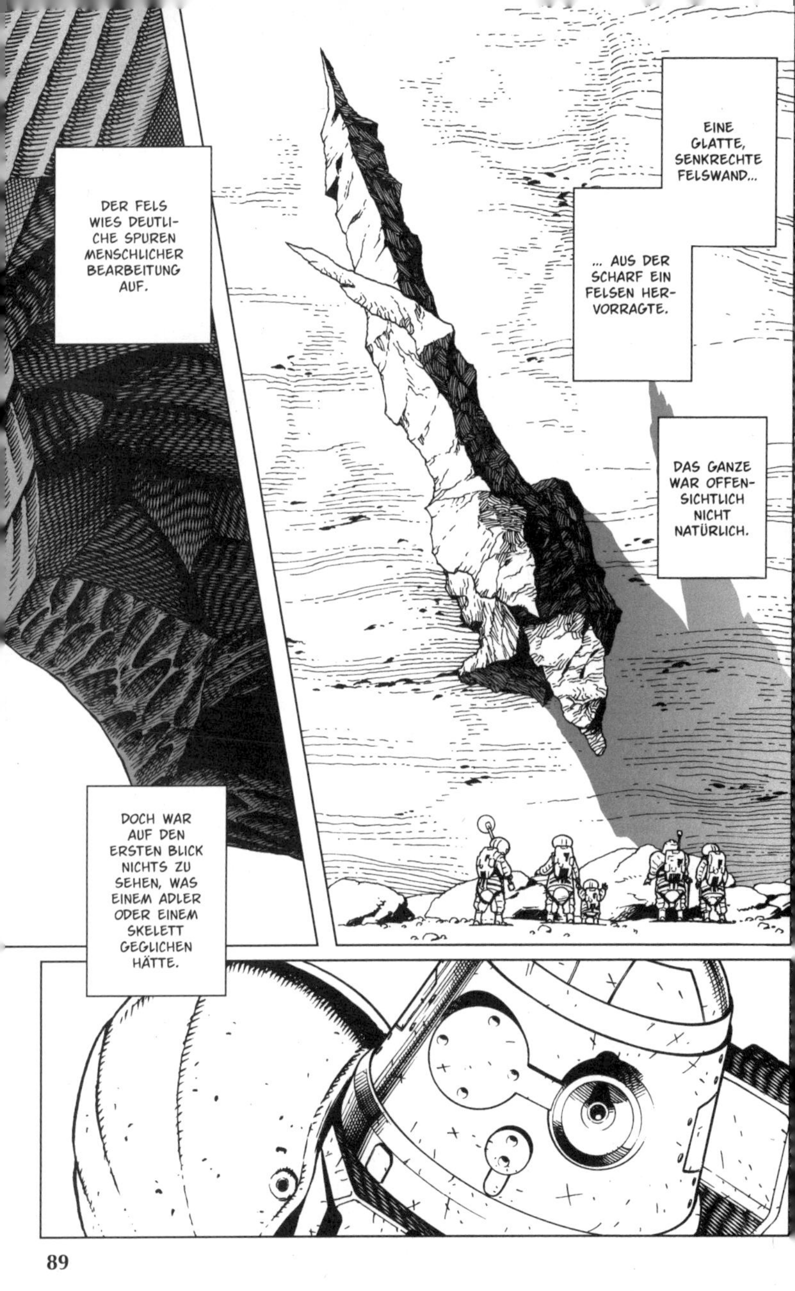
EINE GLATTE, SENKRECHTE FELSWAND...
... AUS DER SCHARF EIN FELSEN HERVORRAGTE.
DAS GANZE WAR OFFENSICHTLICH NICHT NATÜRLICH.
DER FELS WIES DEUTLICHE SPUREN MENSCHLICHER BEARBEITUNG AUF.
DOCH WAR AUF DEN ERSTEN BLICK NICHTS ZU SEHEN, WAS EINEM ADLER ODER EINEM SKELETT GEGLICHEN HÄTTE.

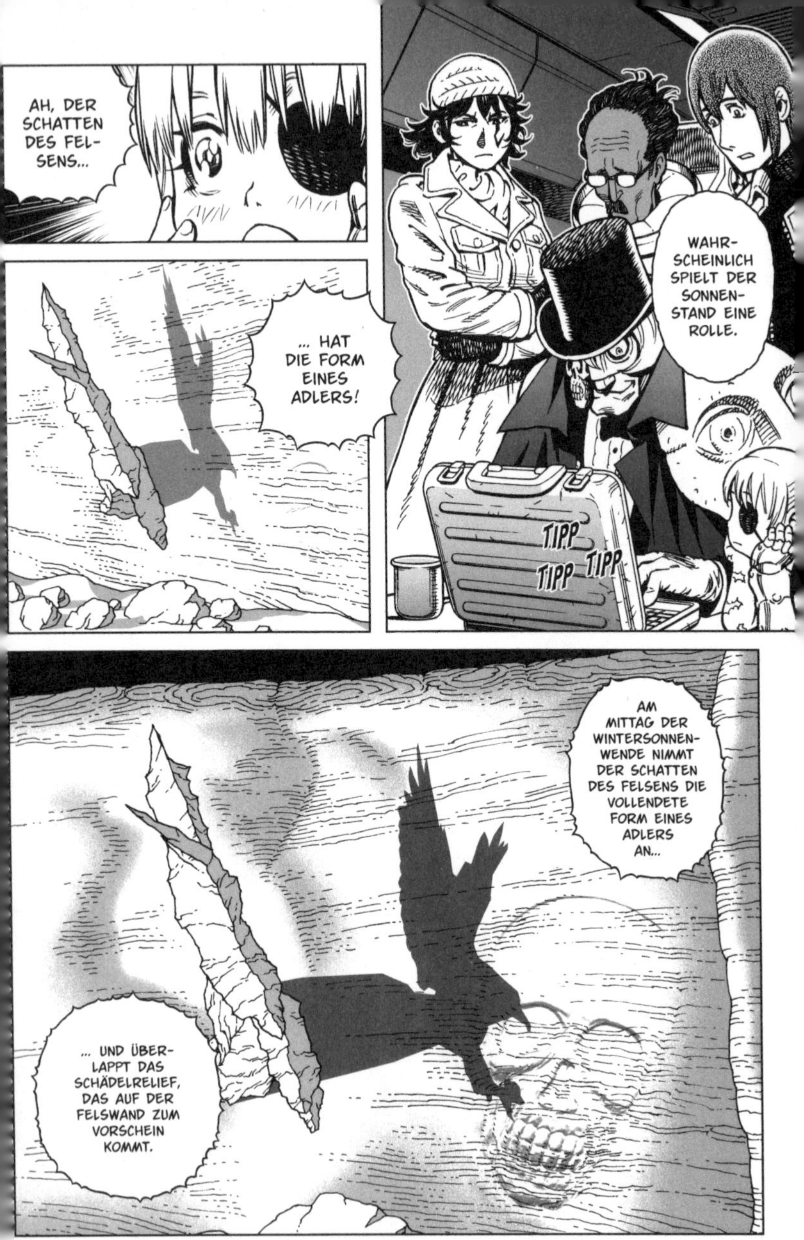

AH, DER SCHATTEN DES FELSENS...
... HAT DIE FORM EINES ADLERS!
WAHRSCHEINLICH SPIELT DER SONNENSTAND EINE ROLLE.
TIPP
TIPP TIPP
AM MITTAG DER WINTERSONNENWENDE NIMMT DER SCHATTEN DES FELSENS DIE VOLLENDETE FORM EINES ADLERS AN...
... UND ÜBERLAPPT DAS SCHÄDELRELIEF, DAS AUF DER FELSWAND ZUM VORSCHEIN KOMMT.

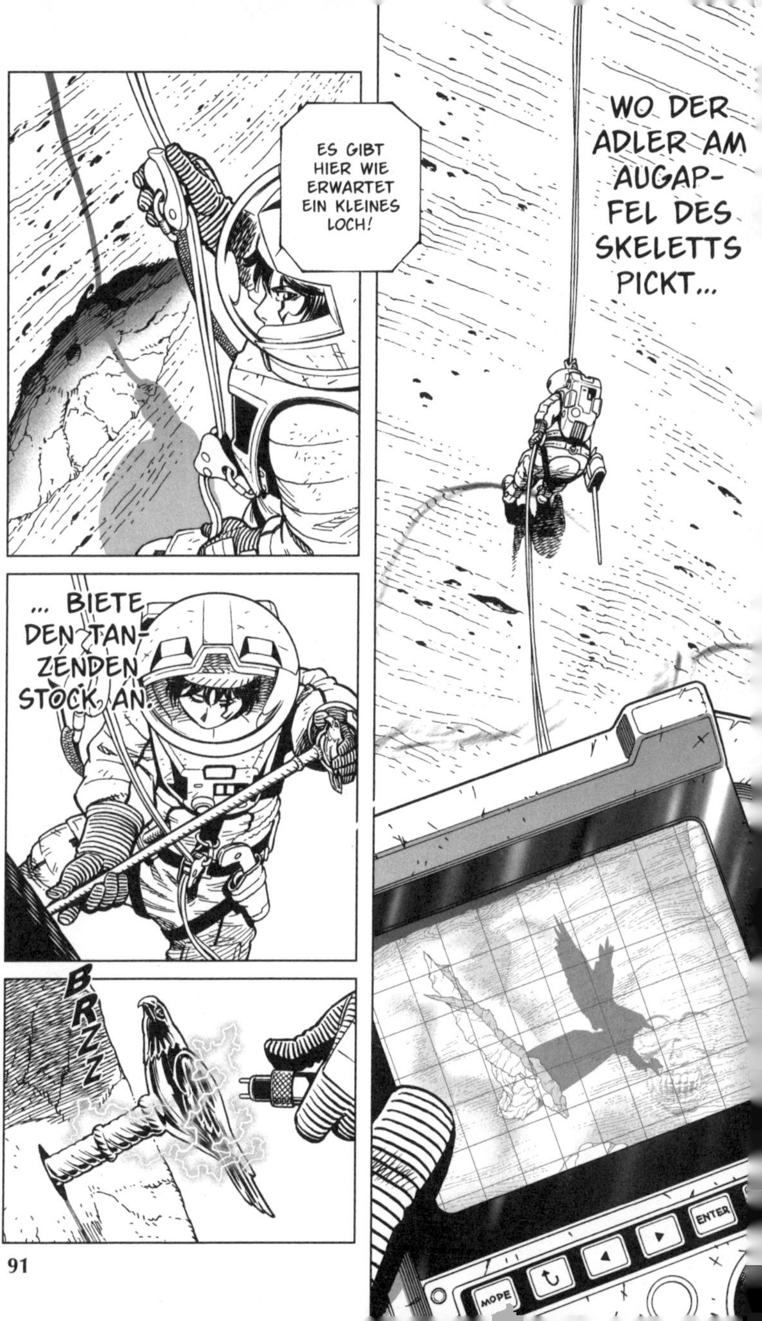
WO DER ADLER AM AUGAPFEL DES SKELETTS PICKT...
ES GIBT HIER WIE ERWARTET EIN KLEINES LOCH!
... BIETE DEN TANZENDEN STOCK AN.
BRZZ

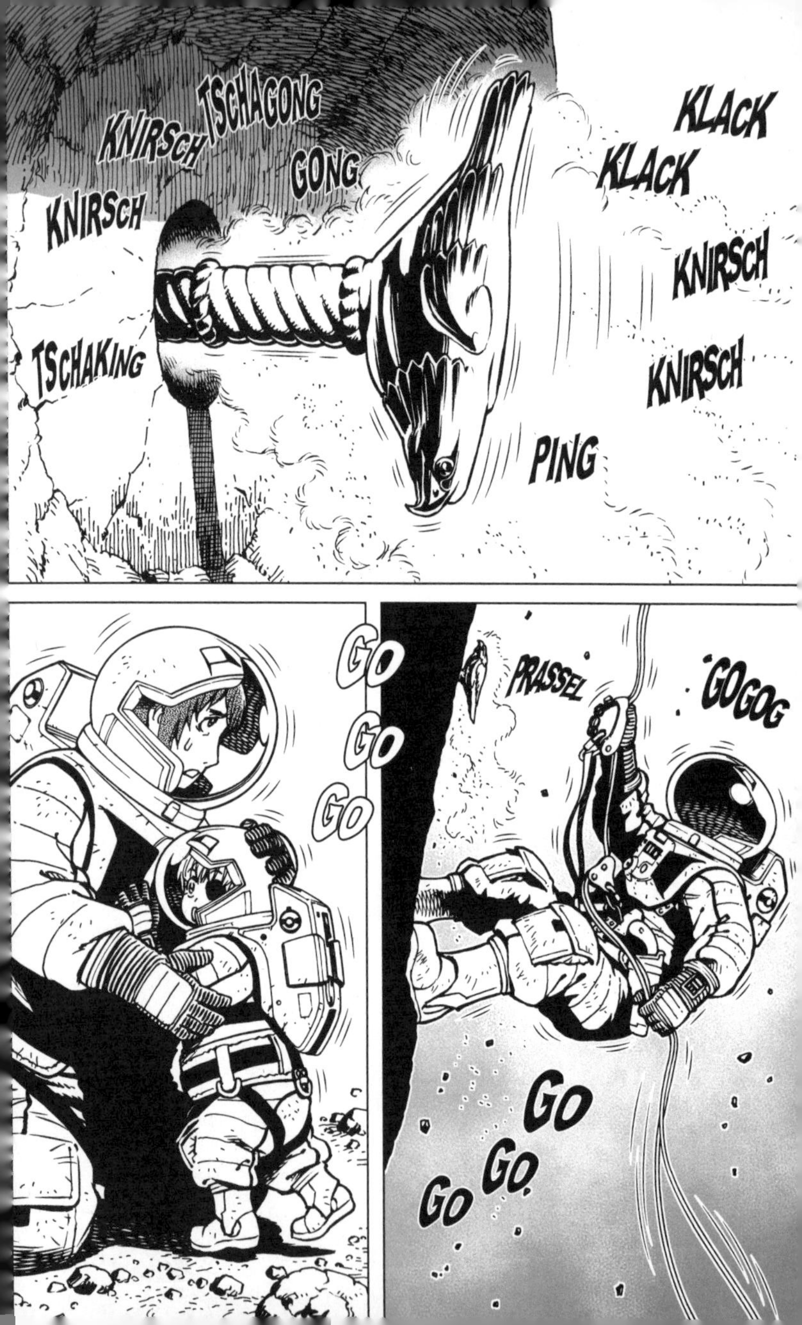
KLACK
KLACK
KNIRSCH
KNIRSCH
PING
GONG
TSCHAGONG
KNIRSCH
KNIRSCH
TSCHAKING
PRASSEL
GOGOG
GO
GO
GO
GO
GO
GO

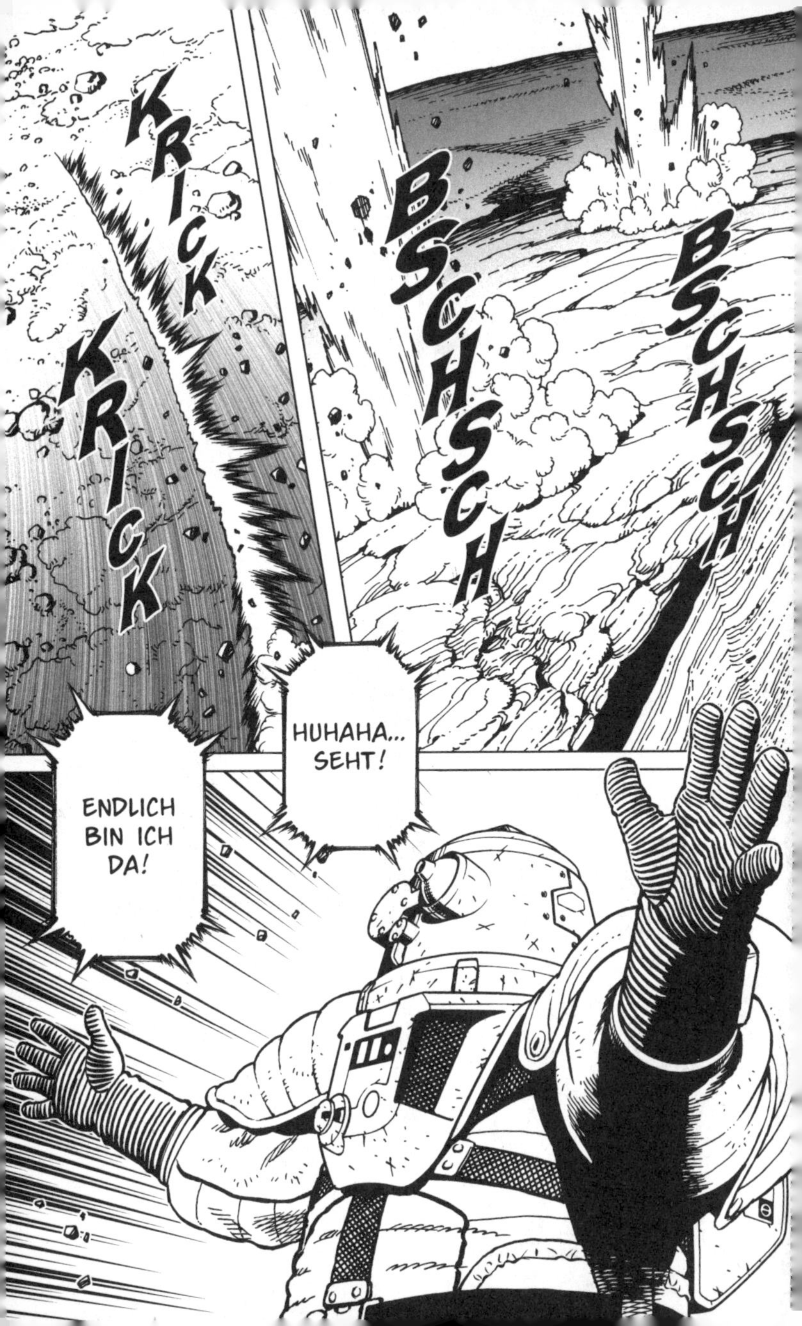

KRICK
KRICK
BSCHSCH
BSCHSCH
HUHAHA... SEHT!
ENDLICH BIN ICH DA!

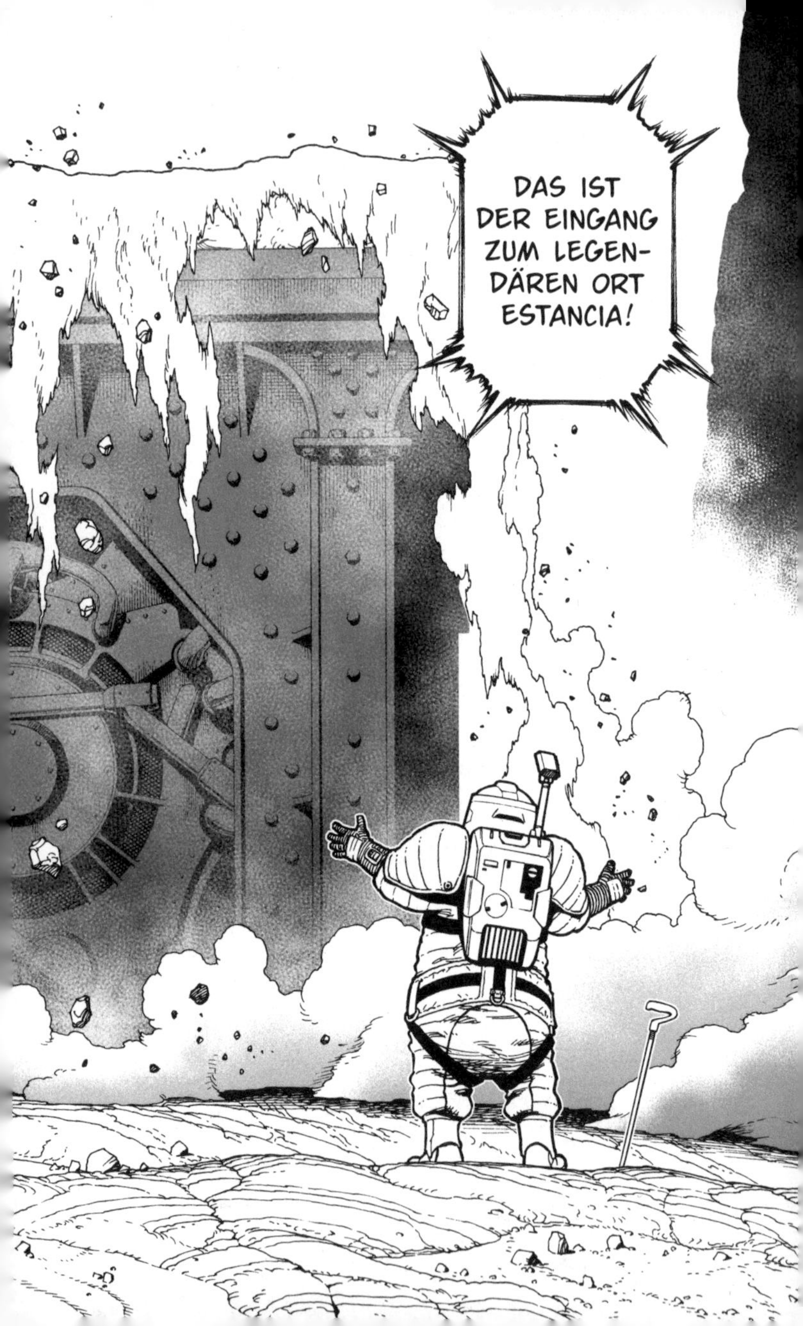
DAS IST DER EINGANG ZUM LEGENDÄREN ORT ESTANCIA!

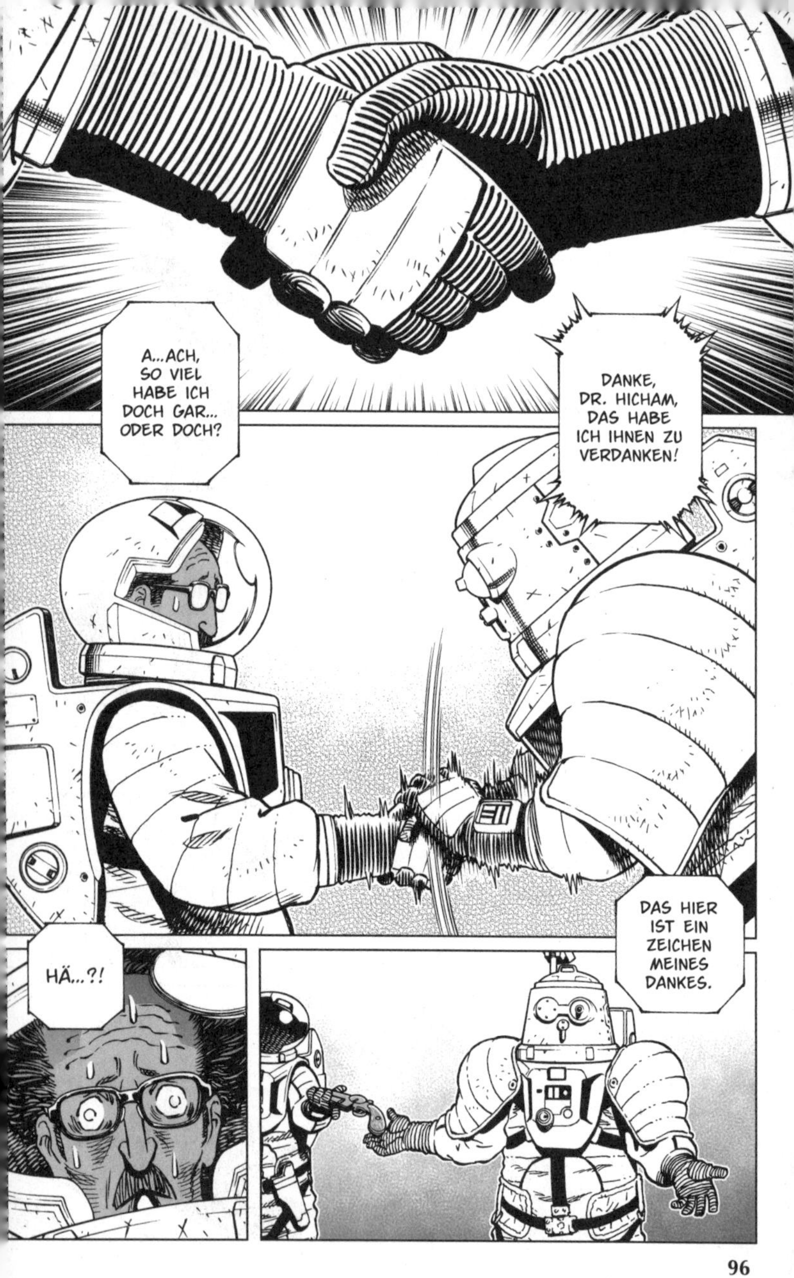
DANKE, DR. HICHAM, DAS HABE ICH IHNEN ZU VERDANKEN!
A...ACH, SO VIEL HABE ICH DOCH GAR... ODER DOCH?
DAS HIER IST EIN ZEICHEN MEINES DANKES.
HÄ...?!

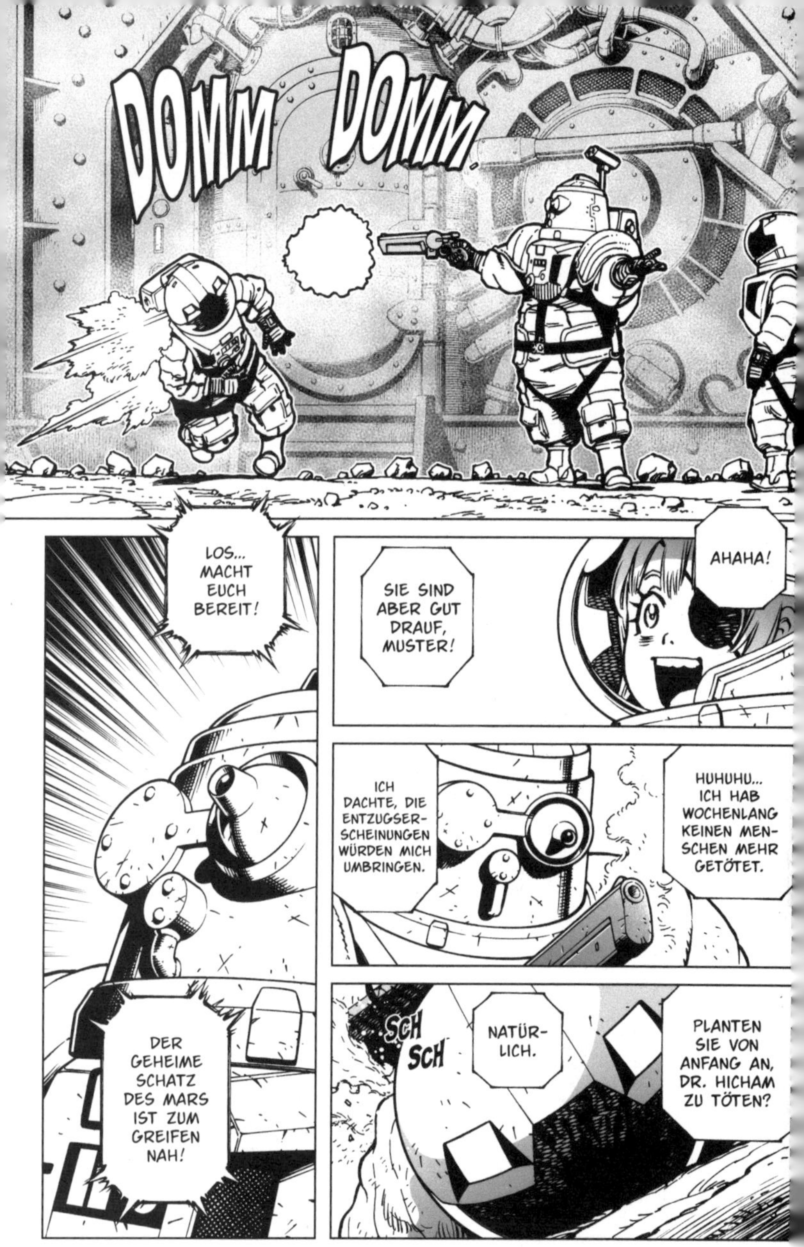
DOMM DOMM
AHAHA!
SIE SIND ABER GUT DRAUF, MUSTER!
HUHUHU... ICH HAB WOCHENLANG KEINEN MEN-SCHEN MEHR GETÖTET.
ICH DACHTE, DIE ENTZUGSER-SCHEINUNGEN WÜRDEN MICH UMBRINGEN.
PLANTEN SIE VON ANFANG AN, DR. HICHAM ZU TÖTEN?
NATÜR-LICH.
SCH SCH
LOS... MACHT EUCH BEREIT!
DER GEHEIME SCHATZ DES MARS IST ZUM GREIFEN NAH!

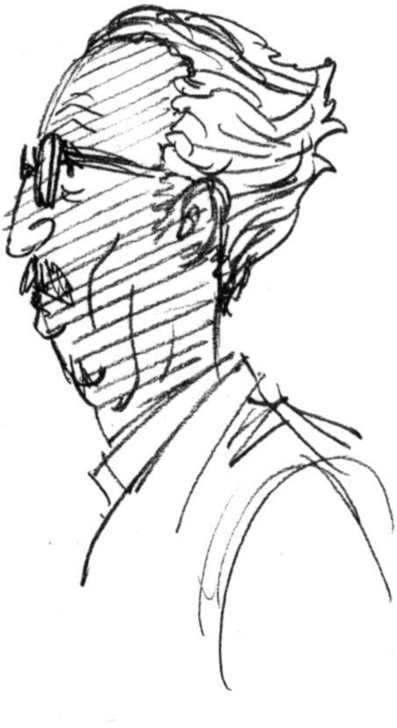

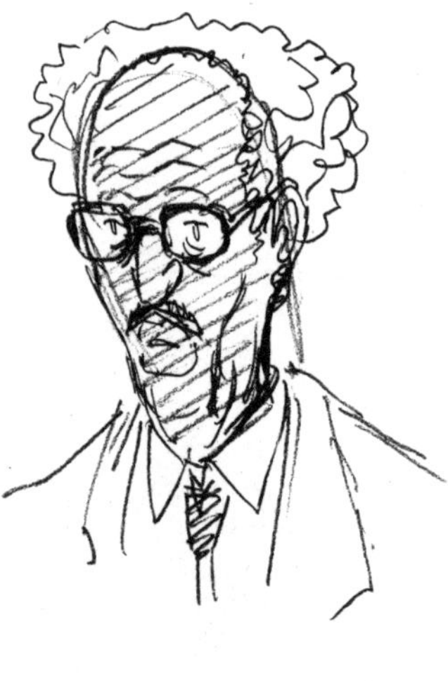

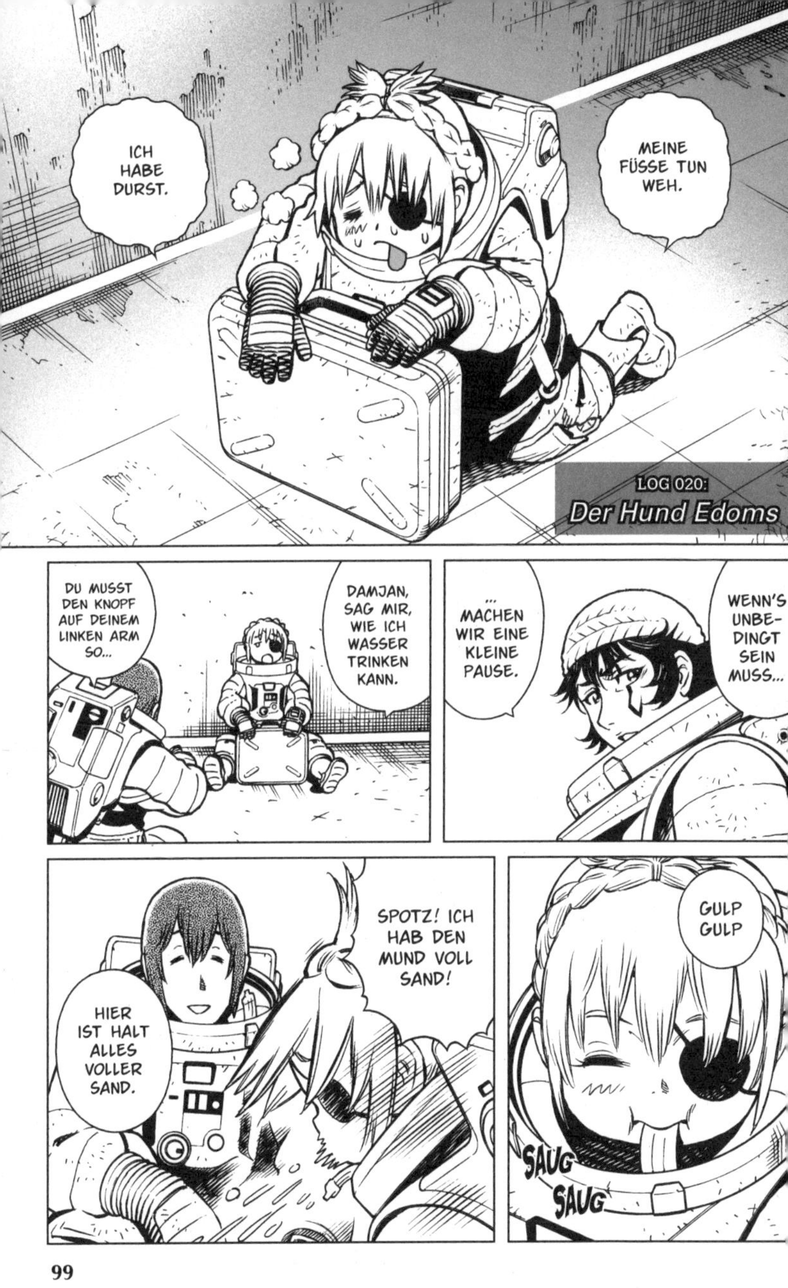
MEINE FÜSSE TUN WEH.
ICH HABE DURST.
LOG 020:
Der Hund Edoms
WENN'S UNBE-DINGT SEIN MUSS...
... MACHEN WIR EINE KLEINE PAUSE.
DAMJAN, SAG MIR, WIE ICH WASSER TRINKEN KANN.
DU MUSST DEN KNOPF AUF DEINEM LINKEN ARM SO...
GULP GULP
SAUG
SAUG
SPOTZ! ICH HAB DEN MUND VOLL SAND!
HIER IST HALT ALLES VOLLER SAND.

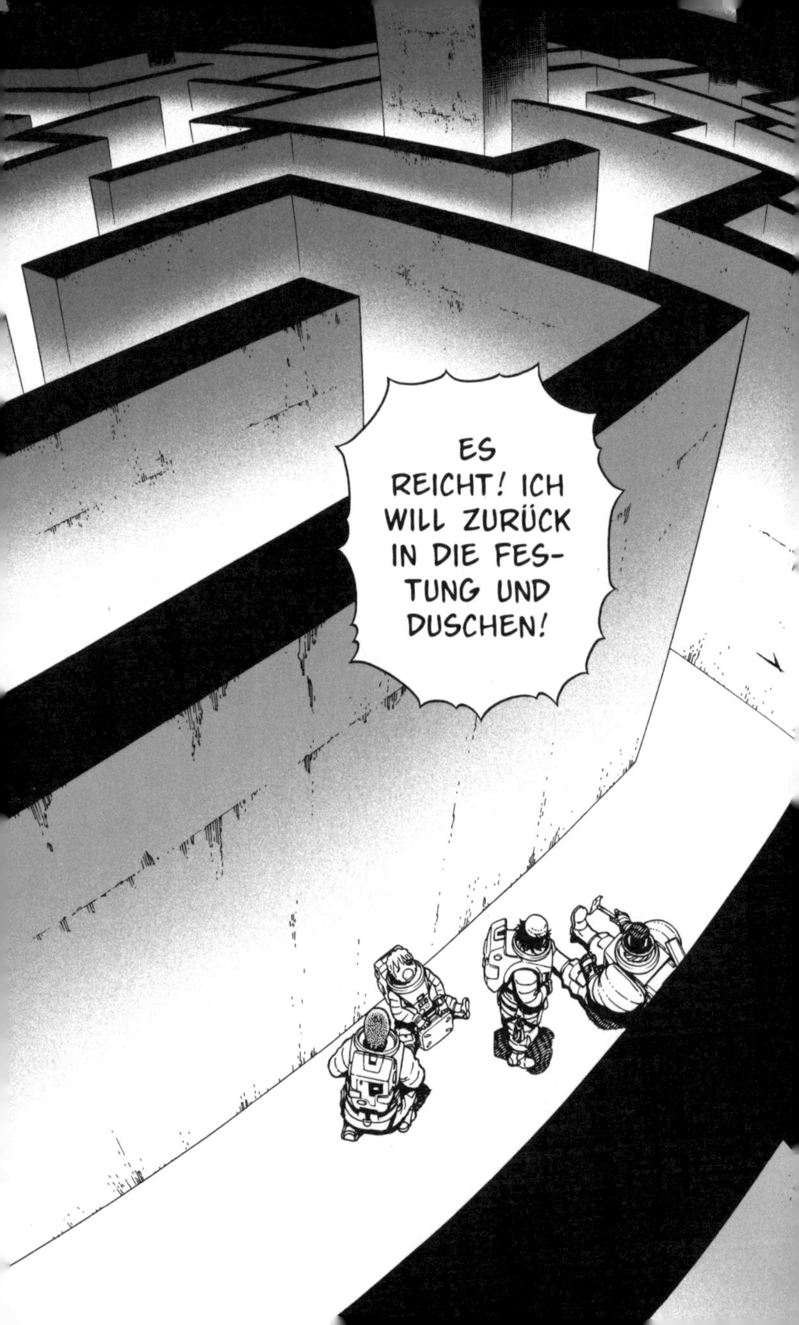
ES REICHT! ICH WILL ZURÜCK IN DIE FES-TUNG UND DUSCHEN!

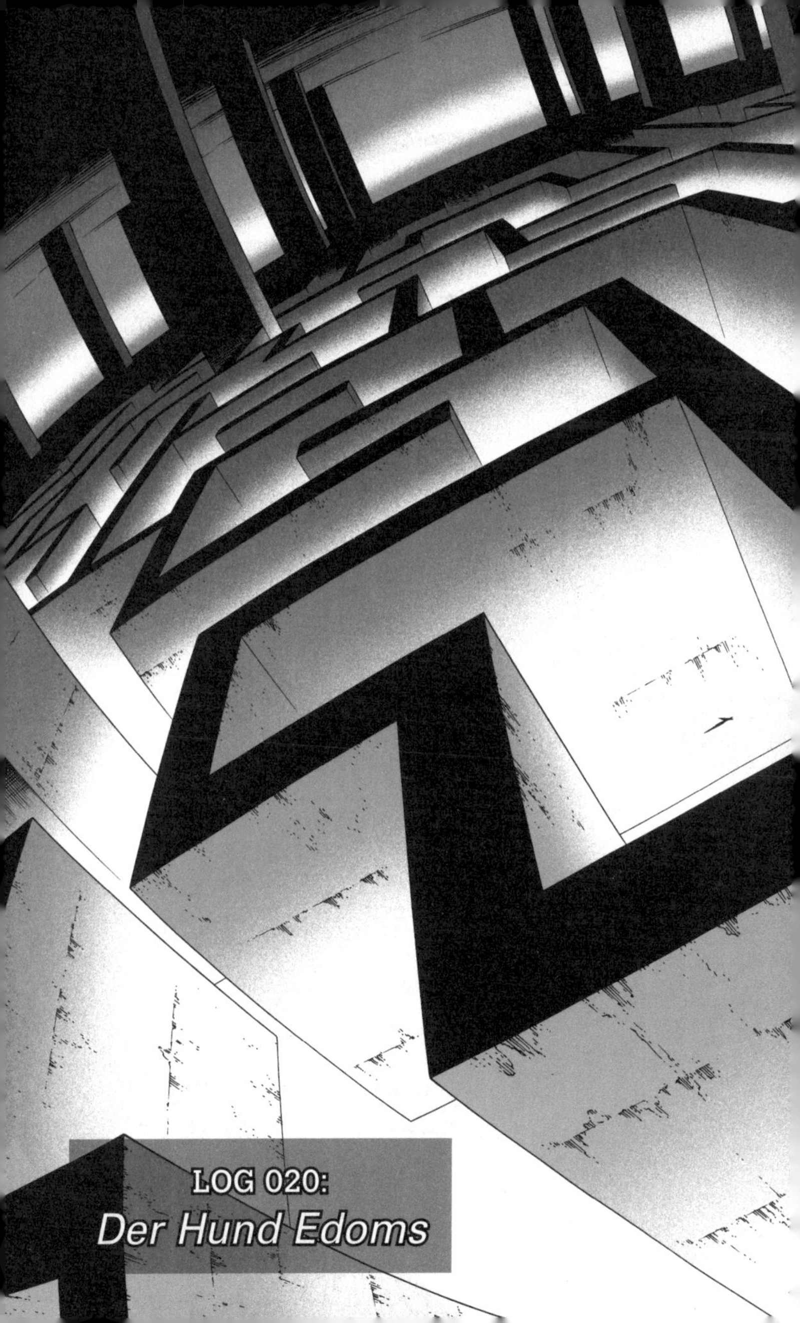
LOG 020:
Der Hund Edoms

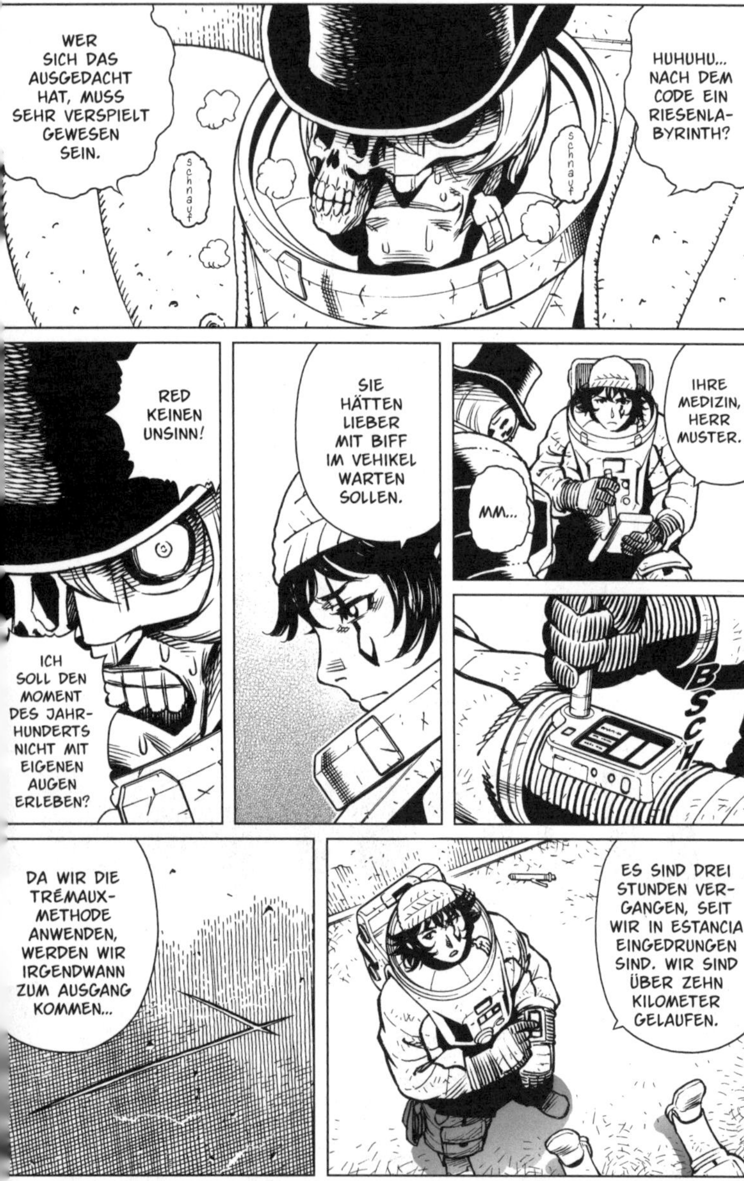

WER SICH DAS AUSGEDACHT HAT, MUSS SEHR VERSPIELT GEWESEN SEIN.
schnauf
schnauf
HUHUHU... NACH DEM CODE EIN RIESENLABYRINTH?
RED KEINEN UNSINN!
ICH SOLL DEN MOMENT DES JAHRHUNDERTS NICHT MIT EIGENEN AUGEN ERLEBEN?
SIE HÄTTEN LIEBER MIT BIFF IM VEHIKEL WARTEN SOLLEN.
IHRE MEDIZIN, HERR MUSTER.
MM...
BSCH
DA WIR DIE TRÉMAUX-METHODE ANWENDEN, WERDEN WIR IRGENDWANN ZUM AUSGANG KOMMEN...
ES SIND DREI STUNDEN VERGANGEN, SEIT WIR IN ESTANCIA EINGEDRUNGEN SIND. WIR SIND ÜBER ZEHN KILOMETER GELAUFEN.

Als Methode, die jedes Labyrinth löst, hat der französische Mathematiker Charles Pierre Trémaux die erweiterte Linke-Hand-Methode entwickelt. Sie funktioniert wie folgt:

1) Man schreitet nach der Linke-Hand-Methode voran, wobei man die Wände markiert.
2) Kommt man an eine Gabelung, die man schon begangen hat, betrachtet man sie als Sackgasse und dreht um.
3) Erreicht man das Ende einer Sackgasse, begibt man sich zur letzten Gabelung zurück.

Mit dieser Vorgehensweise erreicht man das Ziel, indem man schlimmstenfalls die doppelte Wegstrecke aller Gänge eines Labyrinths zurücklegt.

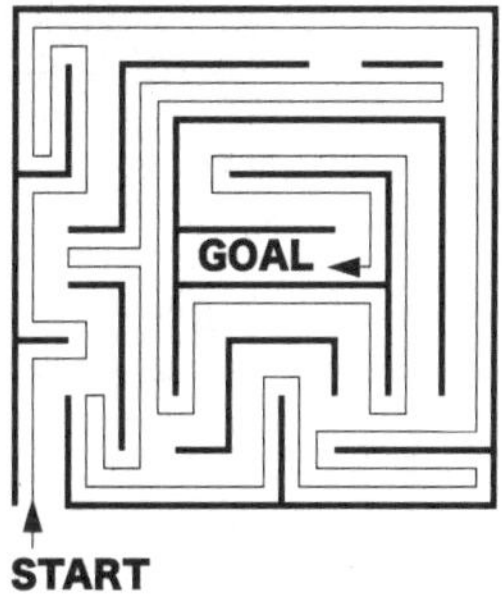

Beispiel für die Durchquerung eines Labyrinths nach der Trémaux-Methode

Trémaux-Methode

Berühmte Methode, um mit Linker-Hand- und Rechter-Hand-Regel aus einem Labyrinth zu entkommen. Dabei berührt man mit der linken bzw. der rechten Hand die Wand des Labyrinths, während man sich in ihm vorwärtsbewegt, bis man zum Ausgang gelangt.
Die Linke-Hand-Methode hat allerdings einen gravierenden Nachteil. Einem dreidimensionalen Labyrinth oder einem, dessen Start und Ziel im Inneren liegen, kann man mit ihr nicht entkommen.

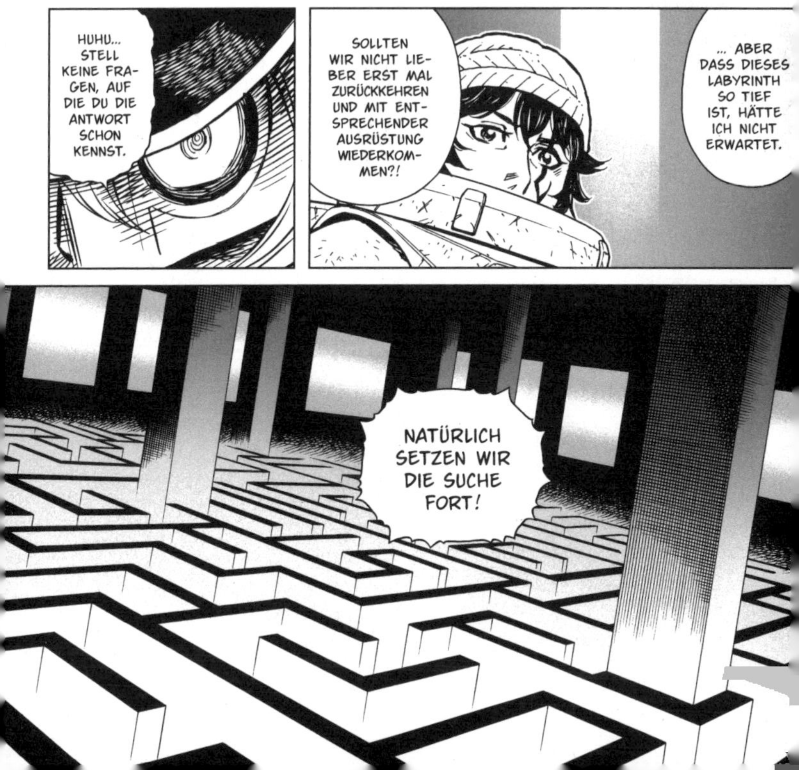

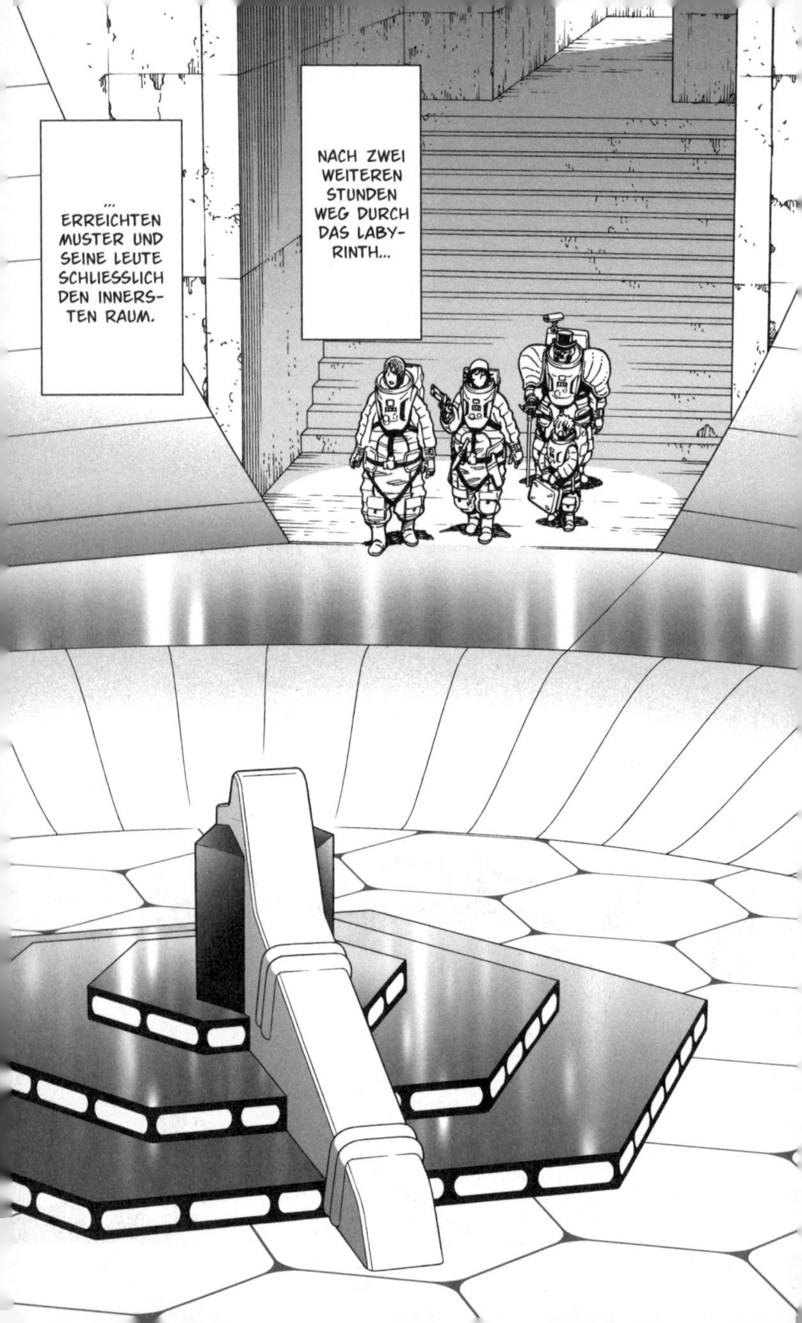
NACH ZWEI WEITEREN STUNDEN WEG DURCH DAS LABY-RINTH...
... ERREICHTEN MUSTER UND SEINE LEUTE SCHLIESSLICH DEN INNERS-TEN RAUM.

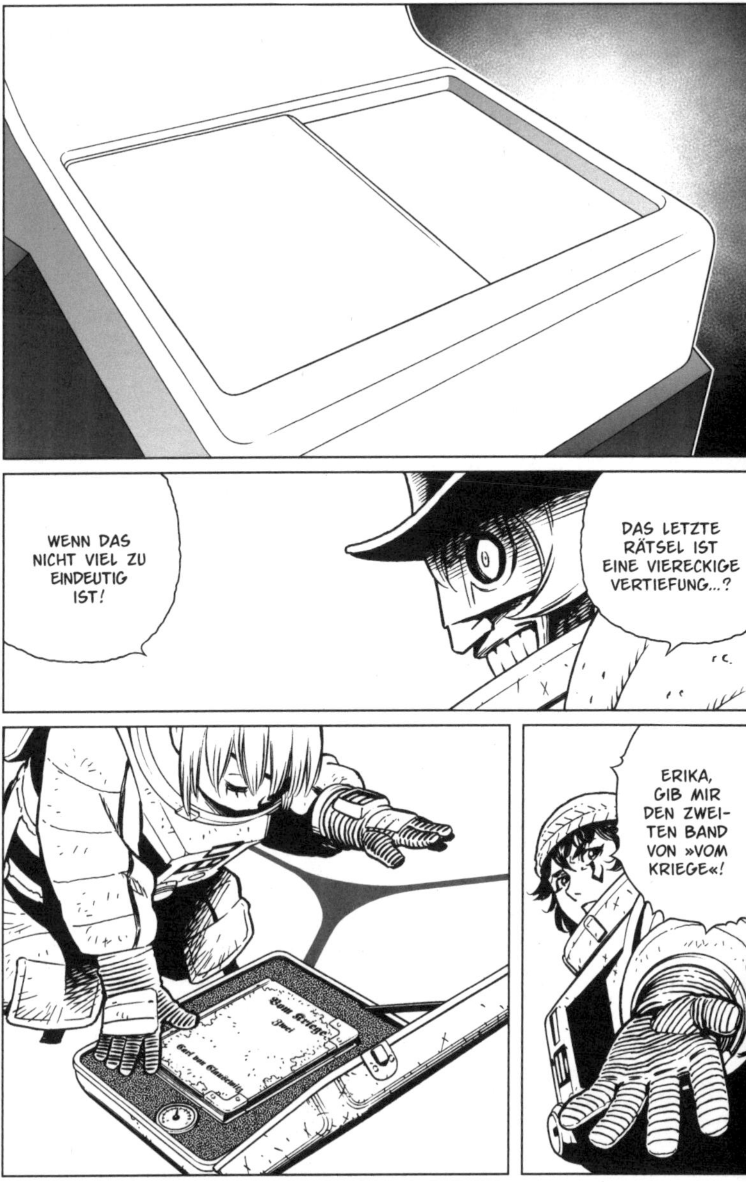
DAS LETZTE RÄTSEL IST EINE VIERECKIGE VERTIEFUNG...?
WENN DAS NICHT VIEL ZU EINDEUTIG IST!
ERIKA, GIB MIR DEN ZWEITEN BAND VON »VOM KRIEGE«!

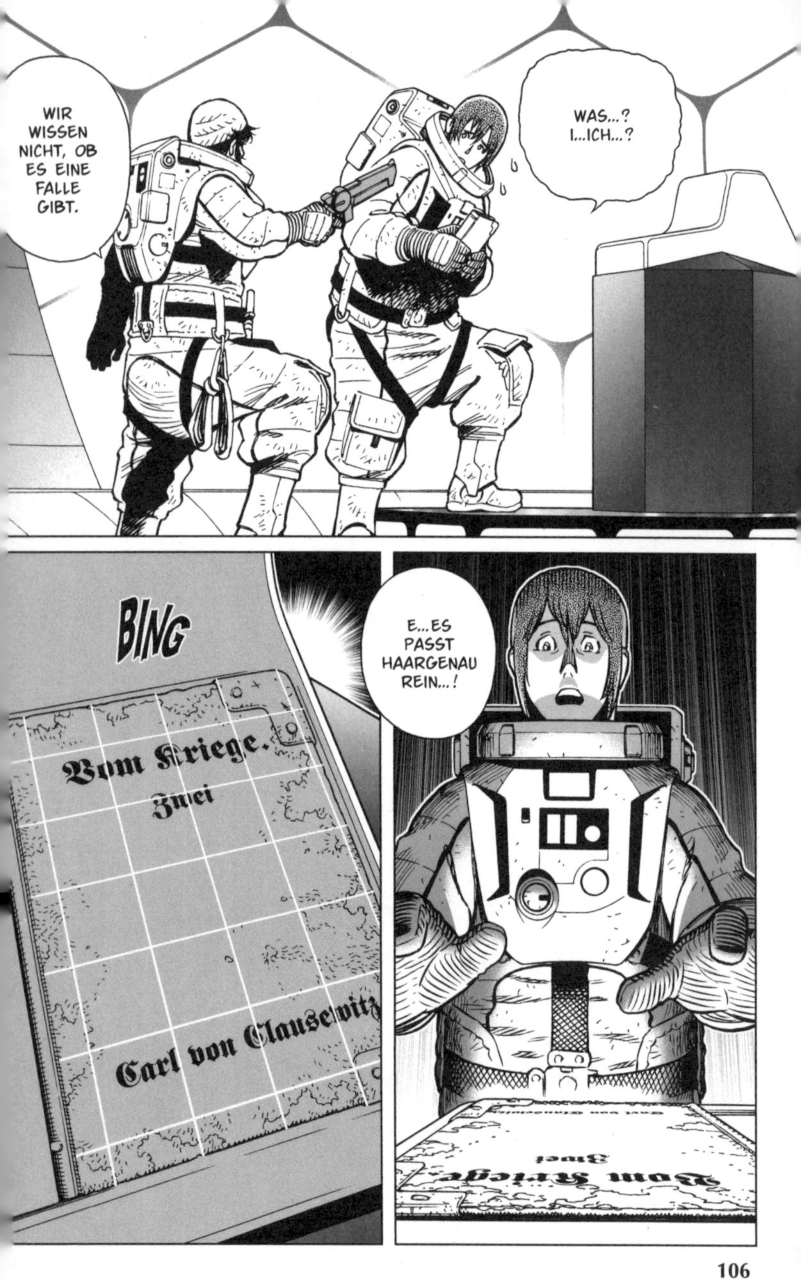
WAS...? I...ICH...?
WIR WISSEN NICHT, OB ES EINE FALLE GIBT.
E...ES PASST HAARGENAU REIN...!
BING
Vom Kriege.
Zwei
Carl von Clausewitz

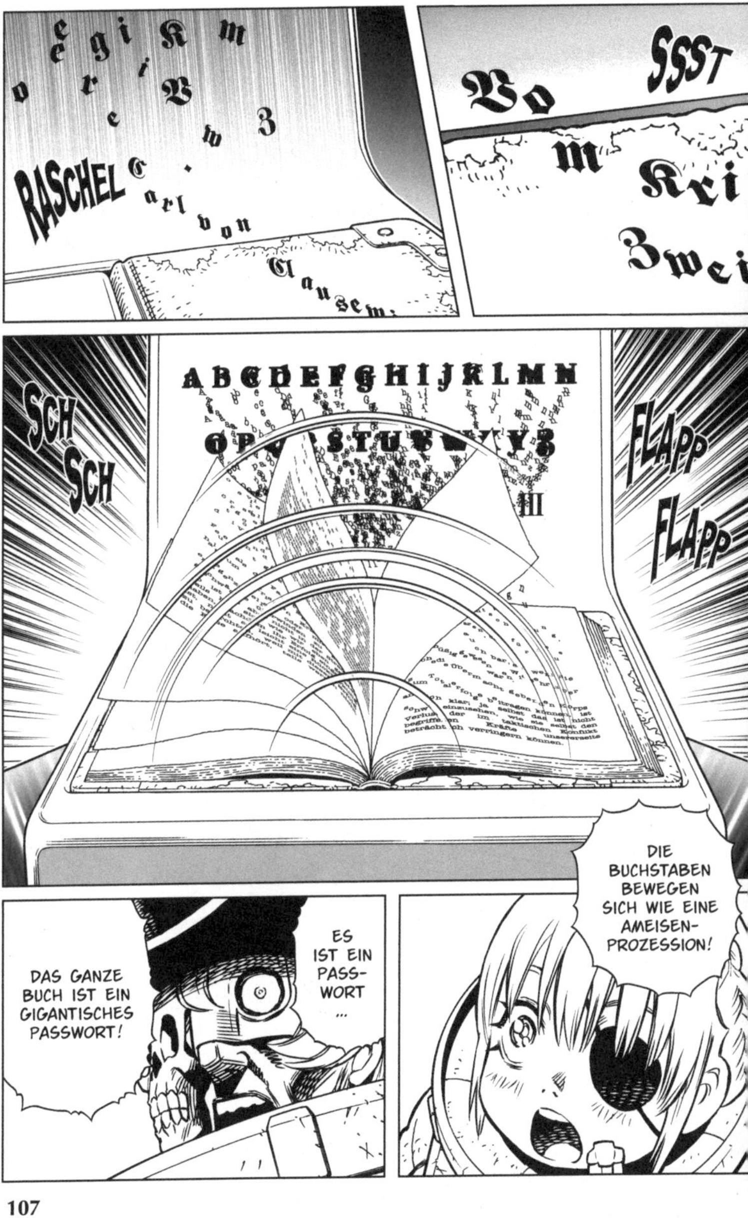
SSST
Vo
m
Kri
Zwei
RASCHEL
Carl von Clausew
SCH SCH
FLAPP FLAPP
ABCDEFGHIJKLMN
DIE BUCHSTABEN BEWEGEN SICH WIE EINE AMEISEN-PROZESSION!
ES IST EIN PASS-WORT ...
DAS GANZE BUCH IST EIN GIGANTISCHES PASSWORT!

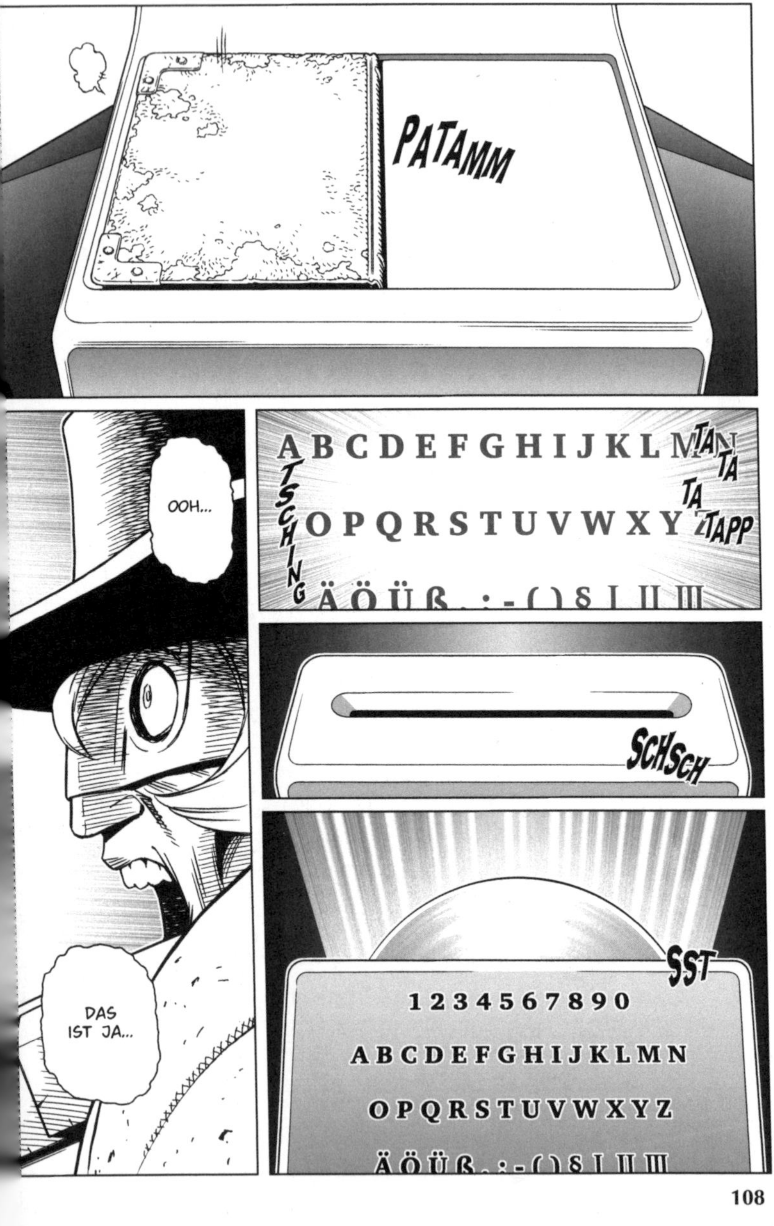
PATAMM
A B C D E F G H I J K L M
O P Q R S T U V W X Y
TSCHING
TA TA TA TAPP
OOH...
SCHSCH
SST
1 2 3 4 5 6 7 8 9 0
A B C D E F G H I J K L M N
O P Q R S T U V W X Y Z
DAS IST JA...

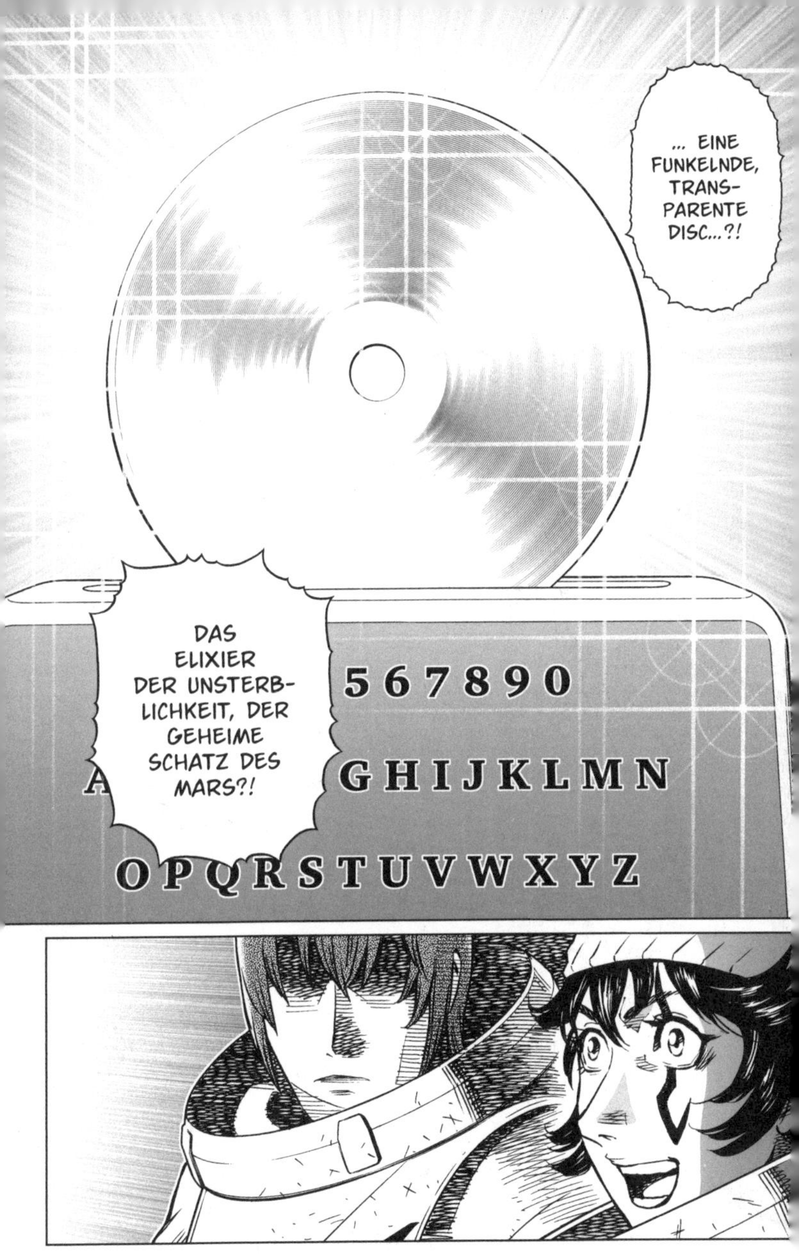
... EINE FUNKELNDE, TRANS-PARENTE DISC...?!
DAS ELIXIER DER UNSTERB-LICHKEIT, DER GEHEIME SCHATZ DES MARS?!
5 6 7 8 9 0
A
G H I J K L M N
O P Q R S T U V W X Y Z

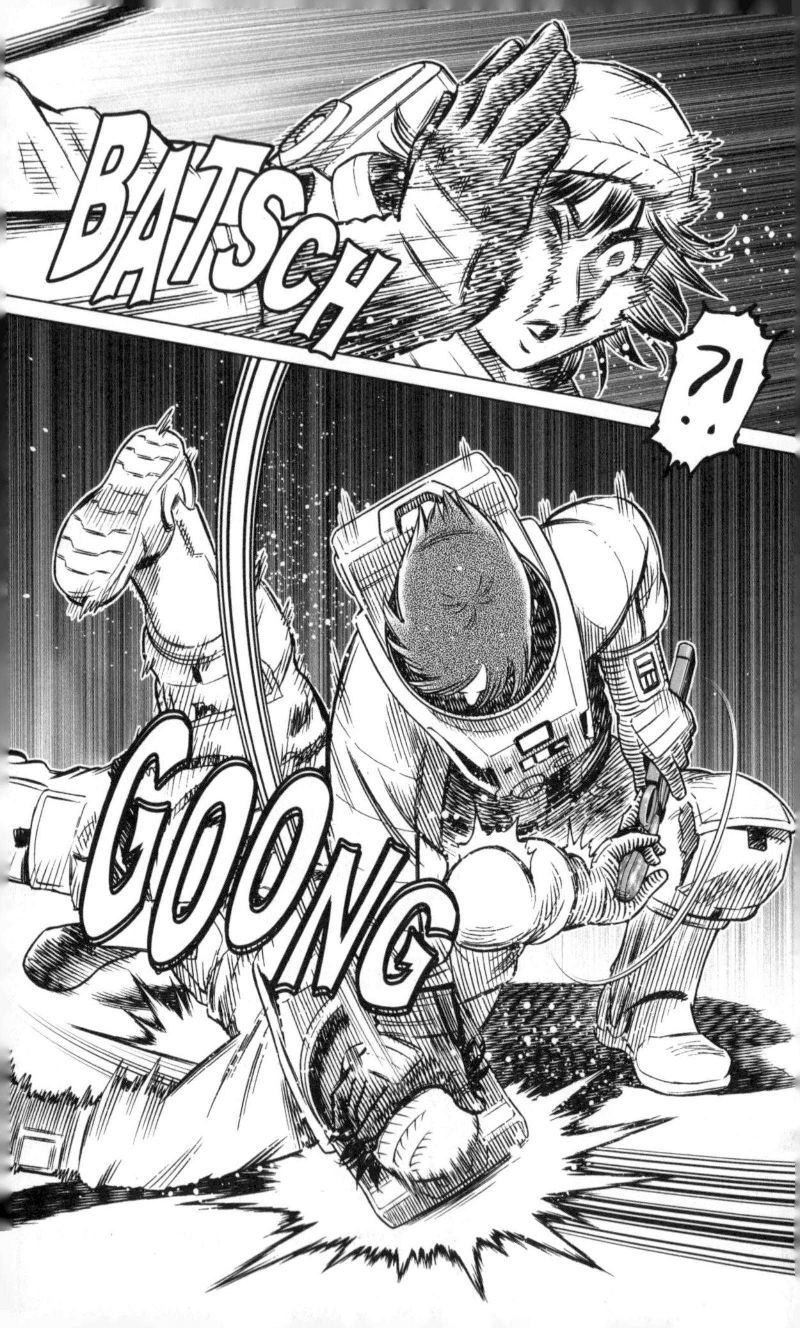
BATSCH
?!
GOONG

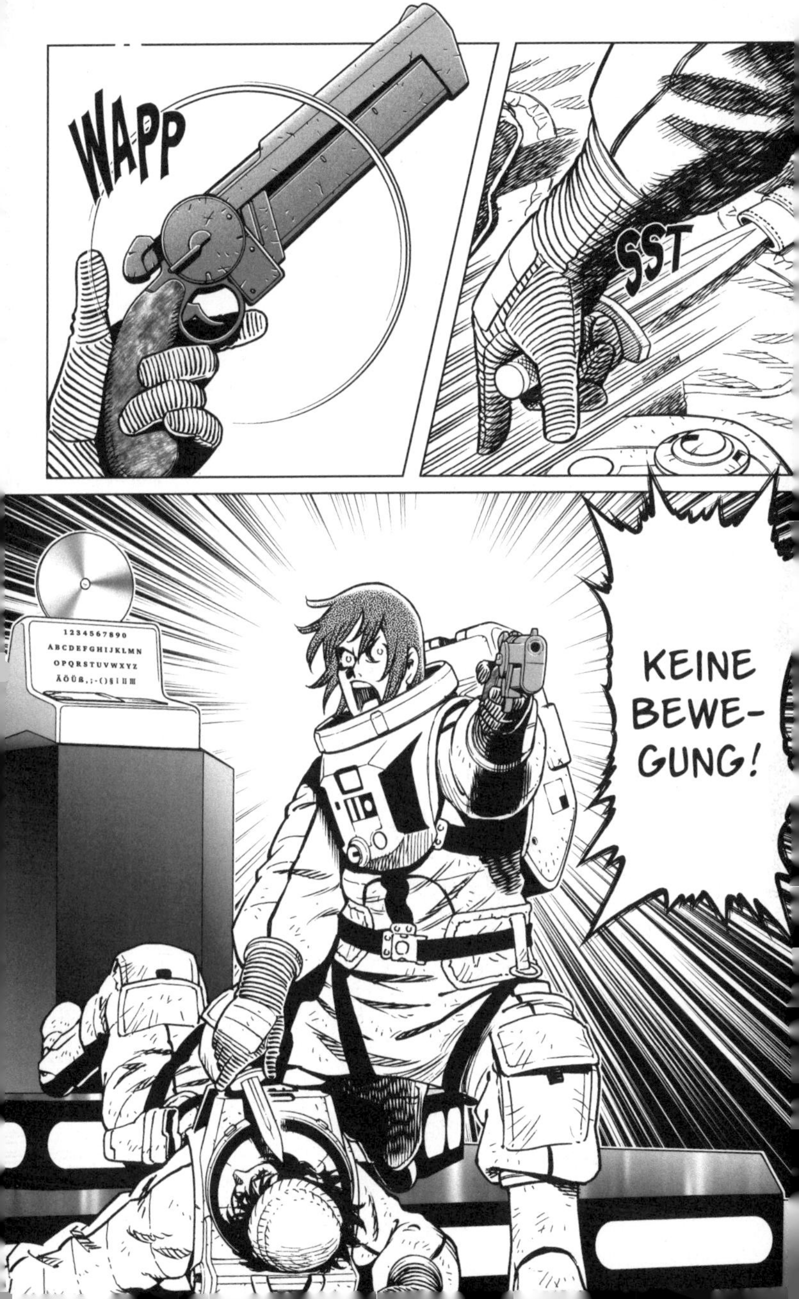
WAPP
SST
1234567890
ABCDEFGHIJKLMN
OPQRSTUVWXYZ
KEINE BEWE-GUNG!

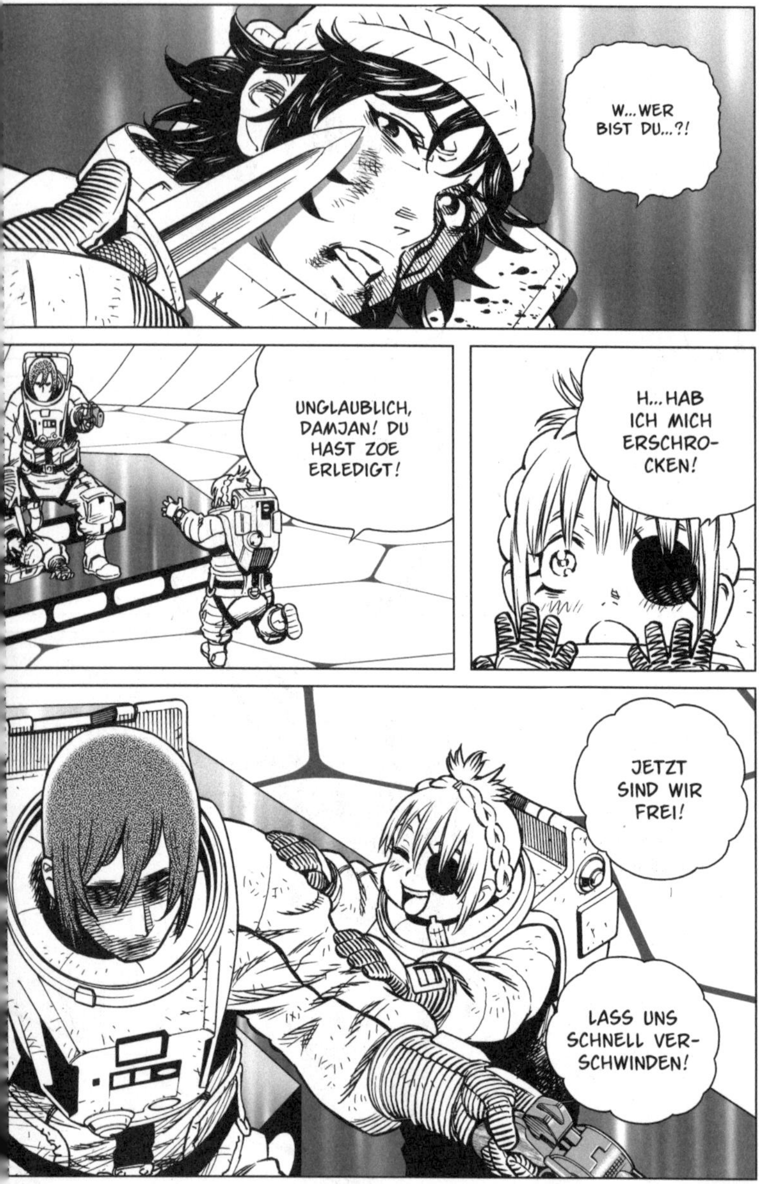
W...WER BIST DU...?!
UNGLAUBLICH, DAMJAN! DU HAST ZOE ERLEDIGT!
H...HAB ICH MICH ERSCHRO-CKEN!
JETZT SIND WIR FREI!
LASS UNS SCHNELL VER-SCHWINDEN!

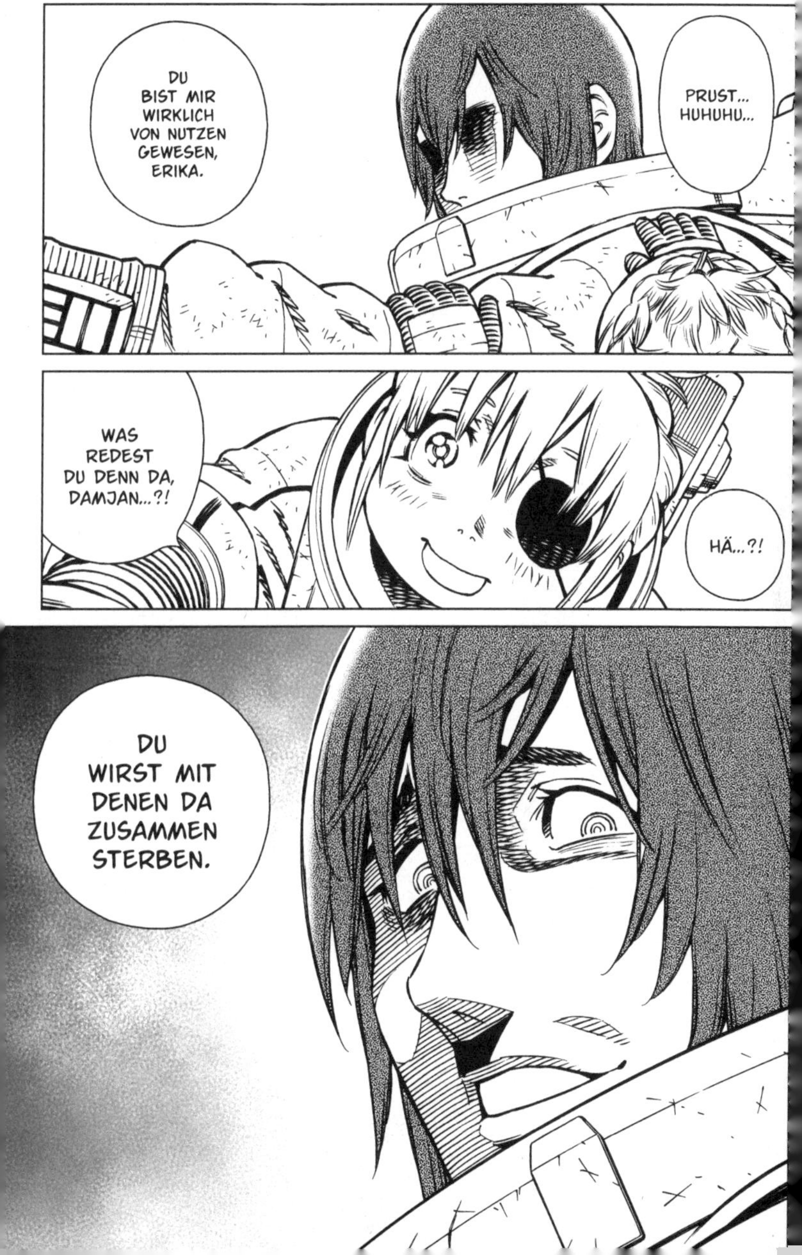
PRUST... HUHUHU...
DU BIST MIR WIRKLICH VON NUTZEN GEWESEN, ERIKA.
HÄ...?!
WAS REDEST DU DENN DA, DAMJAN...?!
DU WIRST MIT DENEN DA ZUSAMMEN STERBEN.

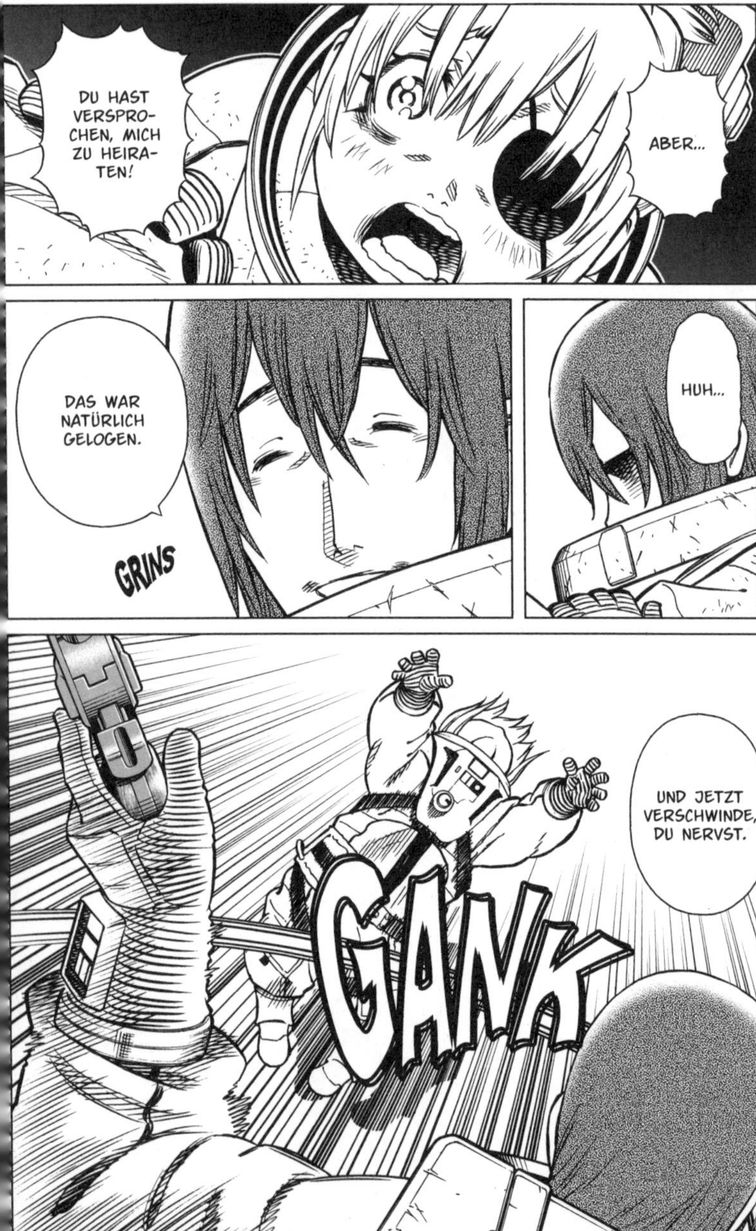
ABER...
DU HAST VERSPROCHEN, MICH ZU HEIRATEN!
HUH...
DAS WAR NATÜRLICH GELOGEN.
GRINS
UND JETZT VERSCHWINDE, DU NERVST.
GANK

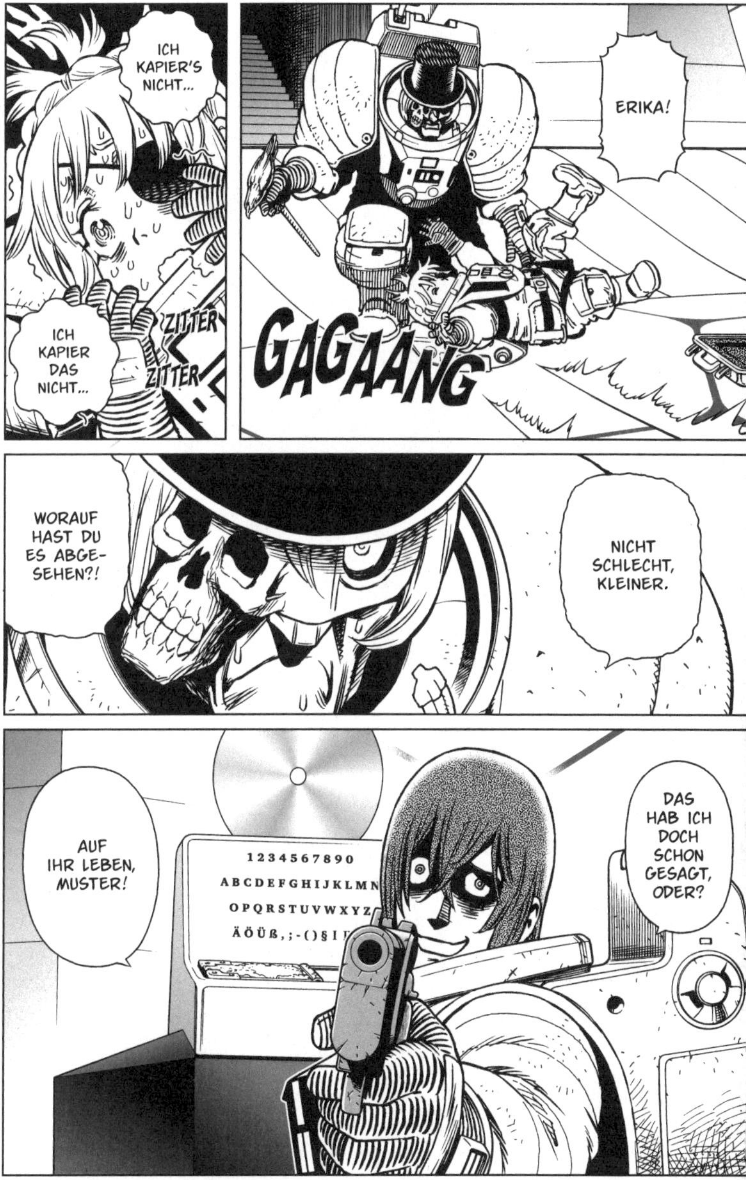
ERIKA!
GAGAANG
ICH KAPIER'S NICHT...
ICH KAPIER DAS NICHT...
ZITTER
ZITTER
NICHT SCHLECHT, KLEINER.
WORAUF HAST DU ES ABGESEHEN?!
DAS HAB ICH DOCH SCHON GESAGT, ODER?
1234567890
ABCDEFGHIJKLMN
OPQRSTUVWXYZ
AUF IHR LEBEN, MUSTER!

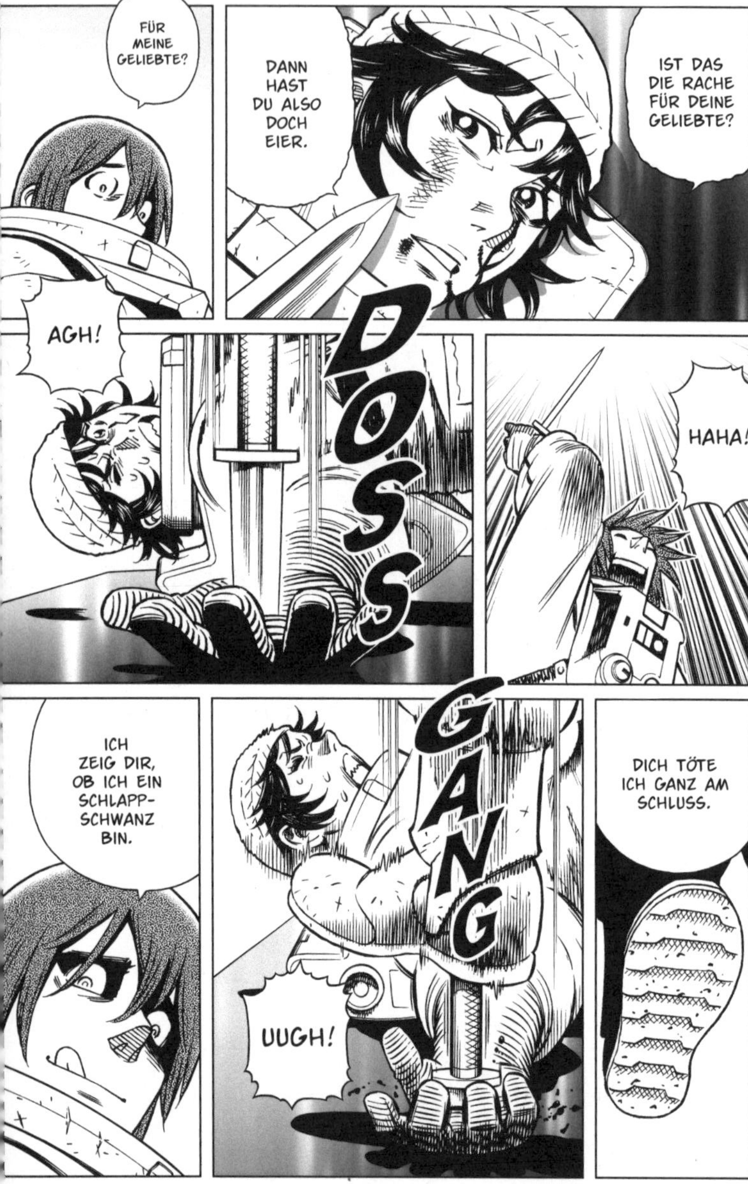
IST DAS DIE RACHE FÜR DEINE GELIEBTE?
DANN HAST DU ALSO DOCH EIER.
FÜR MEINE GELIEBTE?
HAHA!
DOSS
AGH!
DICH TÖTE ICH GANZ AM SCHLUSS.
GANG
UUGH!
ICH ZEIG DIR, OB ICH EIN SCHLAPP-SCHWANZ BIN.

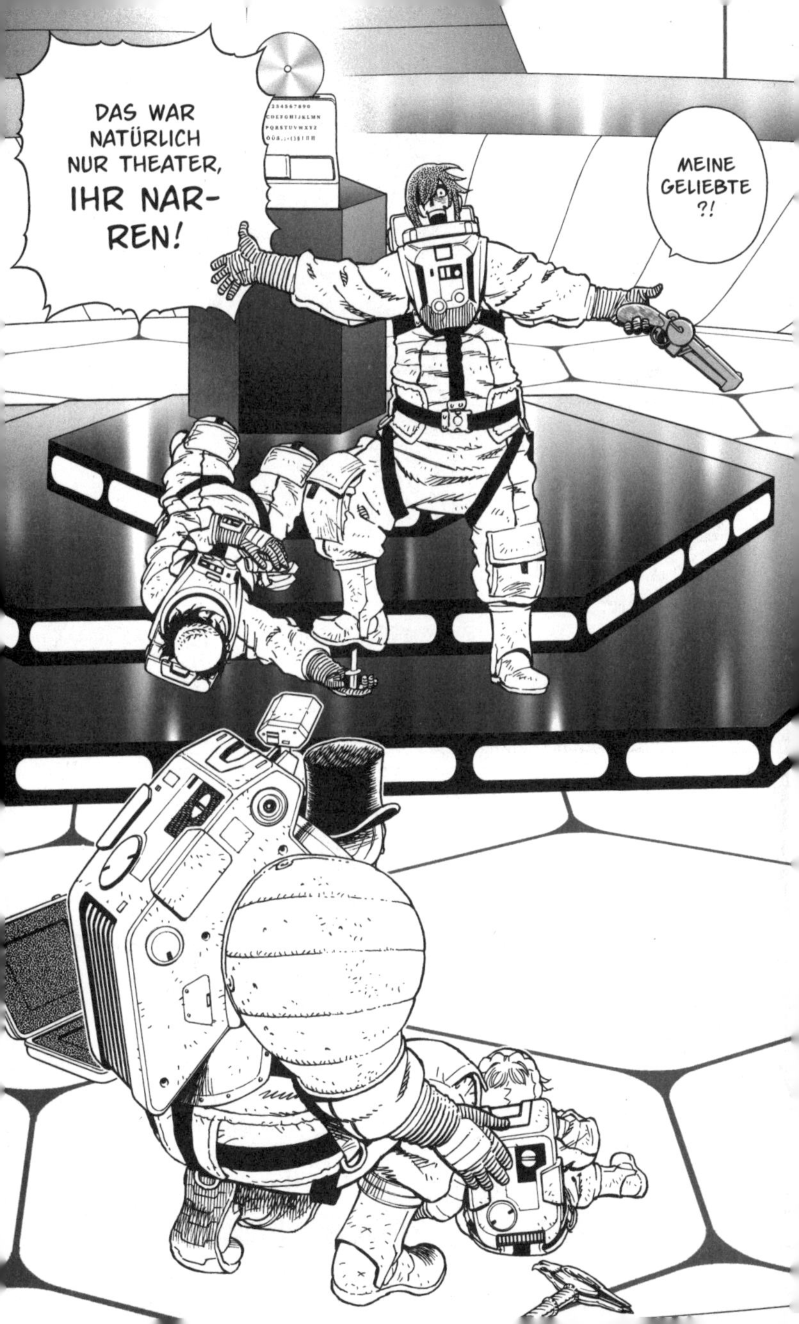
MEINE GELIEBTE ?!
DAS WAR NATÜRLICH NUR THEATER, IHR NAR-REN!

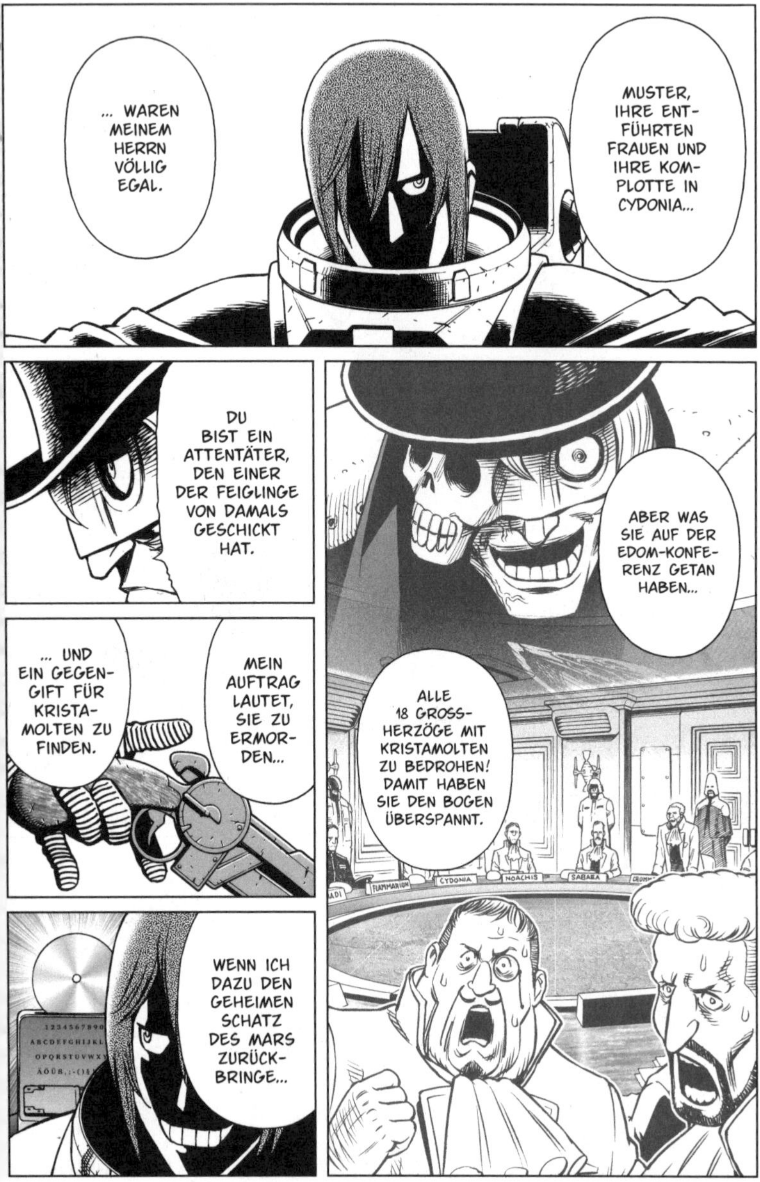
MUSTER, IHRE ENTFÜHRTEN FRAUEN UND IHRE KOMPLOTTE IN CYDONIA...
... WAREN MEINEM HERRN VÖLLIG EGAL.
ABER WAS SIE AUF DER EDOM-KONFERENZ GETAN HABEN...
ALLE 18 GROSSHERZÖGE MIT KRISTAMOLTEN ZU BEDROHEN! DAMIT HABEN SIE DEN BOGEN ÜBERSPANNT.
FLAMMARION
CYDONIA
NOACHIS
SABAEA
DU BIST EIN ATTENTÄTER, DEN EINER DER FEIGLINGE VON DAMALS GESCHICKT HAT.
MEIN AUFTRAG LAUTET, SIE ZU ERMORDEN...
... UND EIN GEGENGIFT FÜR KRISTAMOLTEN ZU FINDEN.
WENN ICH DAZU DEN GEHEIMEN SCHATZ DES MARS ZURÜCKBRINGE...

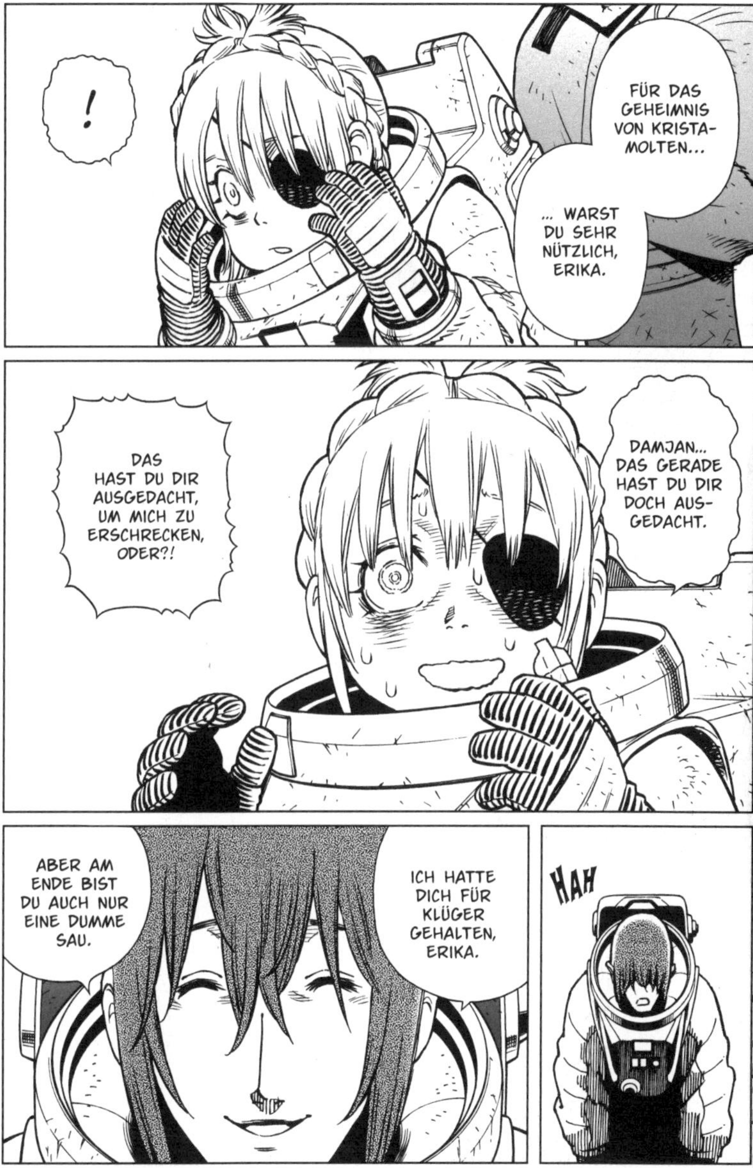
FÜR DAS GEHEIMNIS VON KRISTA-MOLTEN...
... WARST DU SEHR NÜTZLICH, ERIKA.
!
DAMJAN... DAS GERADE HAST DU DIR DOCH AUS-GEDACHT.
DAS HAST DU DIR AUSGEDACHT, UM MICH ZU ERSCHRECKEN, ODER?!
HAH
ICH HATTE DICH FÜR KLÜGER GEHALTEN, ERIKA.
ABER AM ENDE BIST DU AUCH NUR EINE DUMME SAU.

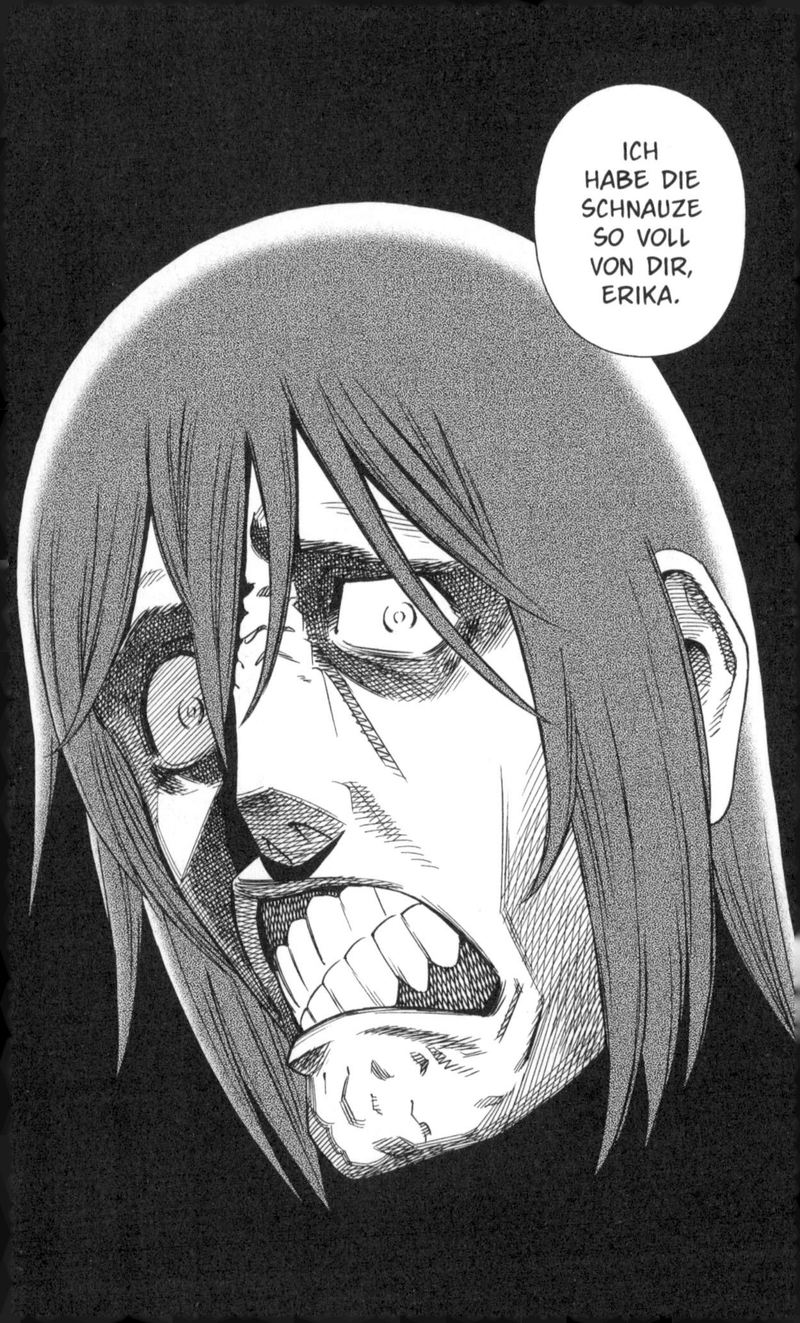
ICH HABE DIE SCHNAUZE SO VOLL VON DIR, ERIKA.

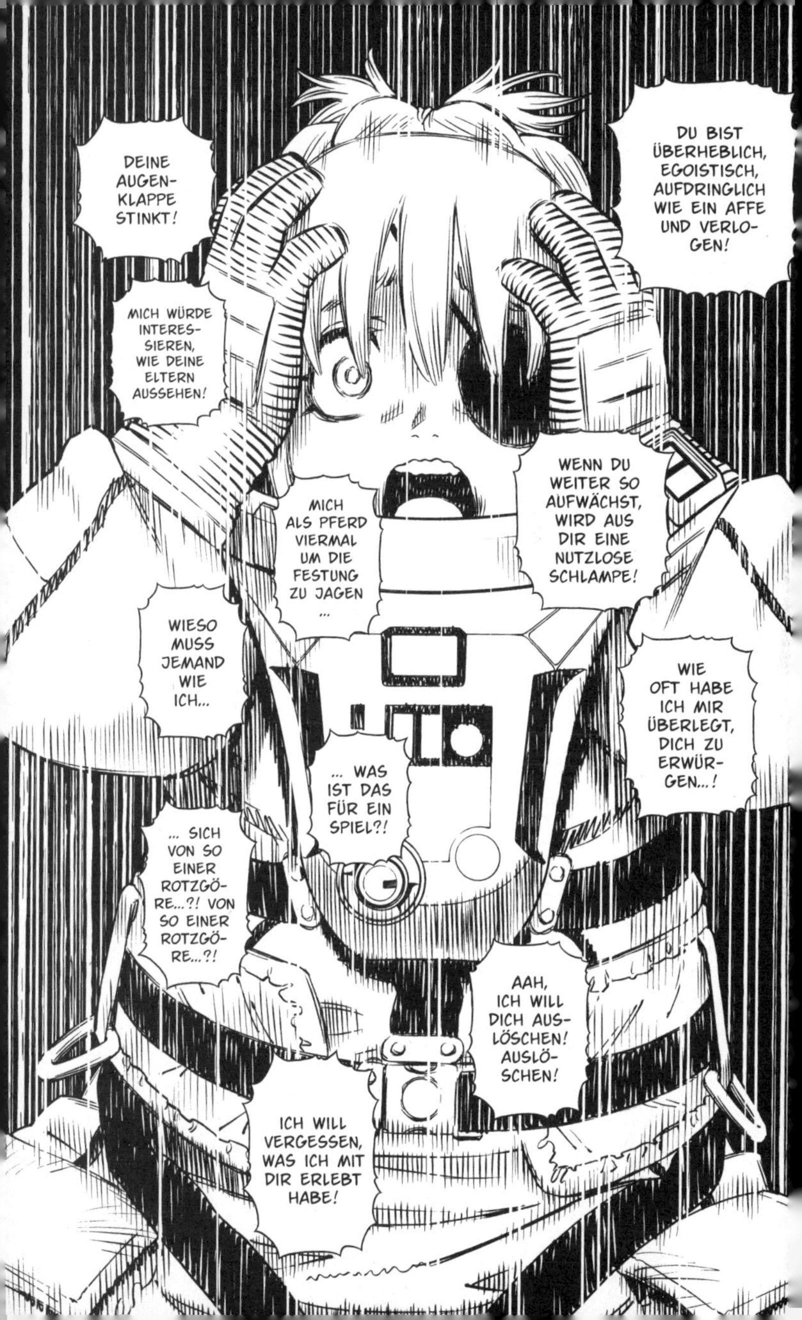
DU BIST ÜBERHEBLICH, EGOISTISCH, AUFDRINGLICH WIE EIN AFFE UND VERLO-GEN!
DEINE AUGEN-KLAPPE STINKT!
MICH WÜRDE INTERES-SIEREN, WIE DEINE ELTERN AUSSEHEN!
WENN DU WEITER SO AUFWÄCHST, WIRD AUS DIR EINE NUTZLOSE SCHLAMPE!
MICH ALS PFERD VIERMAL UM DIE FESTUNG ZU JAGEN ...
WIESO MUSS JEMAND WIE ICH...
WIE OFT HABE ICH MIR ÜBERLEGT, DICH ZU ERWÜR-GEN...!
... WAS IST DAS FÜR EIN SPIEL?!
... SICH VON SO EINER ROTZGÖ-RE...?! VON SO EINER ROTZGÖ-RE...?!
AAH, ICH WILL DICH AUS-LÖSCHEN! AUSLÖ-SCHEN!
ICH WILL VERGESSEN, WAS ICH MIT DIR ERLEBT HABE!

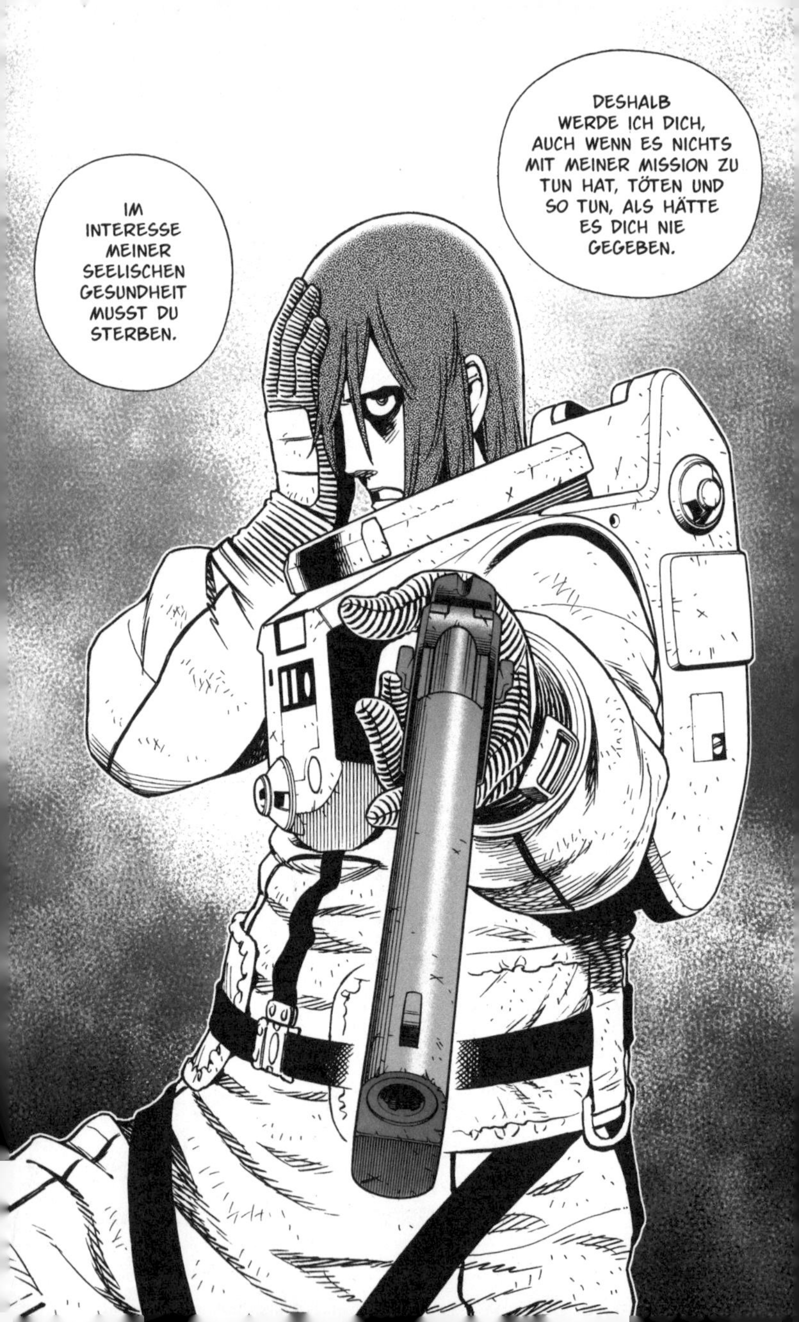
DESHALB WERDE ICH DICH, AUCH WENN ES NICHTS MIT MEINER MISSION ZU TUN HAT, TÖTEN UND SO TUN, ALS HÄTTE ES DICH NIE GEGEBEN.
IM INTERESSE MEINER SEELISCHEN GESUNDHEIT MUSST DU STERBEN.

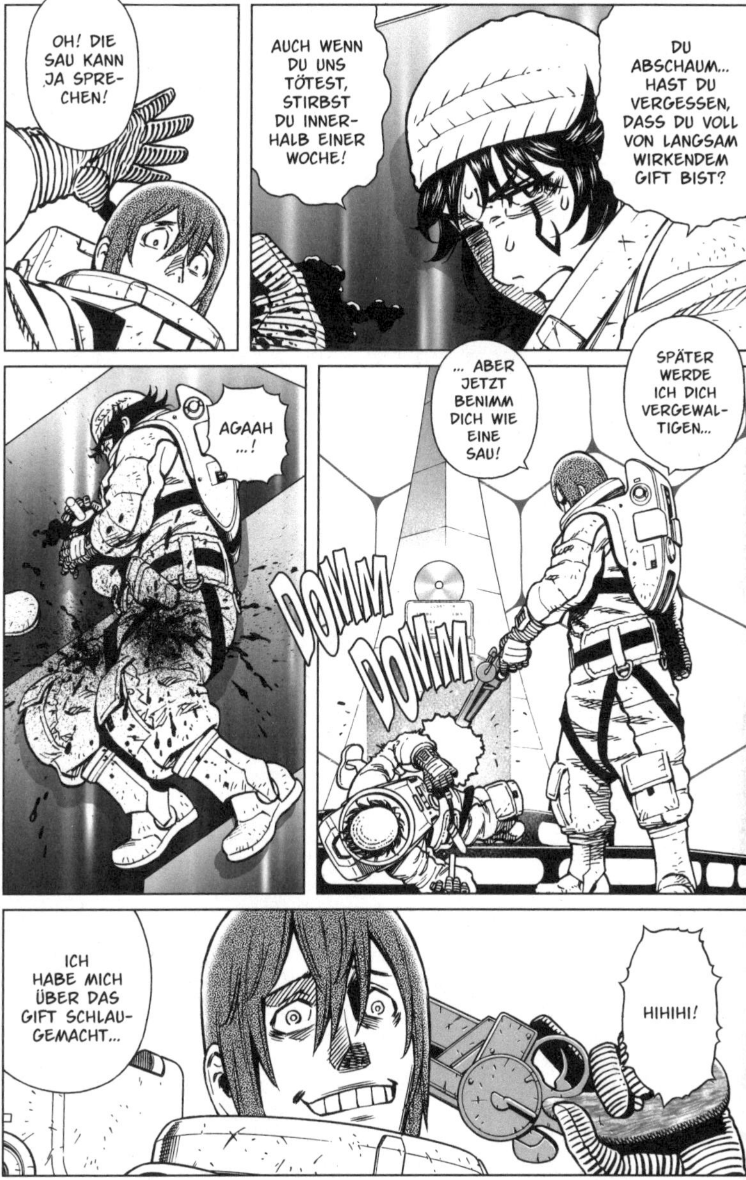
DU ABSCHAUM... HAST DU VERGESSEN, DASS DU VOLL VON LANGSAM WIRKENDEM GIFT BIST?
AUCH WENN DU UNS TÖTEST, STIRBST DU INNERHALB EINER WOCHE!
OH! DIE SAU KANN JA SPRECHEN!
SPÄTER WERDE ICH DICH VERGEWALTIGEN...
... ABER JETZT BENIMM DICH WIE EINE SAU!
DOMM
DOMM
AGAAH ...!
HIHIHI!
ICH HABE MICH ÜBER DAS GIFT SCHLAUGEMACHT...

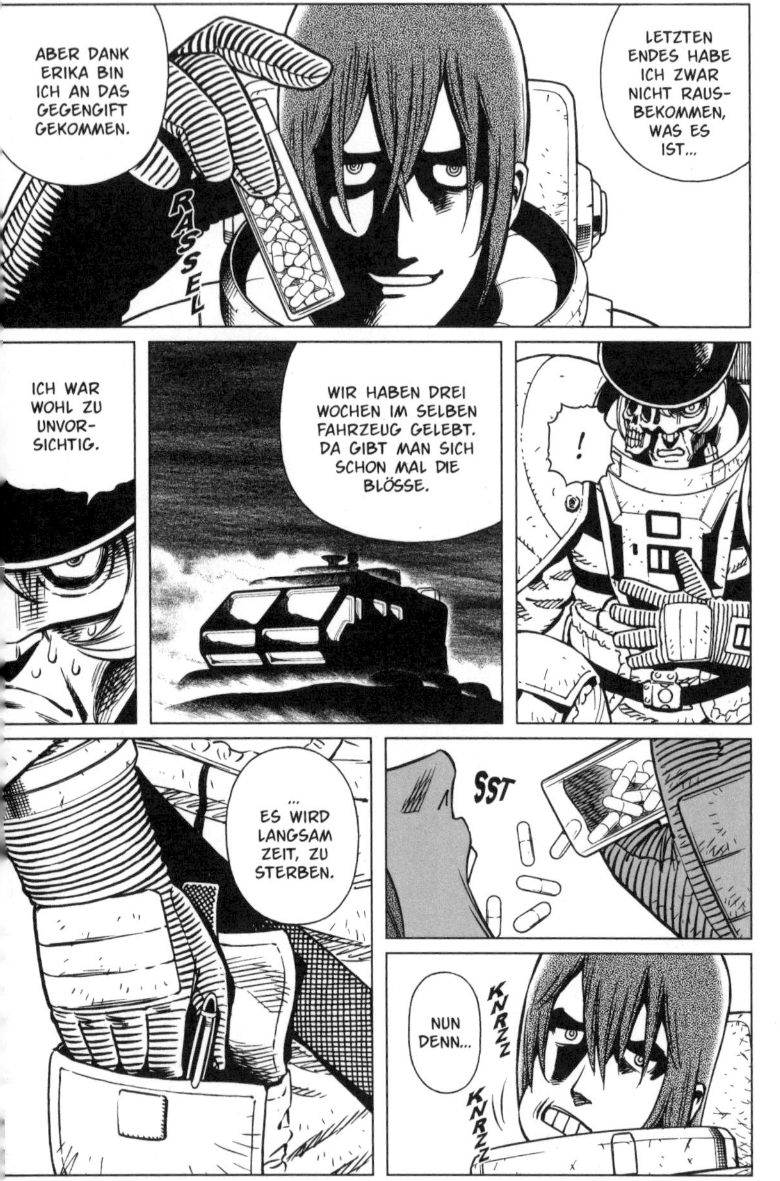
LETZTEN ENDES HABE ICH ZWAR NICHT RAUS-BEKOMMEN, WAS ES IST...
ABER DANK ERIKA BIN ICH AN DAS GEGENGIFT GEKOMMEN.
RASSEL
!
WIR HABEN DREI WOCHEN IM SELBEN FAHRZEUG GELEBT. DA GIBT MAN SICH SCHON MAL DIE BLÖSSE.
ICH WAR WOHL ZU UNVOR-SICHTIG.
SST
... ES WIRD LANGSAM ZEIT, ZU STERBEN.
KNRZZ
KNRZZ
NUN DENN...

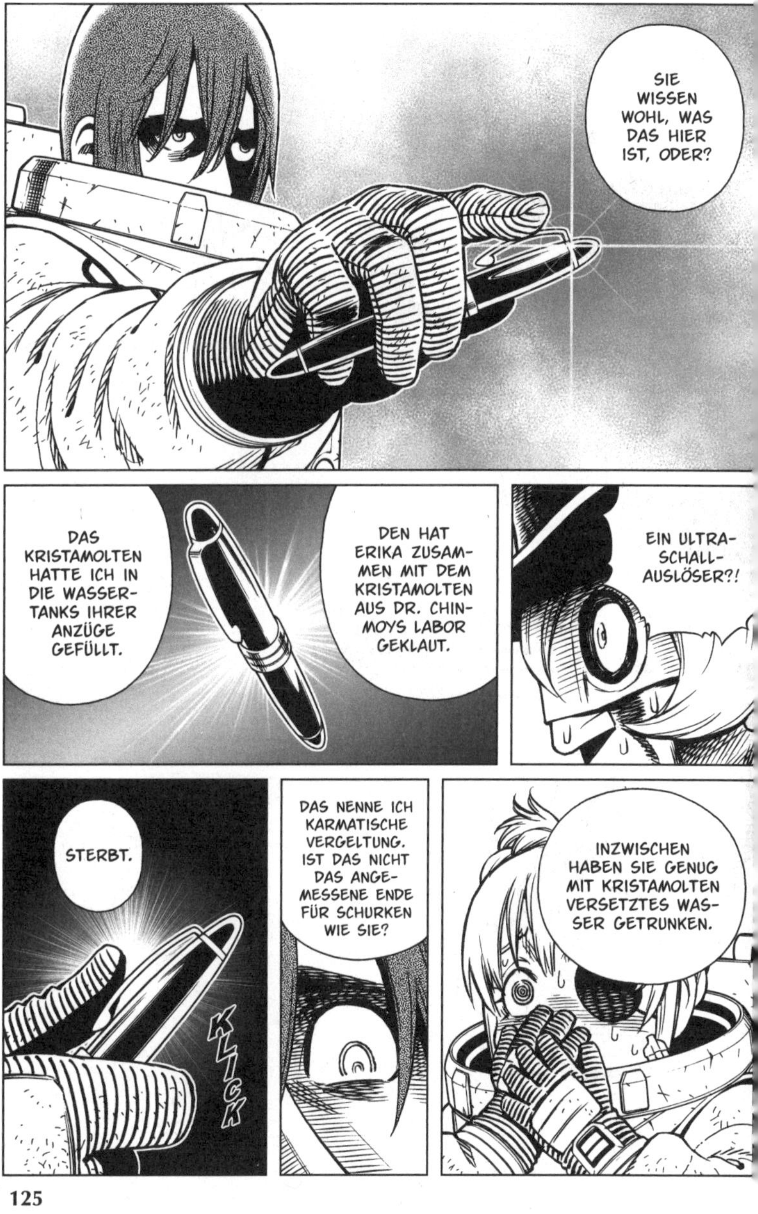
SIE WISSEN WOHL, WAS DAS HIER IST, ODER?
EIN ULTRA-SCHALL-AUSLÖSER?!
DEN HAT ERIKA ZUSAMMEN MIT DEM KRISTAMOLTEN AUS DR. CHINMOYS LABOR GEKLAUT.
DAS KRISTAMOLTEN HATTE ICH IN DIE WASSERTANKS IHRER ANZÜGE GEFÜLLT.
INZWISCHEN HABEN SIE GENUG MIT KRISTAMOLTEN VERSETZTES WASSER GETRUNKEN.
DAS NENNE ICH KARMATISCHE VERGELTUNG. IST DAS NICHT DAS ANGEMESSENE ENDE FÜR SCHURKEN WIE SIE?
STERBT.
KLICK

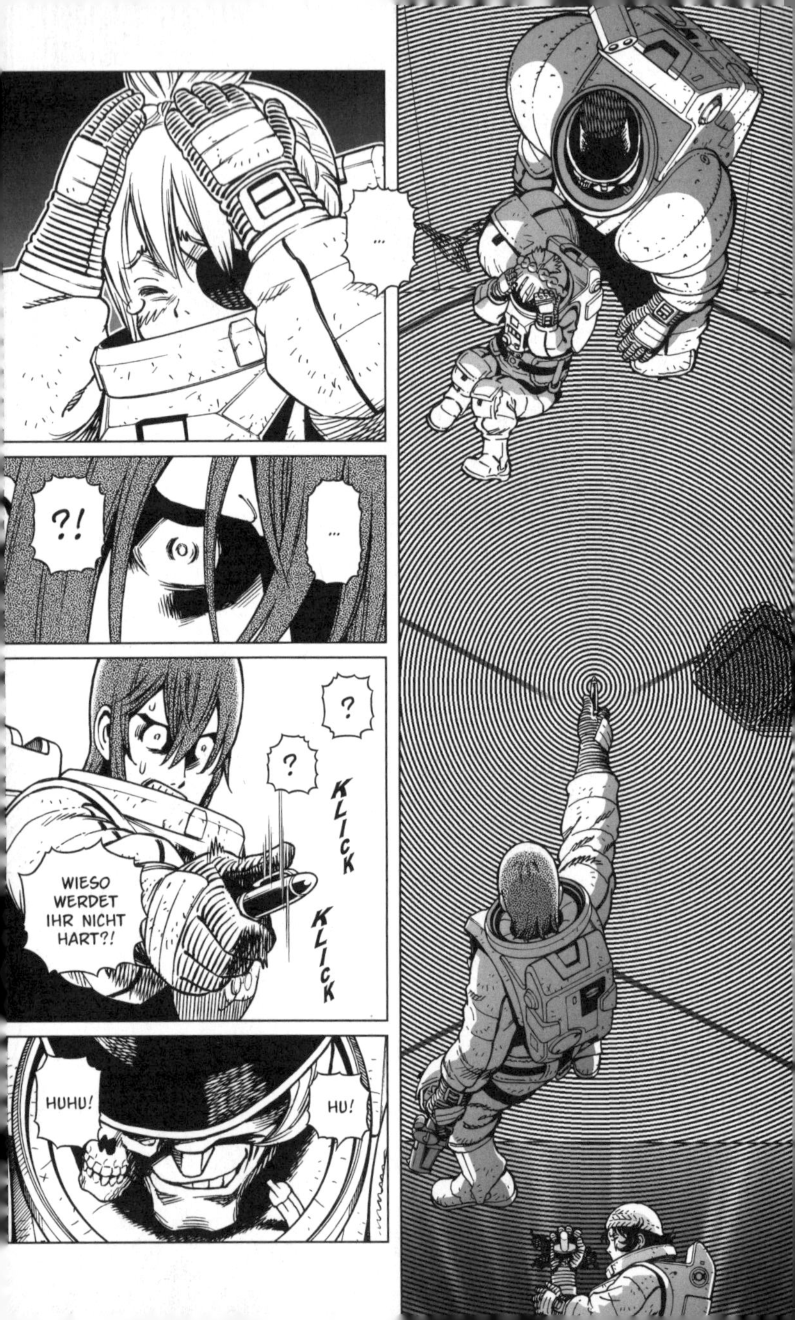
...
...
?!
?
?
KLICK
KLICK
WIESO WERDET IHR NICHT HART?!
HU!
HUHU!

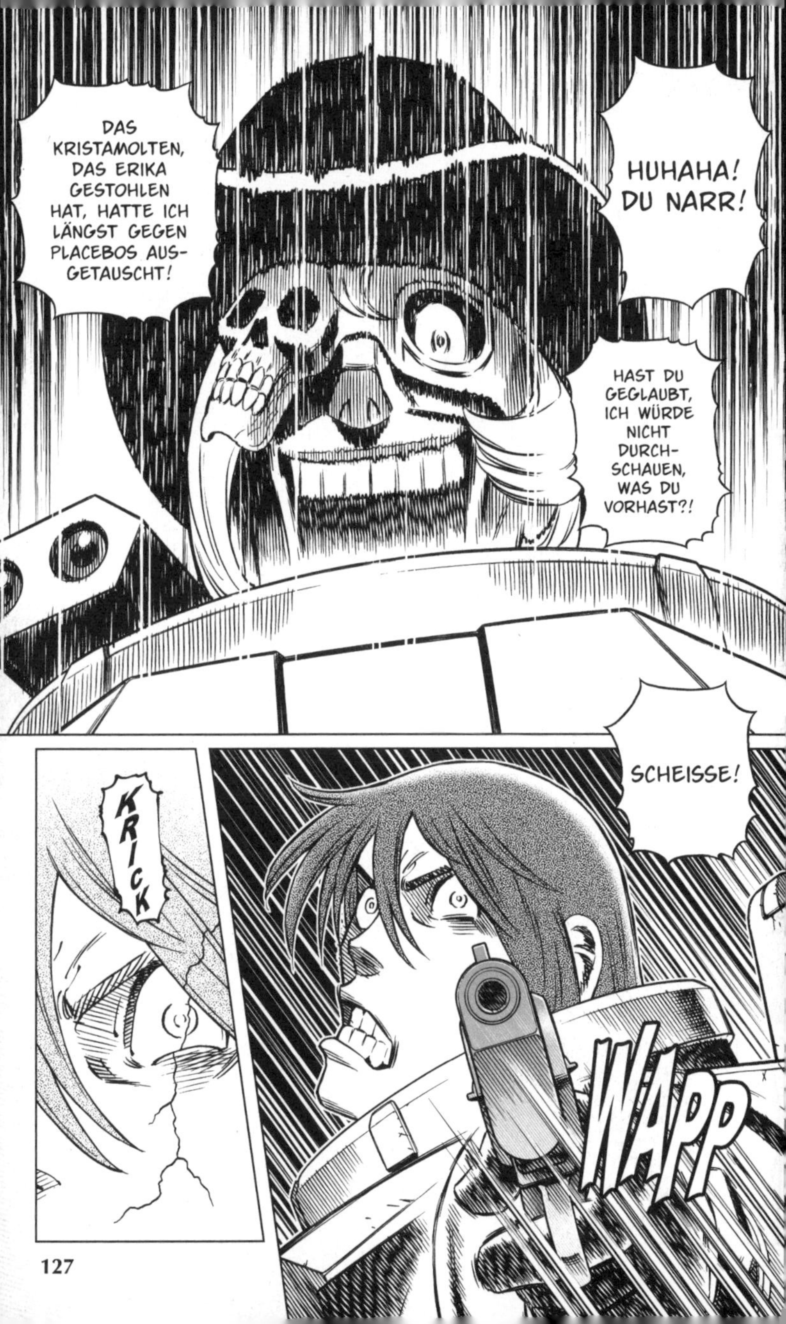
HUHAHA! DU NARR!
DAS KRISTAMOLTEN, DAS ERIKA GESTOHLEN HAT, HATTE ICH LÄNGST GEGEN PLACEBOS AUS-GETAUSCHT!
HAST DU GEGLAUBT, ICH WÜRDE NICHT DURCH-SCHAUEN, WAS DU VORHAST?!
SCHEISSE!
WAPP
KRICK

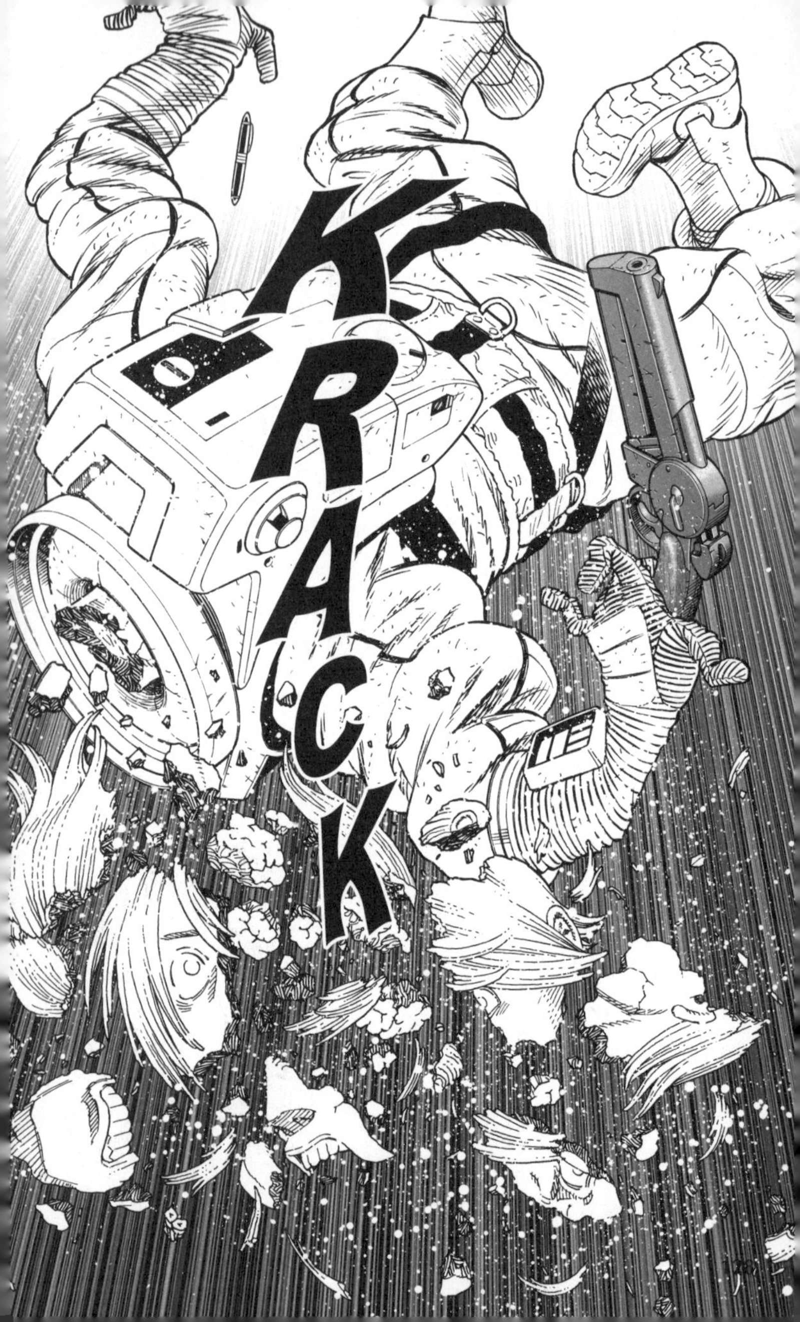
KRACK

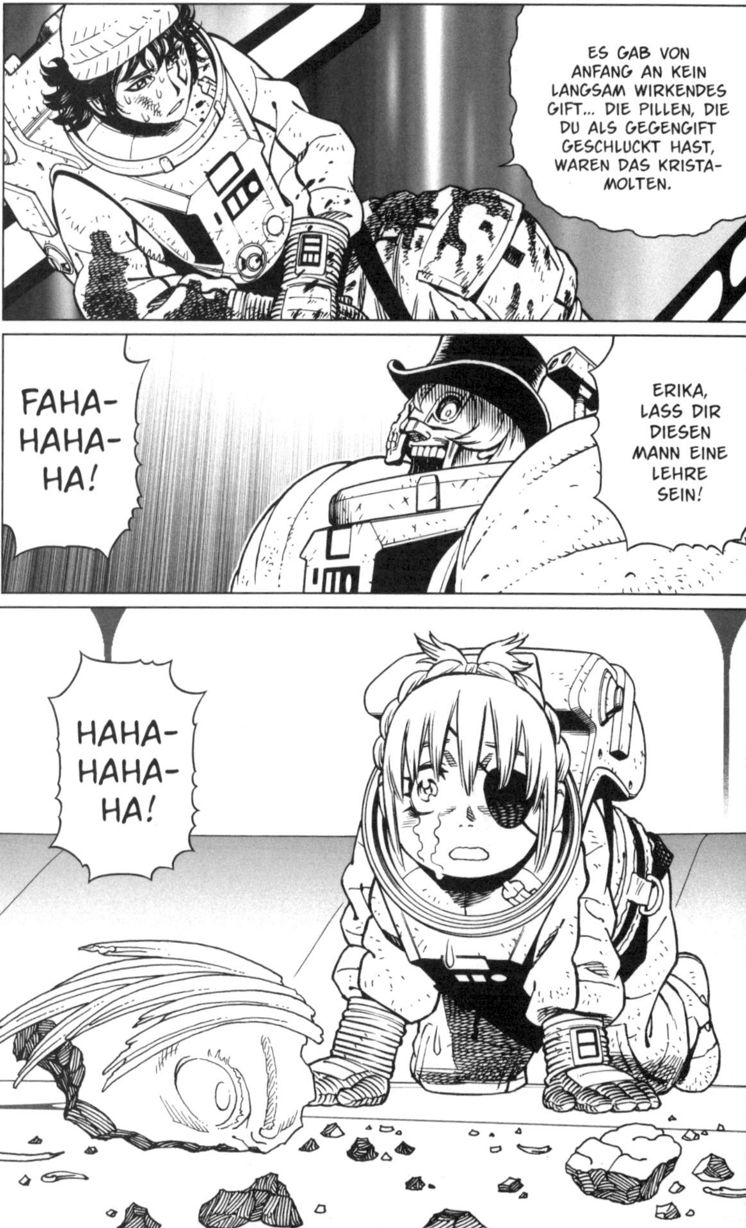
ES GAB VON ANFANG AN KEIN LANGSAM WIRKENDES GIFT... DIE PILLEN, DIE DU ALS GEGENGIFT GESCHLUCKT HAST, WAREN DAS KRISTAMOLTEN.
ERIKA, LASS DIR DIESEN MANN EINE LEHRE SEIN!
FAHAHAHAHAHA!
HAHAHAHAHA!

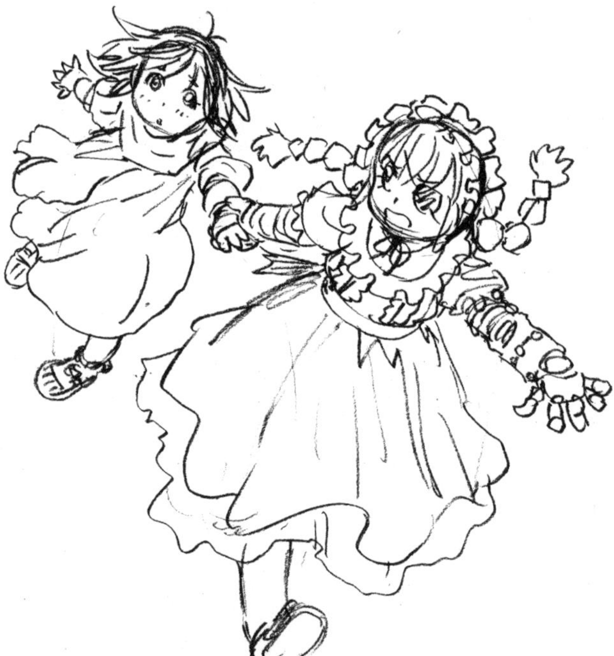

LOG 021:
Die Leiden des Jungen Itaru

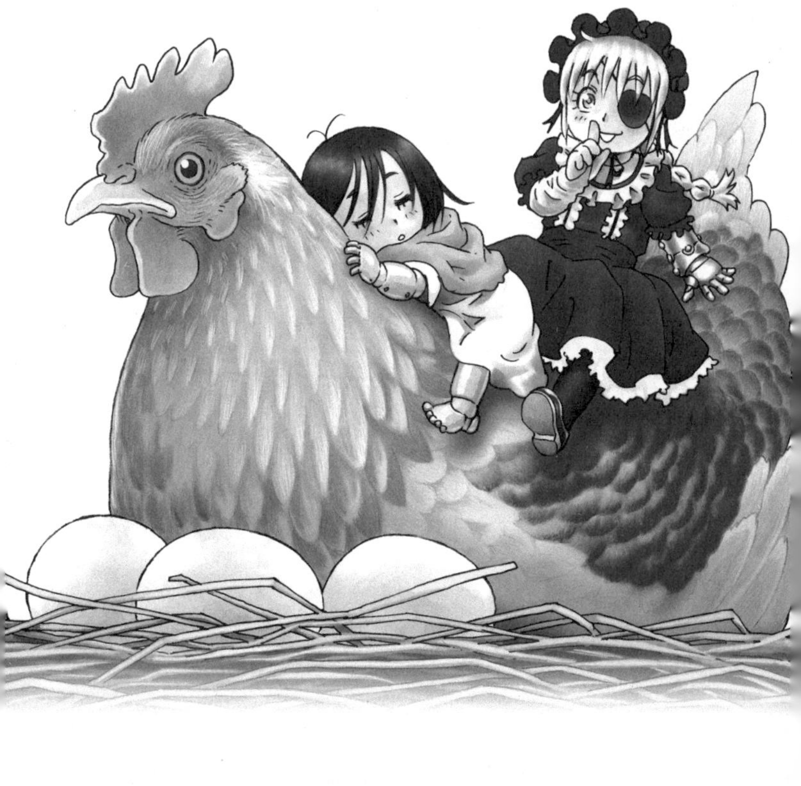

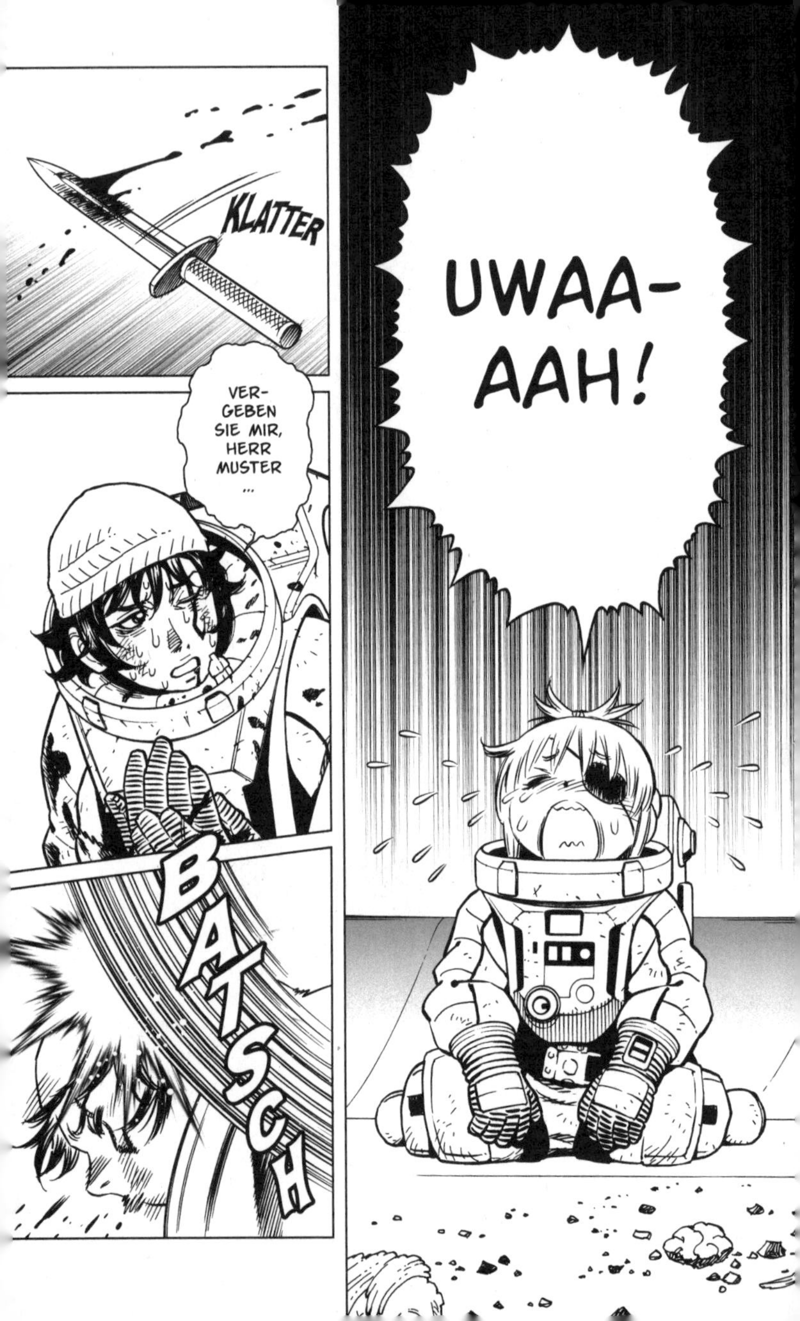
UWAA-AAH!
KLATTER
VER-GEBEN SIE MIR, HERR MUSTER ...
BAKSCH

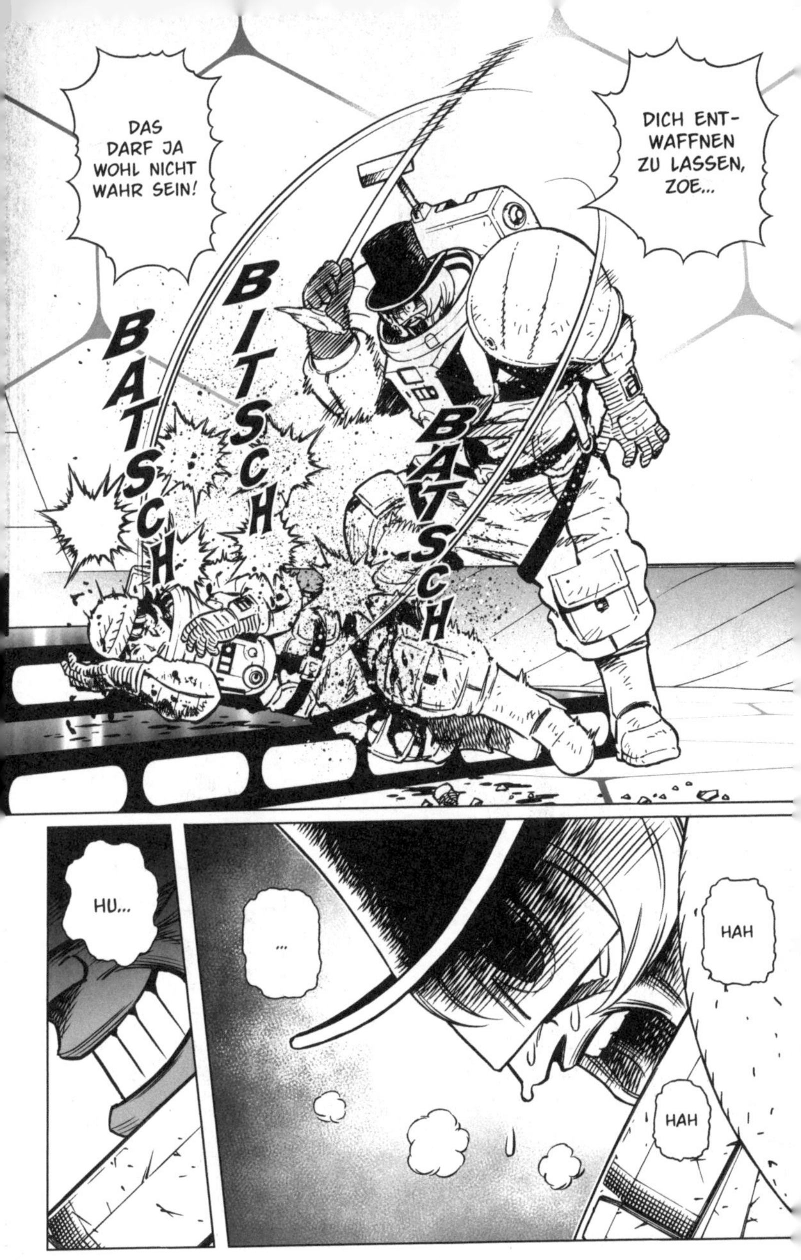
DICH ENT-WAFFNEN ZU LASSEN, ZOE...
DAS DARF JA WOHL NICHT WAHR SEIN!
BATSCH
BITSCH
BATSCH
HAH
HAH
...
HU...

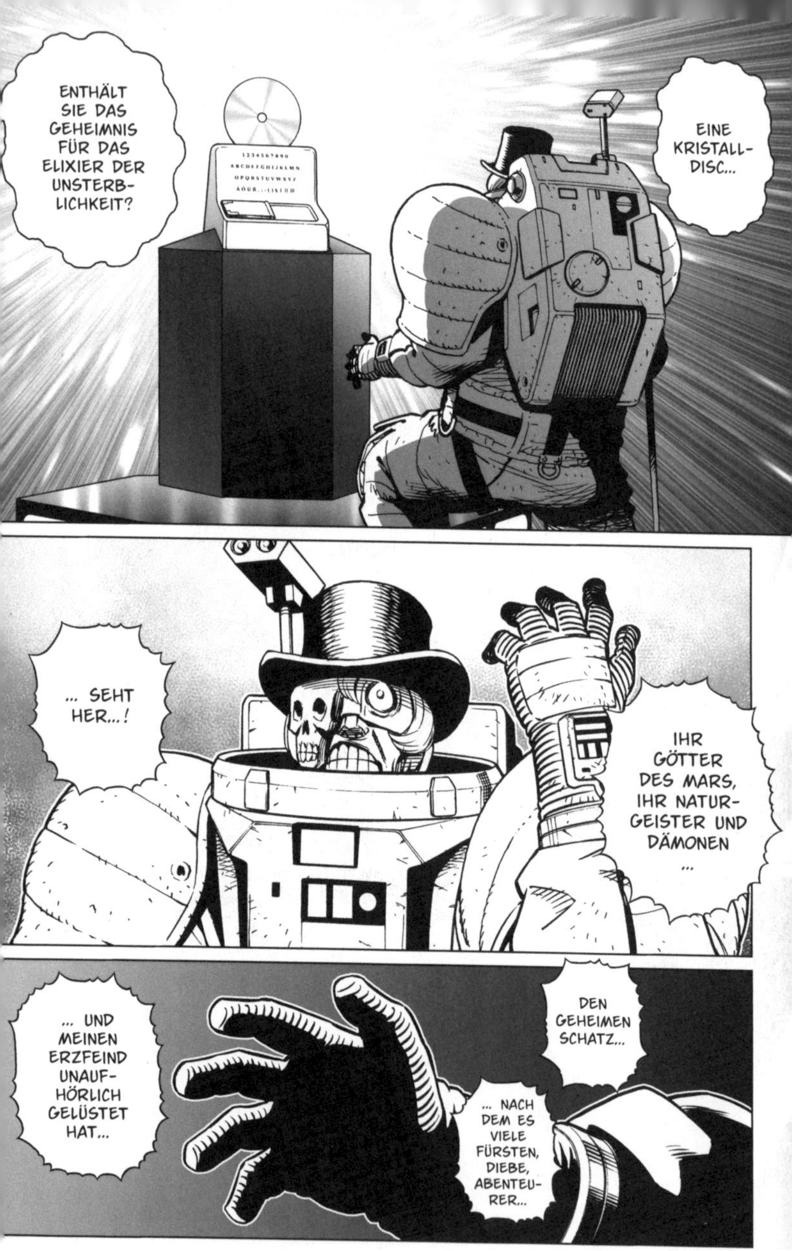
EINE KRISTALL-DISC...
ENTHÄLT SIE DAS GEHEIMNIS FÜR DAS ELIXIER DER UNSTERB-LICHKEIT?
IHR GÖTTER DES MARS, IHR NATUR-GEISTER UND DÄMONEN ...
... SEHT HER...!
DEN GEHEIMEN SCHATZ...
... NACH DEM ES VIELE FÜRSTEN, DIEBE, ABENTEU-RER...
... UND MEINEN ERZFEIND UNAUF-HÖRLICH GELÜSTET HAT...

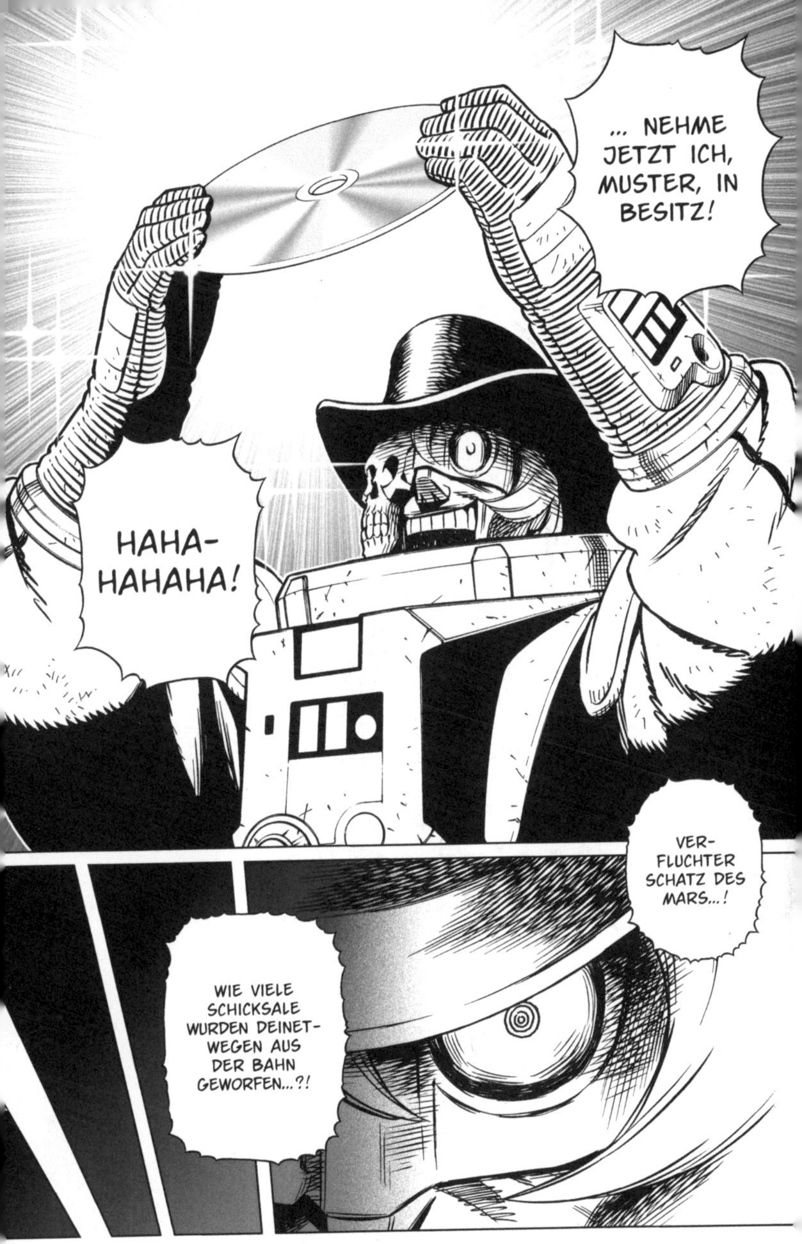
... NEHME JETZT ICH, MUSTER, IN BESITZ!
HAHA-HAHAHA!
VER-FLUCHTER SCHATZ DES MARS...!
WIE VIELE SCHICKSALE WURDEN DEINETWEGEN AUS DER BAHN GEWORFEN...?!

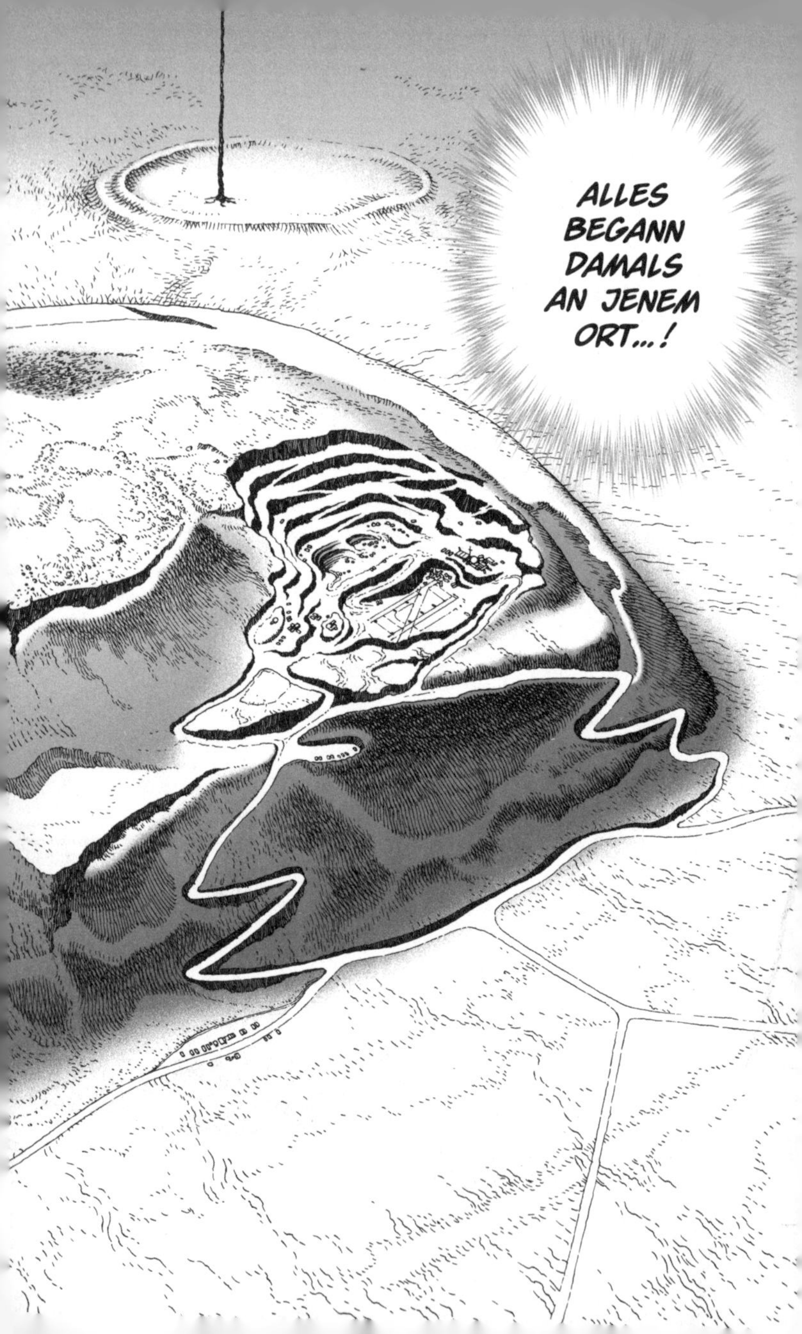
ALLES BEGANN DAMALS AN JENEM ORT...!

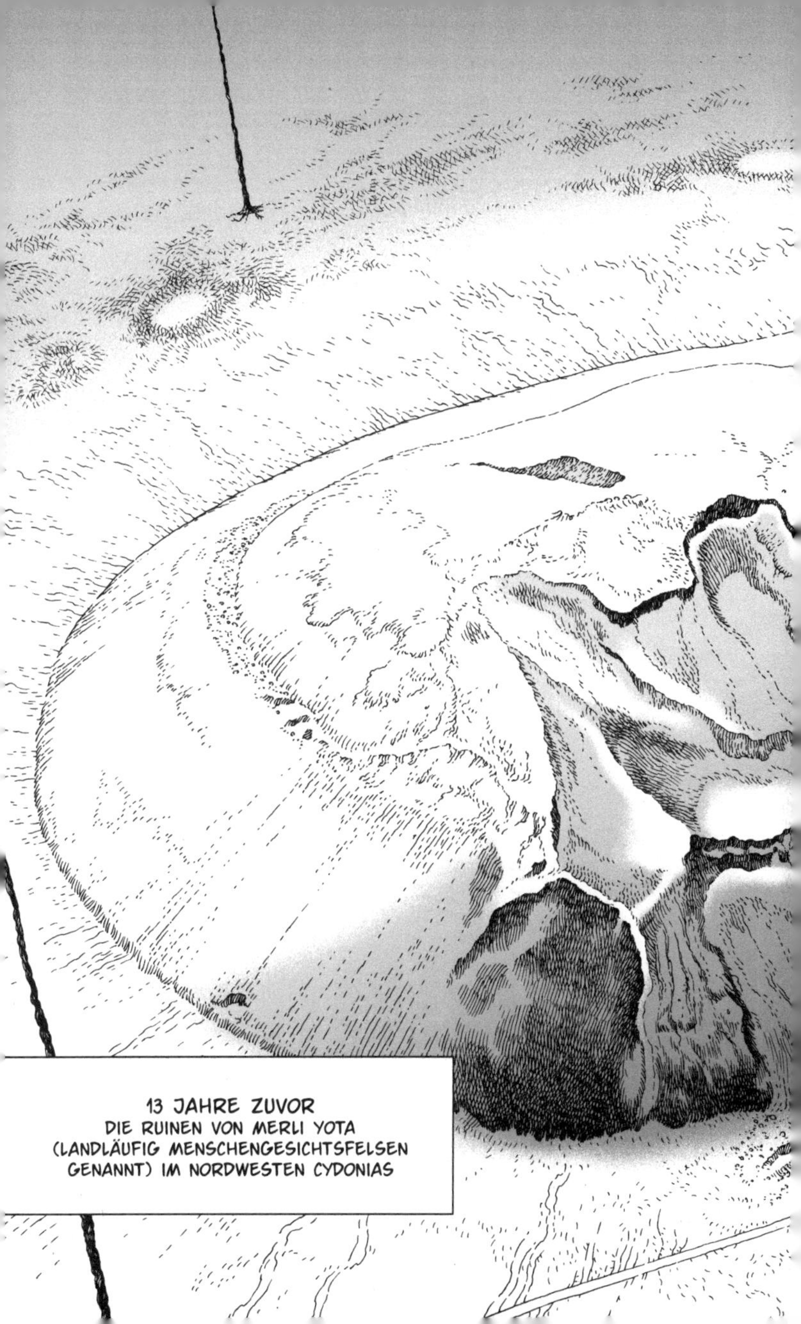
13 JAHRE ZUVOR
DIE RUINEN VON MERLI YOTA
(LANDLÄUFIG MENSCHENGESICHTSFELSEN
GENANNT) IM NORDWESTEN CYDONIAS

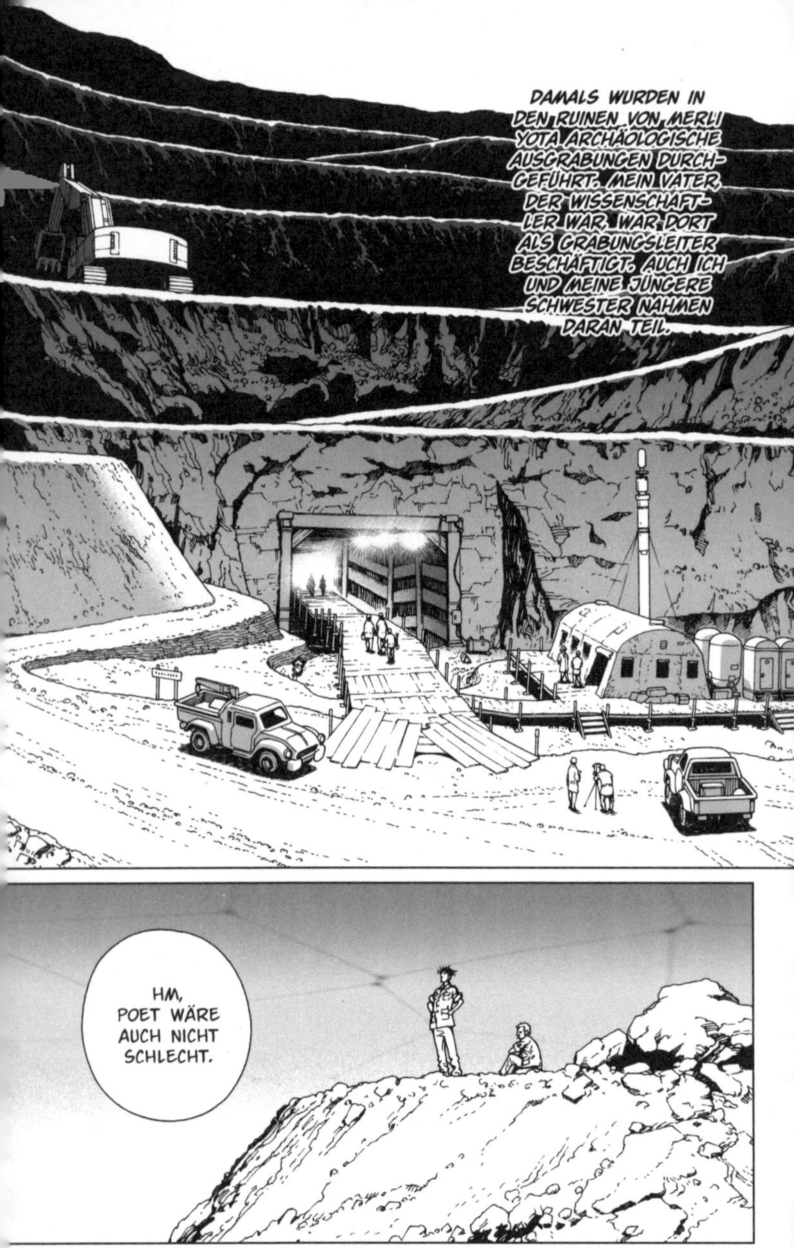
DAMALS WURDEN IN DEN RUINEN VON MERLI YOTA ARCHÄOLOGISCHE AUSGRABUNGEN DURCHGEFÜHRT. MEIN VATER, DER WISSENSCHAFTLER WAR, WAR DORT ALS GRABUNGSLEITER BESCHÄFTIGT. AUCH ICH UND MEINE JÜNGERE SCHWESTER NAHMEN DARAN TEIL.
HM, POET WÄRE AUCH NICHT SCHLECHT.

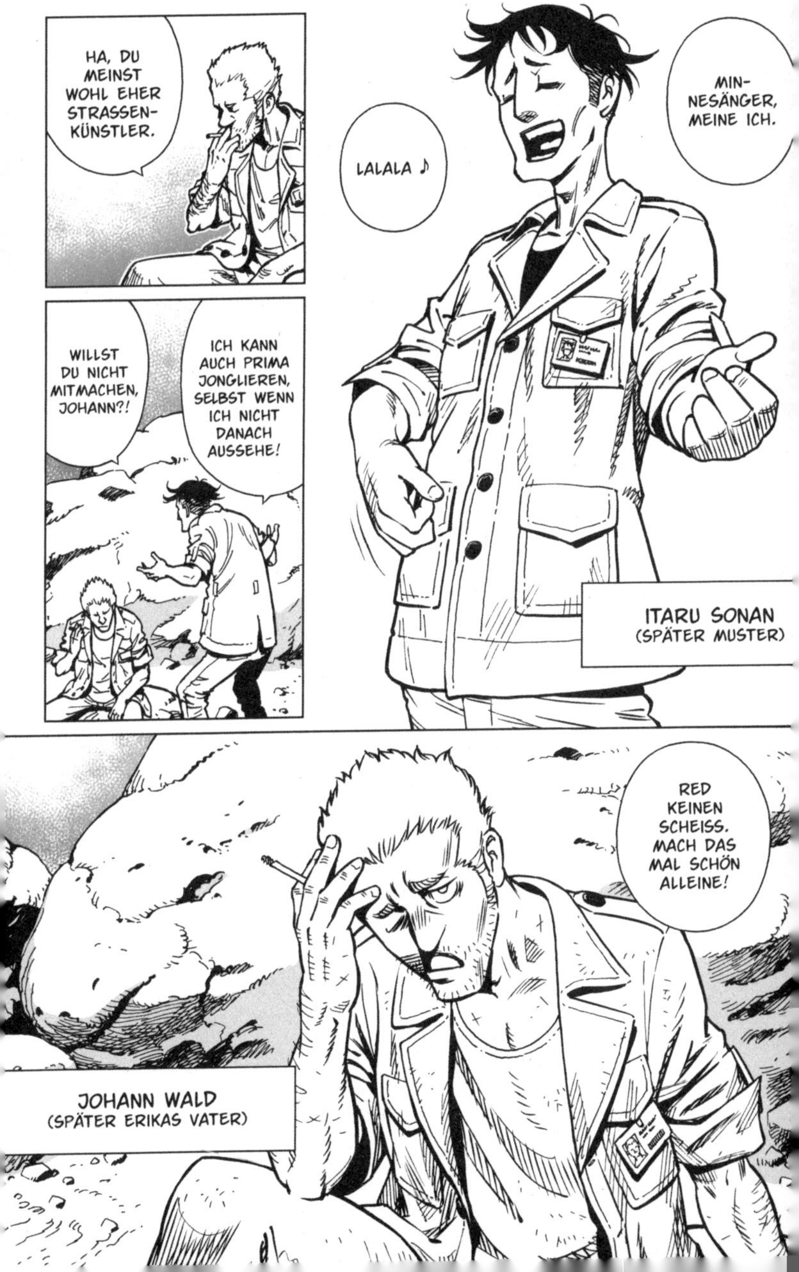
HA, DU MEINST WOHL EHER STRASSEN-KÜNSTLER.
WILLST DU NICHT MITMACHEN, JOHANN?!
ICH KANN AUCH PRIMA JONGLIEREN, SELBST WENN ICH NICHT DANACH AUSSEHE!
LALALA ♪
MIN-NESÄNGER, MEINE ICH.
ITARU SONAN (SPÄTER MUSTER)
RED KEINEN SCHEISS. MACH DAS MAL SCHÖN ALLEINE!
JOHANN WALD (SPÄTER ERIKAS VATER)

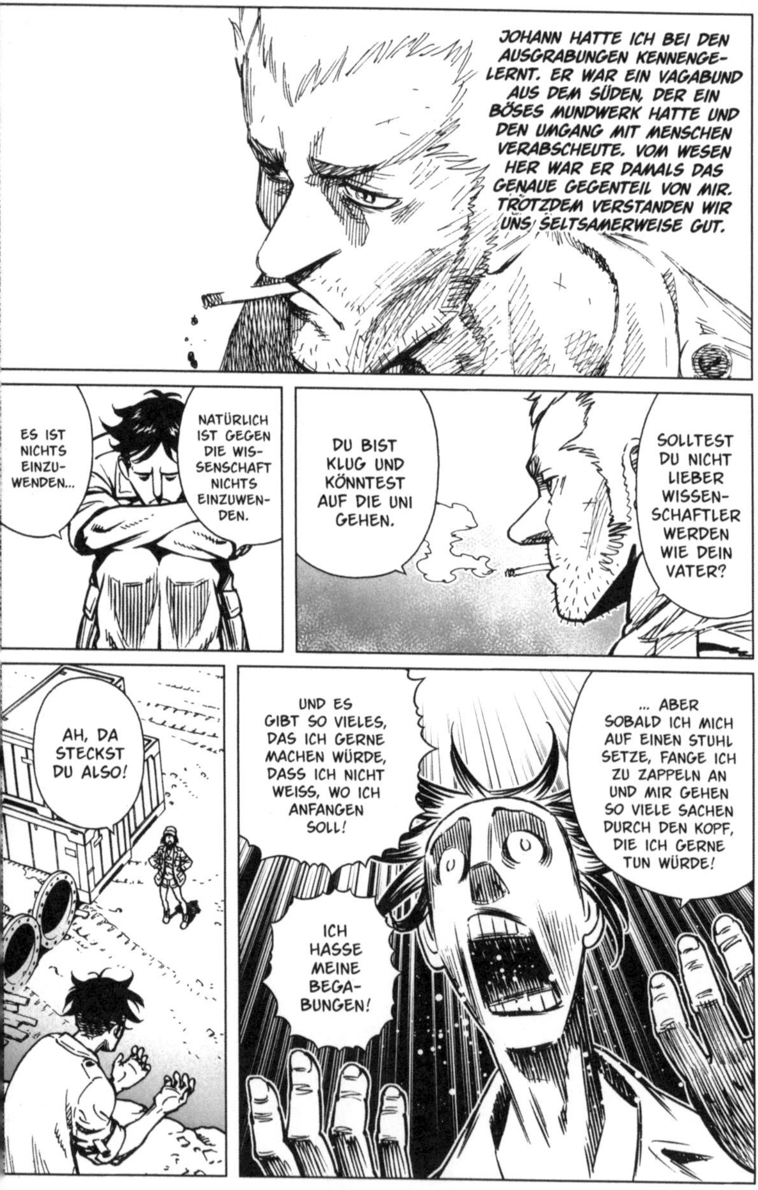
JOHANN HATTE ICH BEI DEN AUSGRABUNGEN KENNENGELERNT. ER WAR EIN VAGABUND AUS DEM SÜDEN, DER EIN BÖSES MUNDWERK HATTE UND DEN UMGANG MIT MENSCHEN VERABSCHEUTE. VOM WESEN HER WAR ER DAMALS DAS GENAUE GEGENTEIL VON MIR. TROTZDEM VERSTANDEN WIR UNS SELTSAMERWEISE GUT.
SOLLTEST DU NICHT LIEBER WISSENSCHAFTLER WERDEN WIE DEIN VATER?
DU BIST KLUG UND KÖNNTEST AUF DIE UNI GEHEN.
NATÜRLICH IST GEGEN DIE WISSENSCHAFT NICHTS EINZUWENDEN.
ES IST NICHTS EINZUWENDEN...
... ABER SOBALD ICH MICH AUF EINEN STUHL SETZE, FANGE ICH ZU ZAPPELN AN UND MIR GEHEN SO VIELE SACHEN DURCH DEN KOPF, DIE ICH GERNE TUN WÜRDE!
UND ES GIBT SO VIELES, DAS ICH GERNE MACHEN WÜRDE, DASS ICH NICHT WEISS, WO ICH ANFANGEN SOLL!
ICH HASSE MEINE BEGABUNGEN!
AH, DA STECKST DU ALSO!

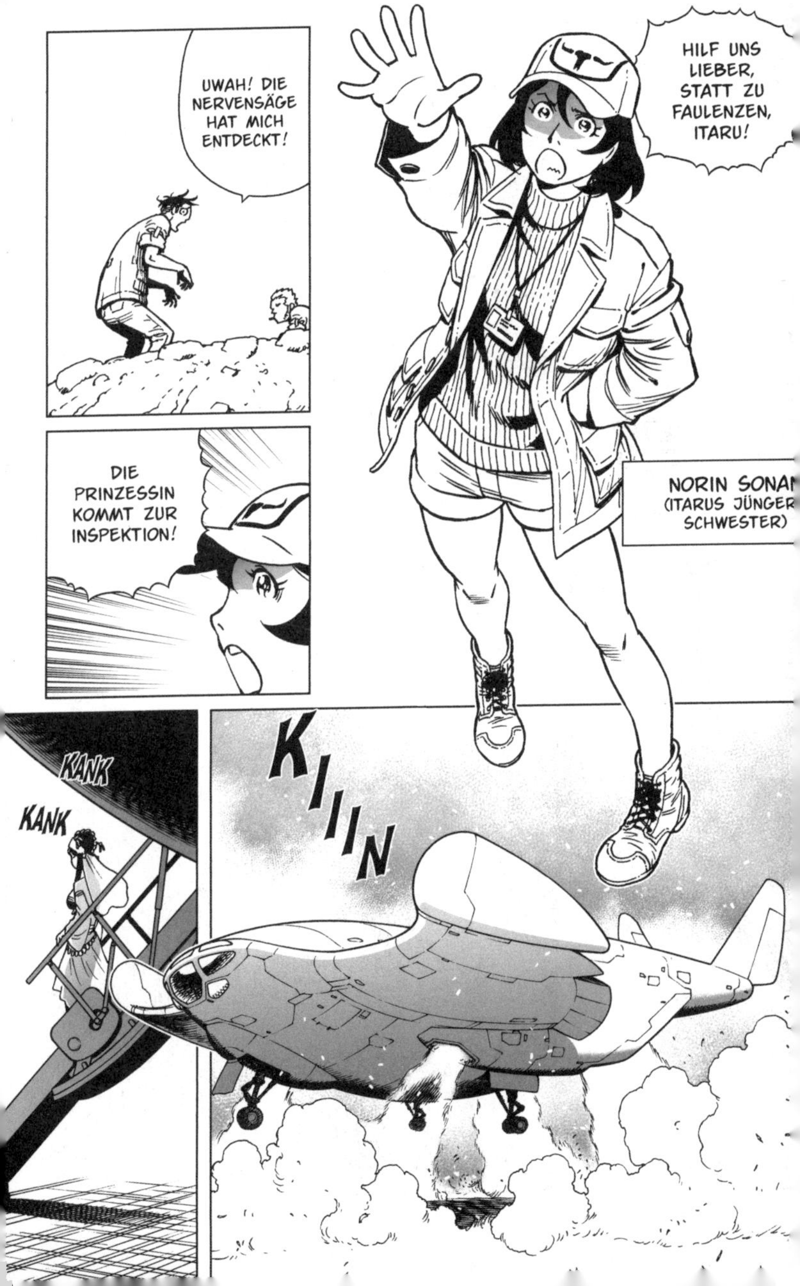
HILF UNS LIEBER, STATT ZU FAULENZEN, ITARU!
UWAH! DIE NERVENSÄGE HAT MICH ENTDECKT!
NORIN SONAI
(ITARUS JÜNGERE SCHWESTER)
DIE PRINZESSIN KOMMT ZUR INSPEKTION!
KIIIN
KANK
KANK

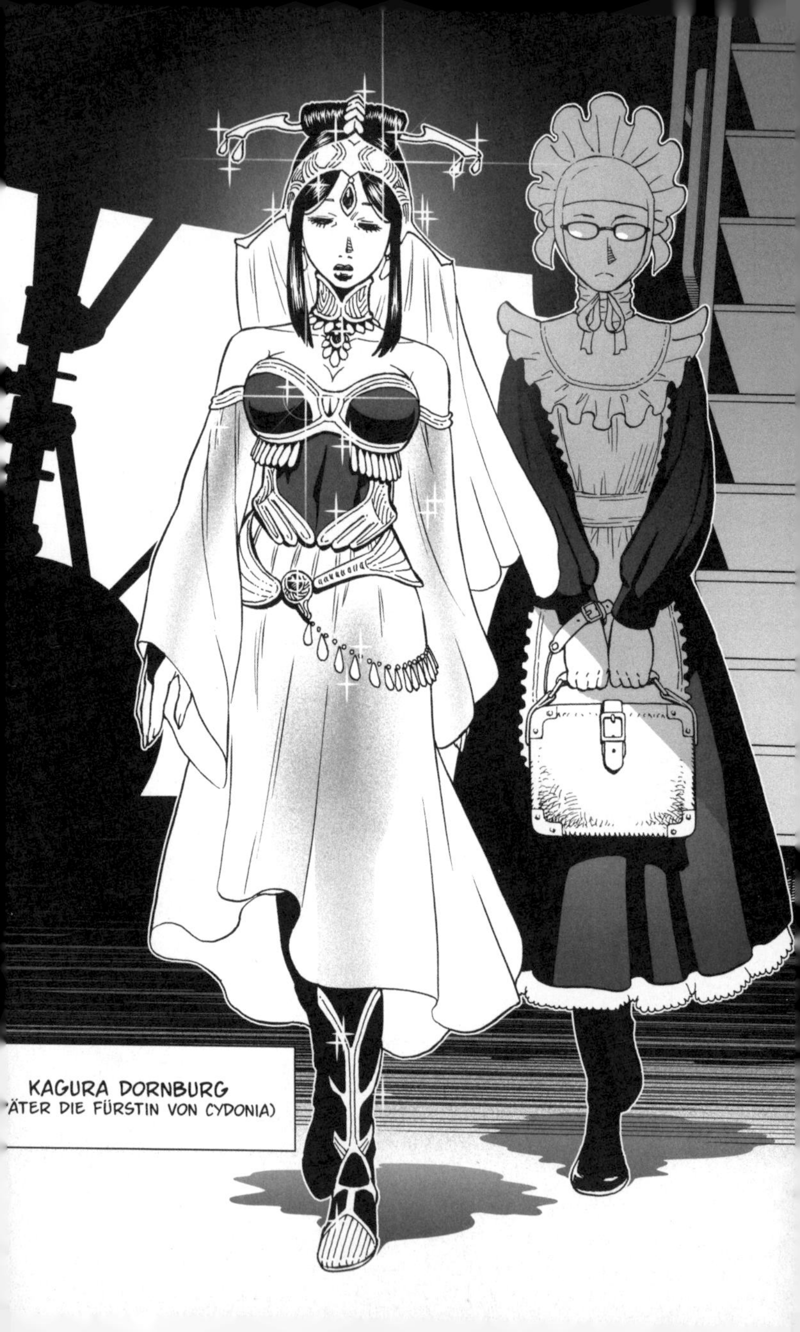
KAGURA DORNBURG
ÄTER DIE FÜRSTIN VON CYDONIA)

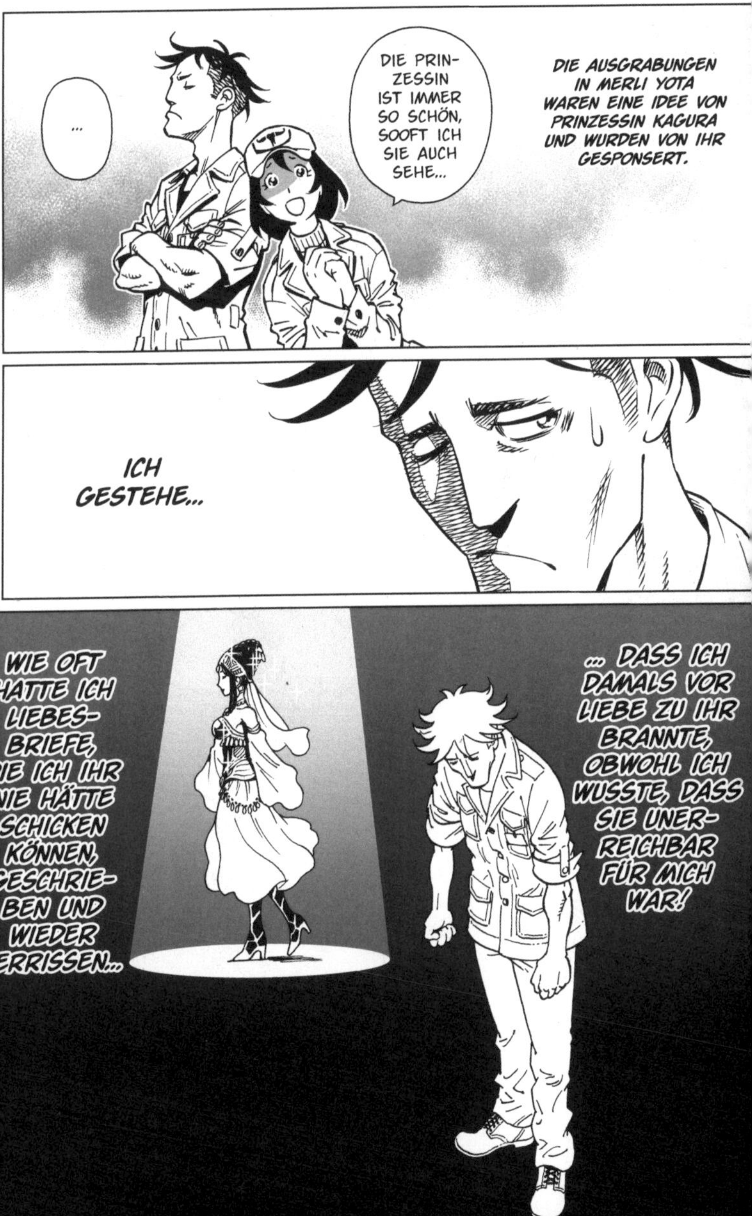
DIE AUSGRABUNGEN IN MERLI YOTA WAREN EINE IDEE VON PRINZESSIN KAGURA UND WURDEN VON IHR GESPONSERT.
DIE PRIN-ZESSIN IST IMMER SO SCHÖN, SOOFT ICH SIE AUCH SEHE...
...
ICH GESTEHE...
... DASS ICH DAMALS VOR LIEBE ZU IHR BRANNTE, OBWOHL ICH WUSSTE, DASS SIE UNER-REICHBAR FÜR MICH WAR!
WIE OFT HATTE ICH LIEBES-BRIEFE, DIE ICH IHR NIE HÄTTE SCHICKEN KÖNNEN, GESCHRIE-BEN UND WIEDER ZERRISSEN...

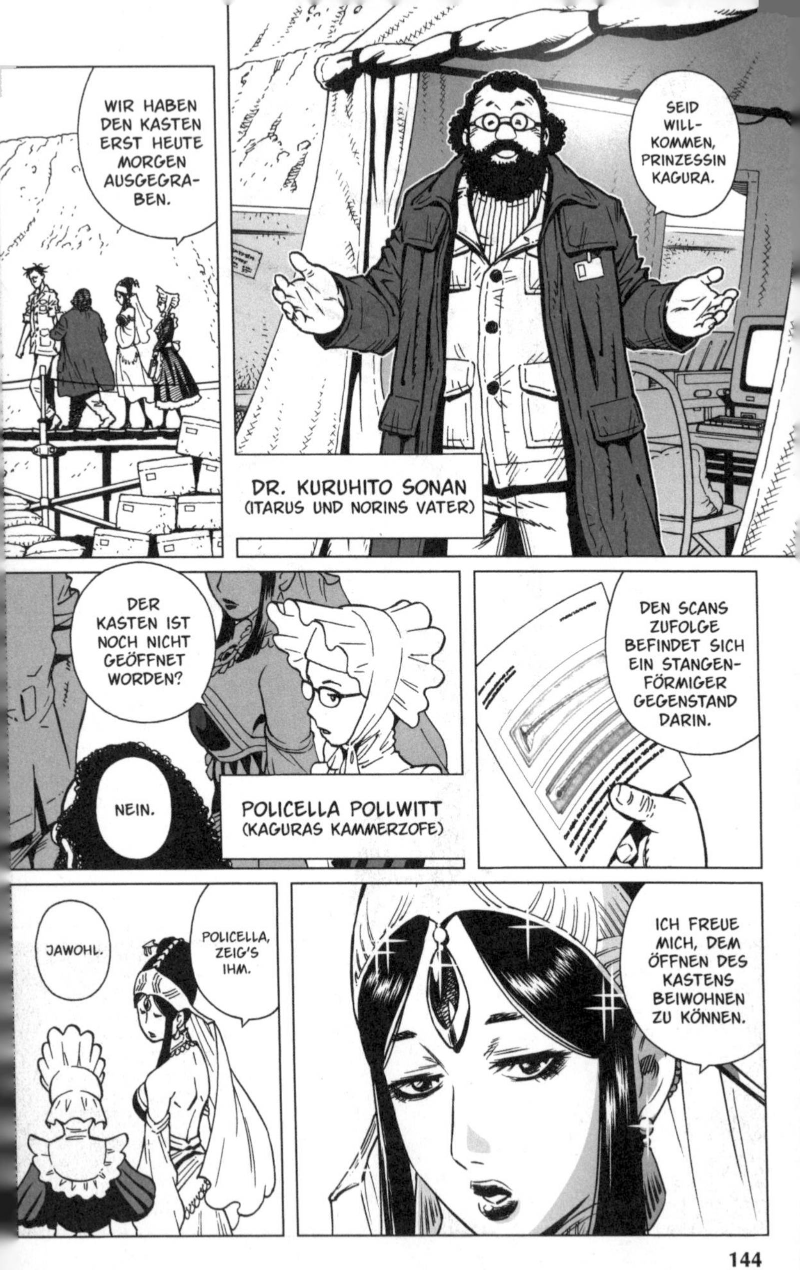
SEID WILLKOMMEN, PRINZESSIN KAGURA.
WIR HABEN DEN KASTEN ERST HEUTE MORGEN AUSGEGRABEN.
DR. KURUHITO SONAN (ITARUS UND NORINS VATER)
DEN SCANS ZUFOLGE BEFINDET SICH EIN STANGENFÖRMIGER GEGENSTAND DARIN.
DER KASTEN IST NOCH NICHT GEÖFFNET WORDEN?
NEIN.
POLICELLA POLLWITT (KAGURAS KAMMERZOFE)
ICH FREUE MICH, DEM ÖFFNEN DES KASTENS BEIWOHNEN ZU KÖNNEN.
POLICELLA, ZEIG'S IHM.
JAWOHL.

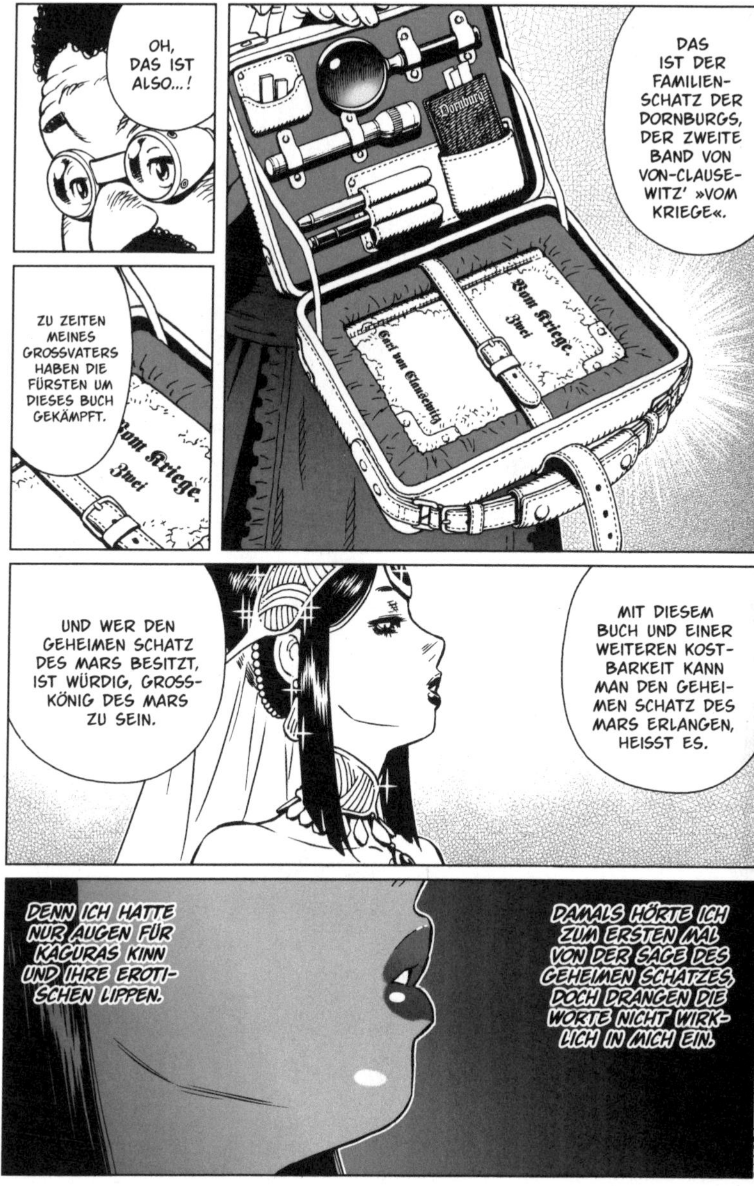
OH, DAS IST ALSO...!
DAS IST DER FAMILIENSCHATZ DER DORNBURGS, DER ZWEITE BAND VON VON-CLAUSEWITZ' »VOM KRIEGE«.
Dornburg
Vom Kriege. Zwei
Carl von Clausewitz
ZU ZEITEN MEINES GROSSVATERS HABEN DIE FÜRSTEN UM DIESES BUCH GEKÄMPFT.
Vom Kriege. Zwei
MIT DIESEM BUCH UND EINER WEITEREN KOSTBARKEIT KANN MAN DEN GEHEIMEN SCHATZ DES MARS ERLANGEN, HEISST ES.
UND WER DEN GEHEIMEN SCHATZ DES MARS BESITZT, IST WÜRDIG, GROSSKÖNIG DES MARS ZU SEIN.
DAMALS HÖRTE ICH ZUM ERSTEN MAL VON DER SAGE DES GEHEIMEN SCHATZES, DOCH DRANGEN DIE WORTE NICHT WIRKLICH IN MICH EIN.
DENN ICH HATTE NUR AUGEN FÜR KAGURAS KINN UND IHRE EROTISCHEN LIPPEN.

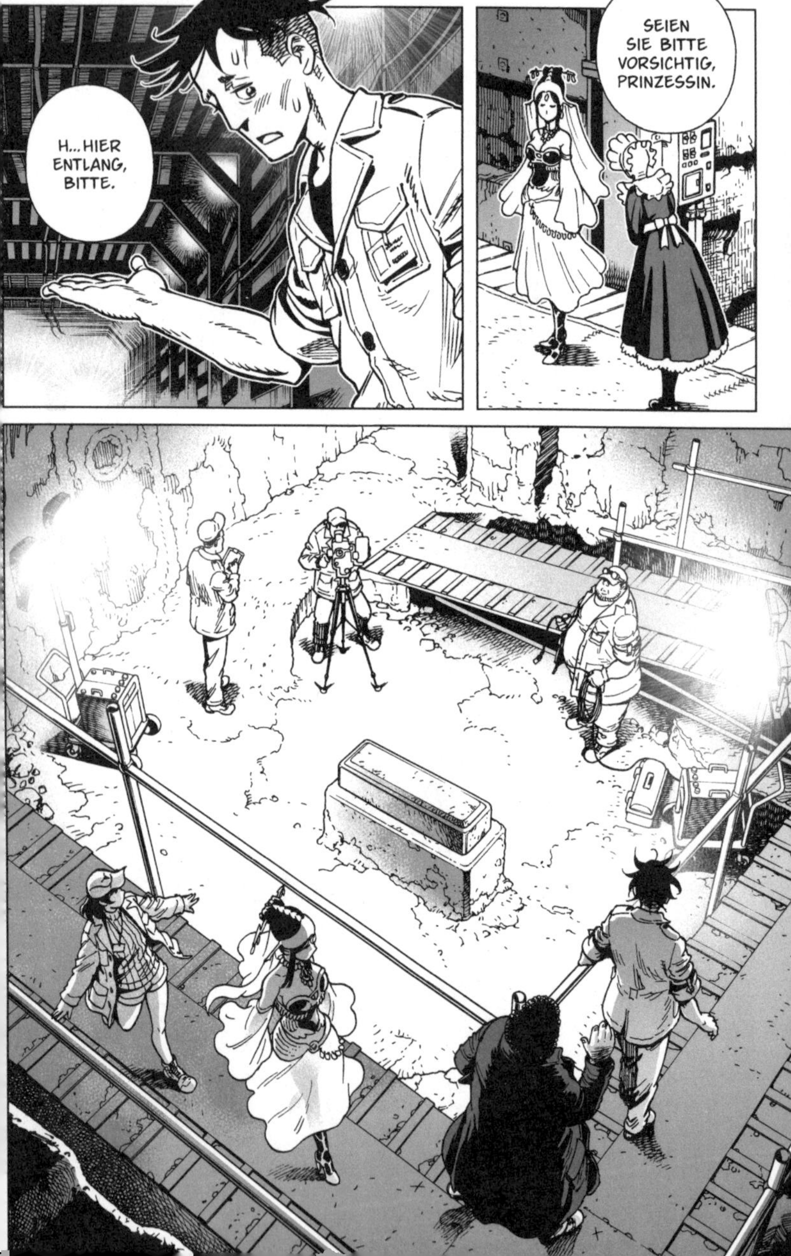
SEIEN SIE BITTE VORSICHTIG, PRINZESSIN.
H...HIER ENTLANG, BITTE.

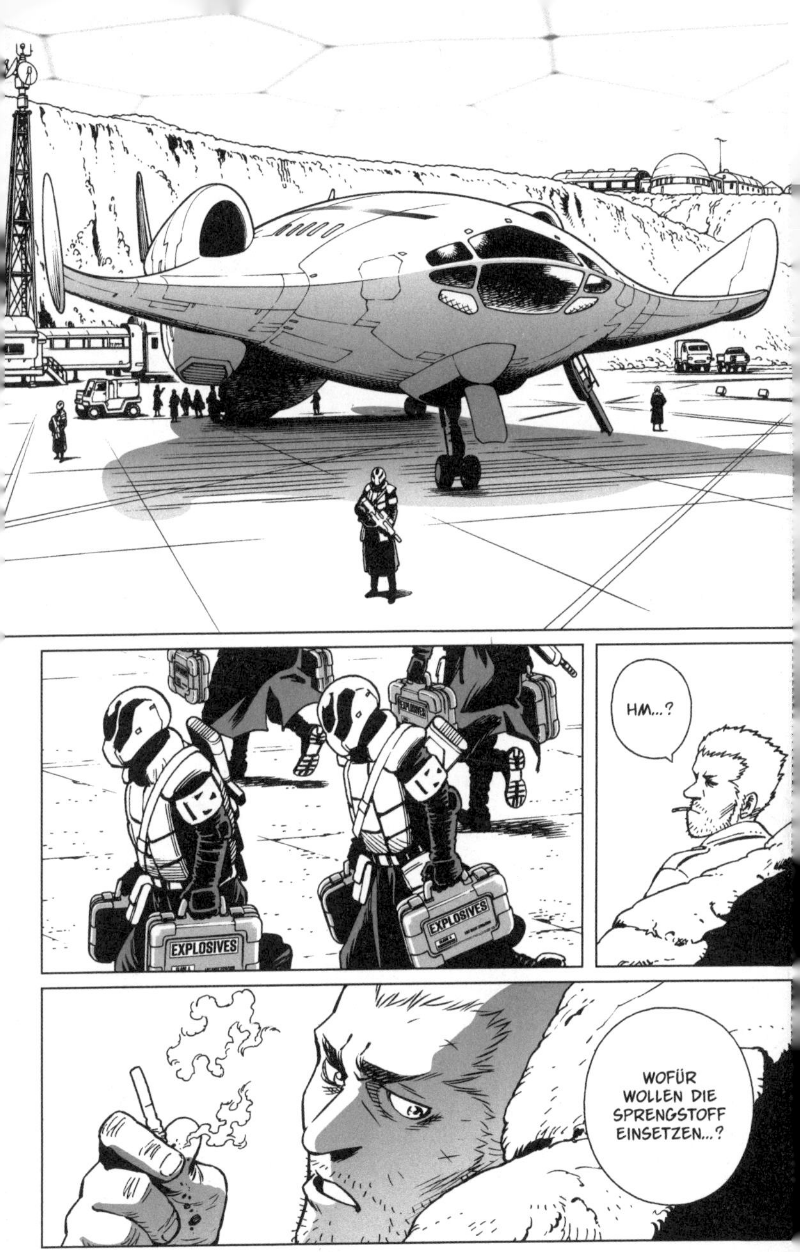

EXPLOSIVES
EXPLOSIVES
HM...?
WOFÜR WOLLEN DIE SPRENGSTOFF EINSETZEN...?

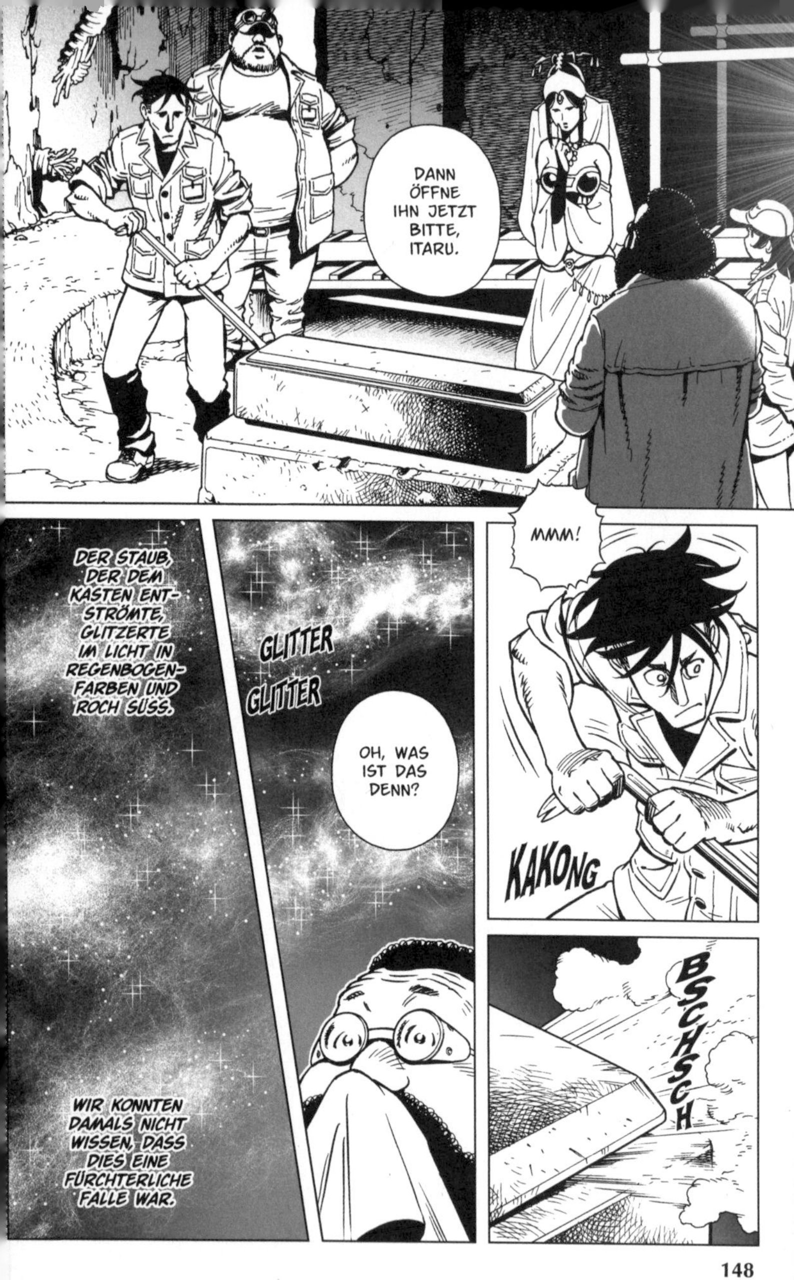
DANN ÖFFNE IHN JETZT BITTE, ITARU.
MMM!
KAKONG
BSCHSCH
GLITTER
GLITTER
OH, WAS IST DAS DENN?
DER STAUB, DER DEM KASTEN ENTSTRÖMTE, GLITZERTE IM LICHT IN REGENBOGENFARBEN UND ROCH SÜSS.
WIR KONNTEN DAMALS NICHT WISSEN, DASS DIES EINE FÜRCHTERLICHE FALLE WAR.

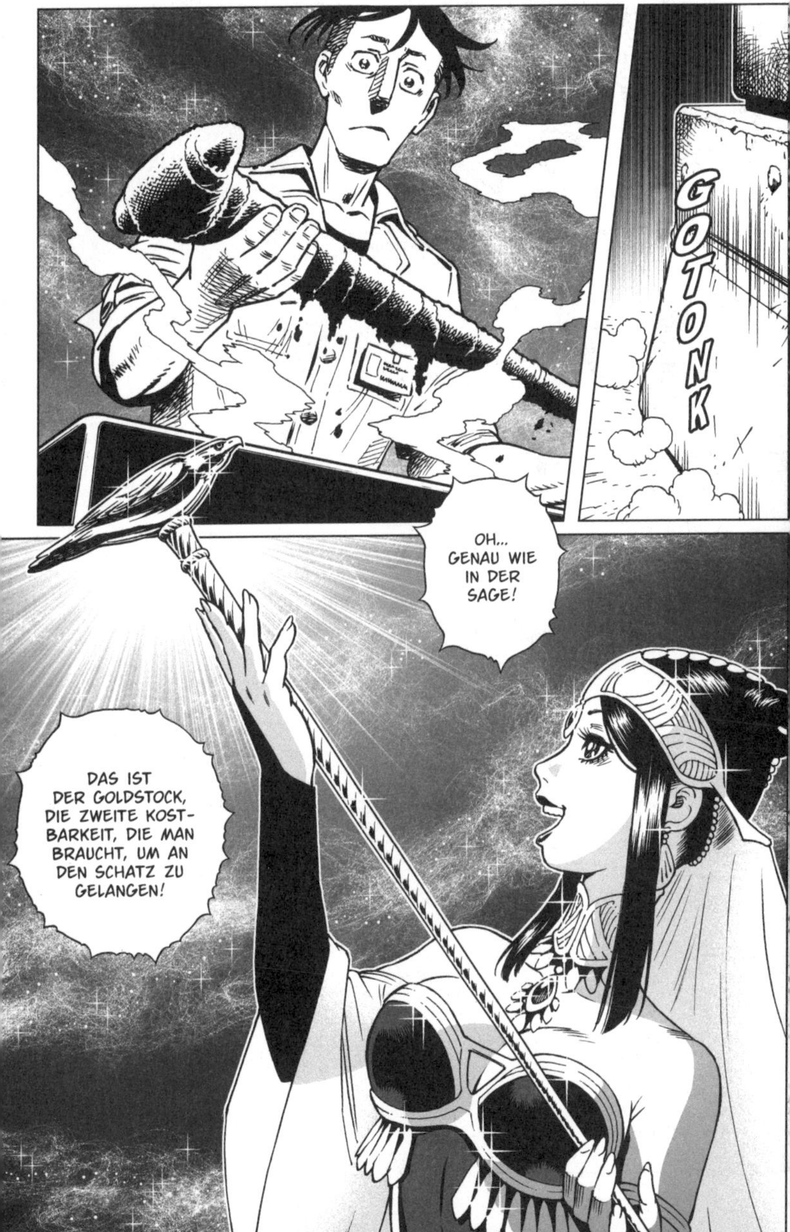
GOTONK
OH... GENAU WIE IN DER SAGE!
DAS IST DER GOLDSTOCK, DIE ZWEITE KOST-BARKEIT, DIE MAN BRAUCHT, UM AN DEN SCHATZ ZU GELANGEN!

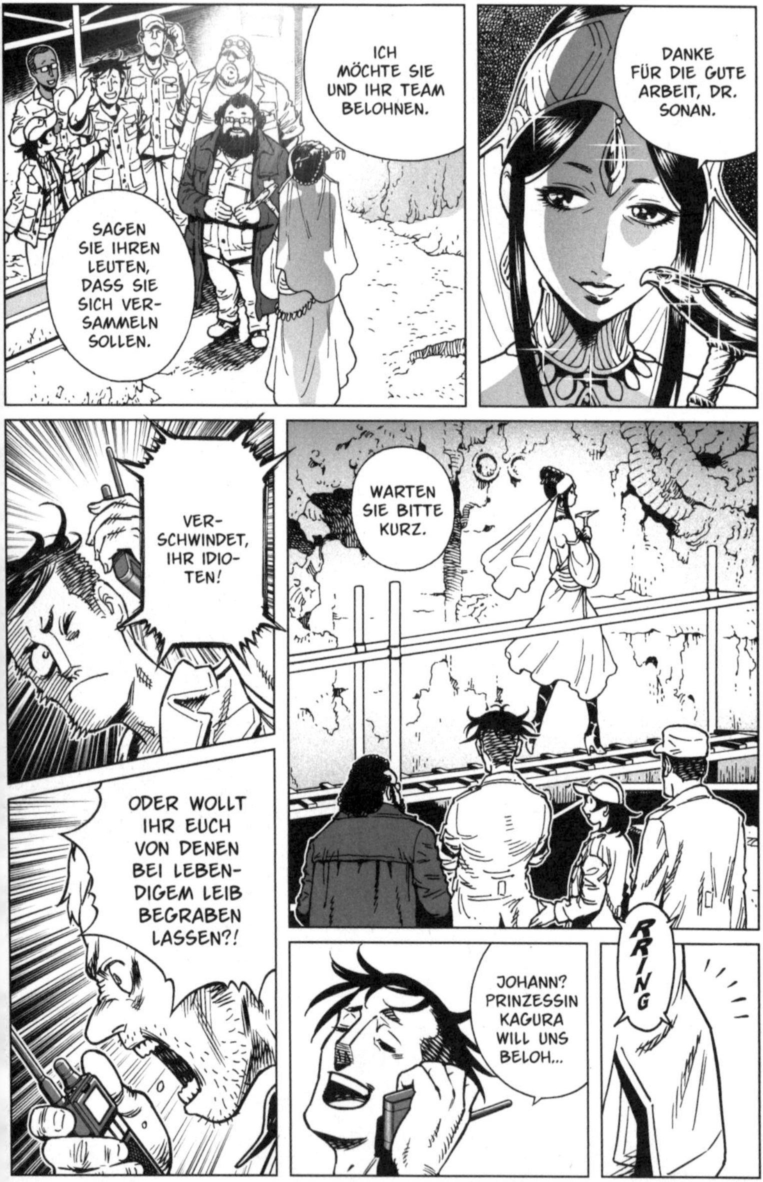
DANKE FÜR DIE GUTE ARBEIT, DR. SONAN.
ICH MÖCHTE SIE UND IHR TEAM BELOHNEN.
SAGEN SIE IHREN LEUTEN, DASS SIE SICH VER-SAMMELN SOLLEN.
WARTEN SIE BITTE KURZ.
RRING
JOHANN? PRINZESSIN KAGURA WILL UNS BELOH...
VER-SCHWINDET, IHR IDIO-TEN!
ODER WOLLT IHR EUCH VON DENEN BEI LEBEN-DIGEM LEIB BEGRABEN LASSEN?!

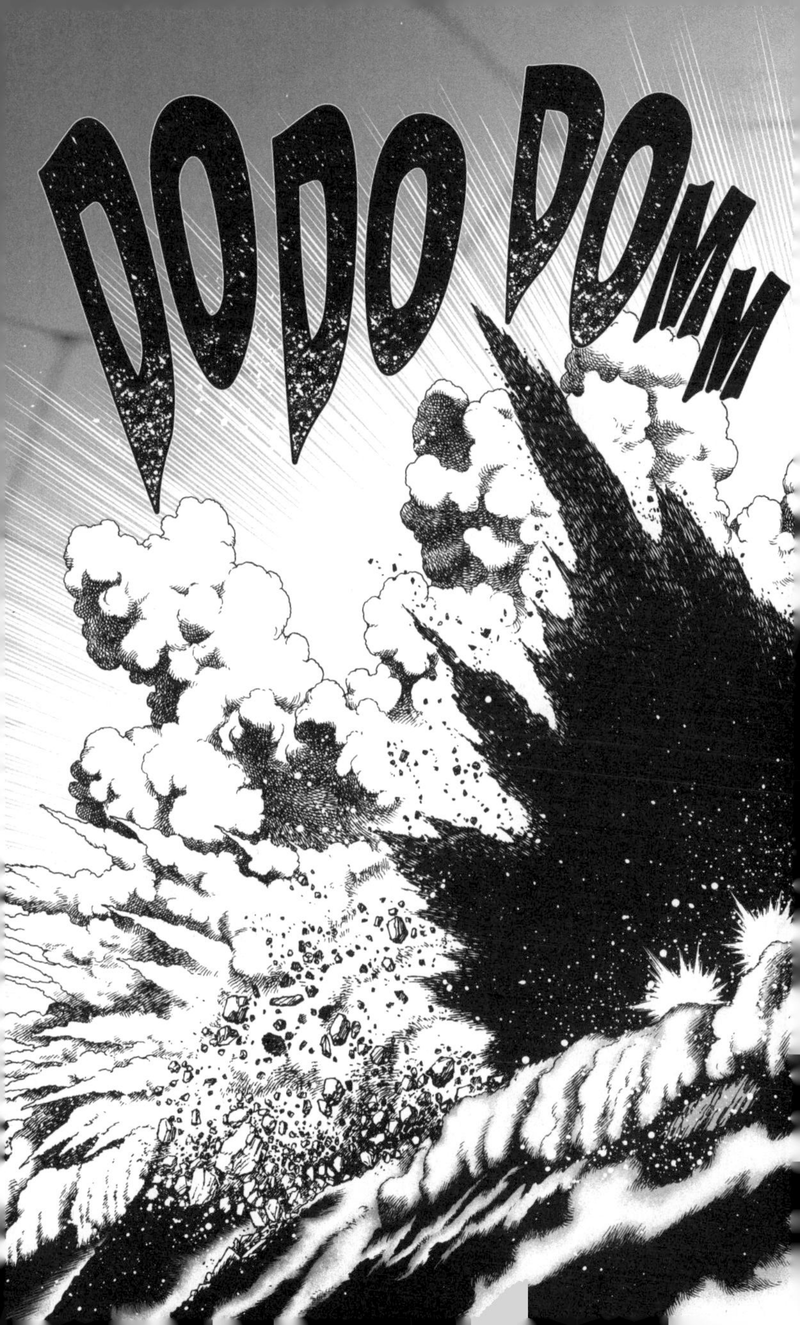
DODO DOMM

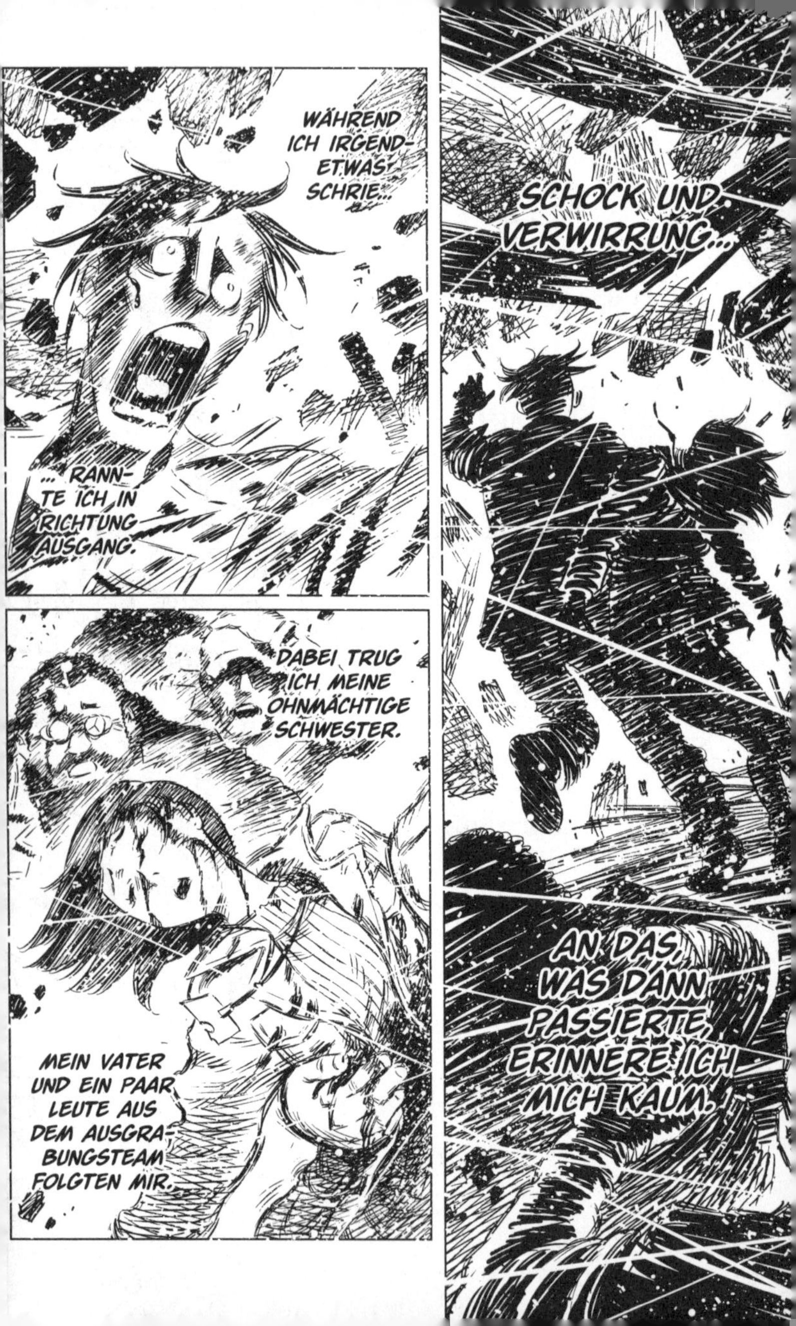
WÄHREND ICH IRGEND-ETWAS SCHRIE...
... RANN-TE ICH IN RICHTUNG AUSGANG.
DABEI TRUG ICH MEINE OHNMÄCHTIGE SCHWESTER.
MEIN VATER UND EIN PAAR LEUTE AUS DEM AUSGRA-BUNGSTEAM FOLGTEN MIR.
SCHOCK UND VERWIRRUNG...
AN DAS, WAS DANN PASSIERTE, ERINNERE ICH MICH KAUM.

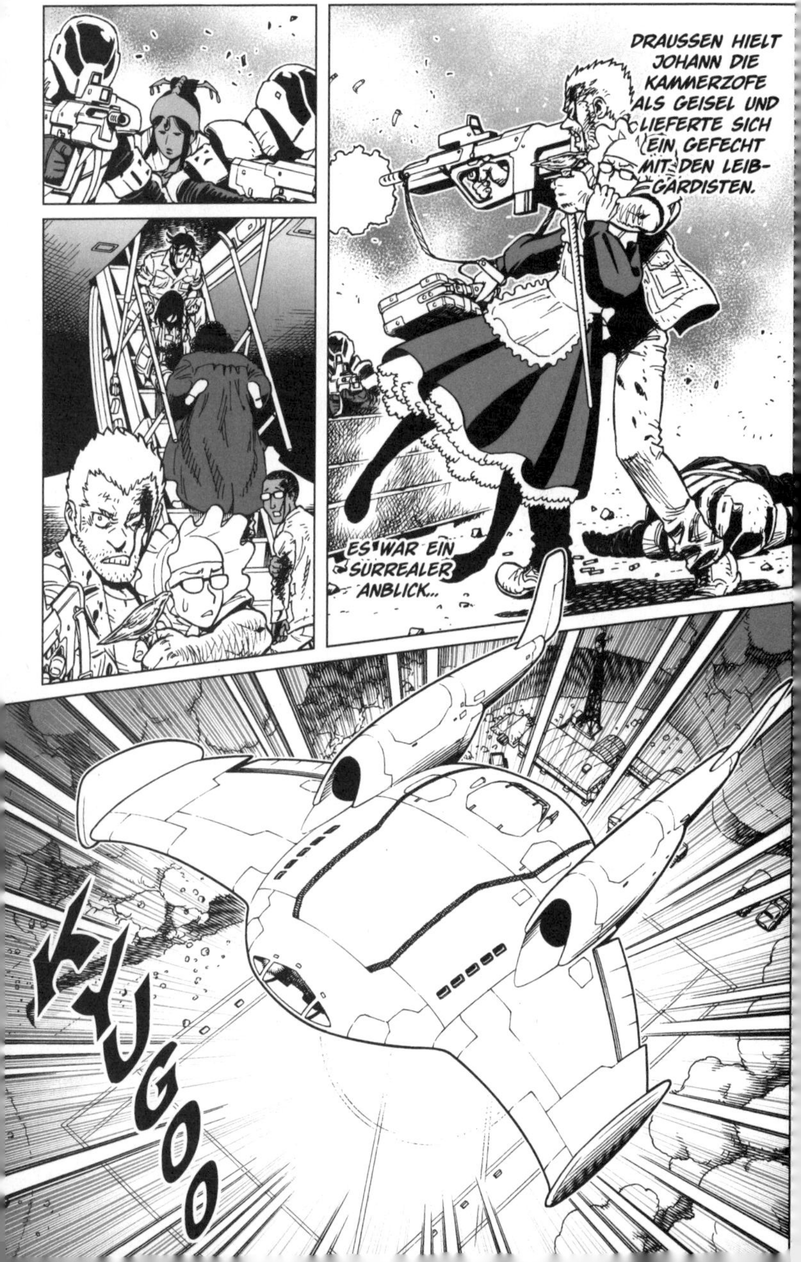
DRAUSSEN HIELT JOHANN DIE KAMMERZOFE ALS GEISEL UND LIEFERTE SICH EIN GEFECHT MIT DEN LEIBGARDISTEN.
ES WAR EIN SURREALER ANBLICK...
KYUGOO

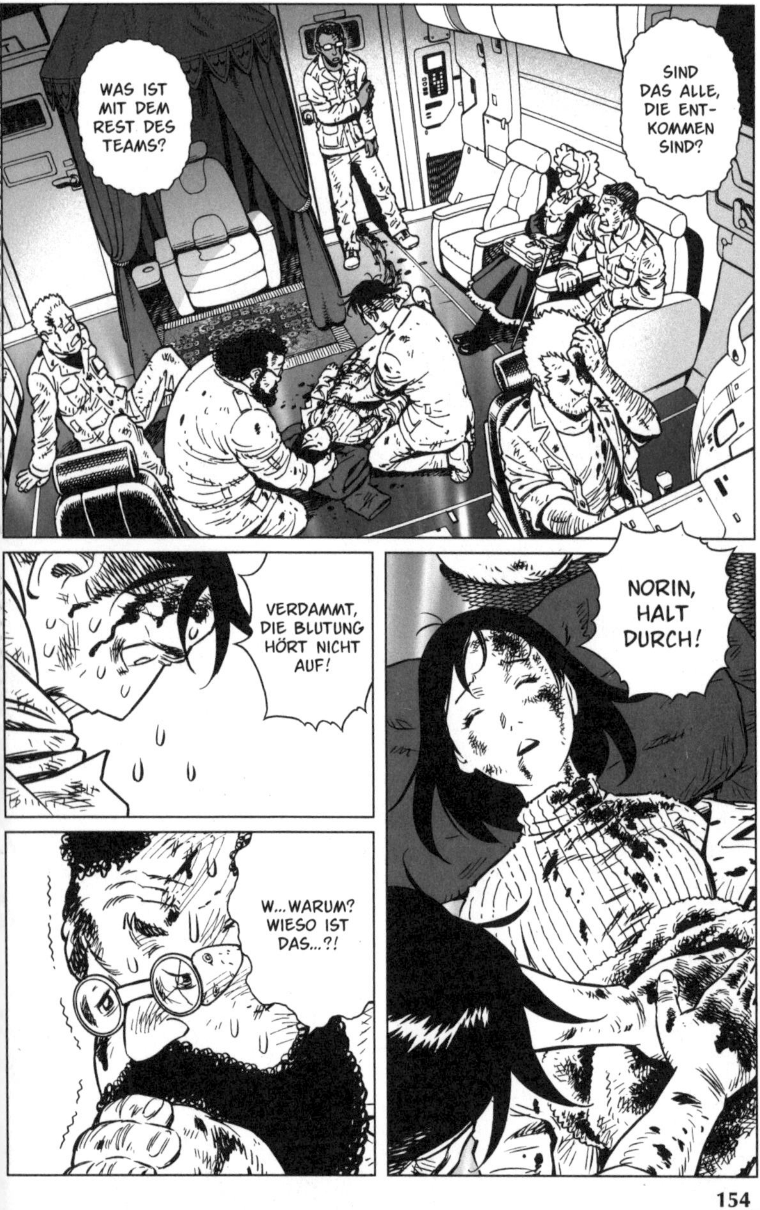
Sind das alle, die ent-kommen sind?
Was ist mit dem Rest des Teams?
Norin, halt durch!
Verdammt, die Blutung hört nicht auf!
W...warum? Wieso ist das...?!

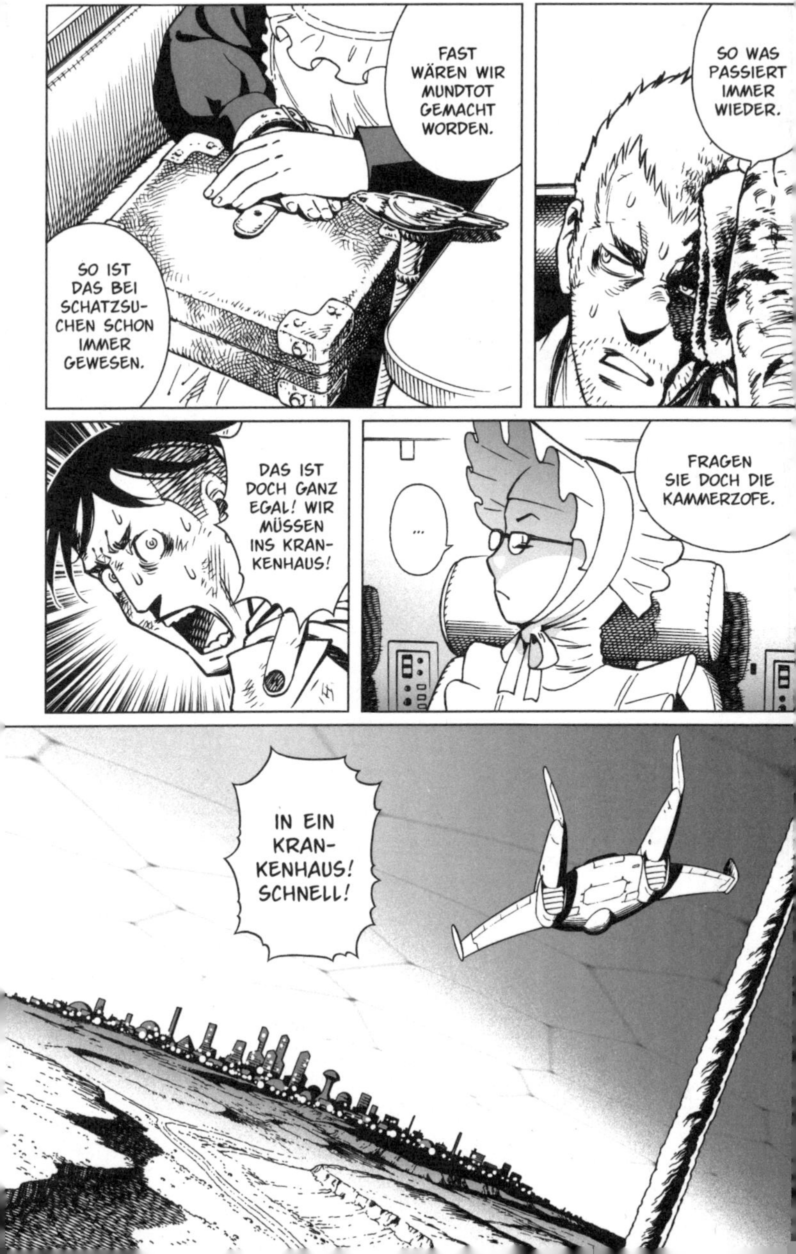
FAST WÄREN WIR MUNDTOT GEMACHT WORDEN.
SO IST DAS BEI SCHATZSU-CHEN SCHON IMMER GEWESEN.
SO WAS PASSIERT IMMER WIEDER.
FRAGEN SIE DOCH DIE KAMMERZOFE.
...
DAS IST DOCH GANZ EGAL! WIR MÜSSEN INS KRAN-KENHAUS!
IN EIN KRAN-KENHAUS! SCHNELL!

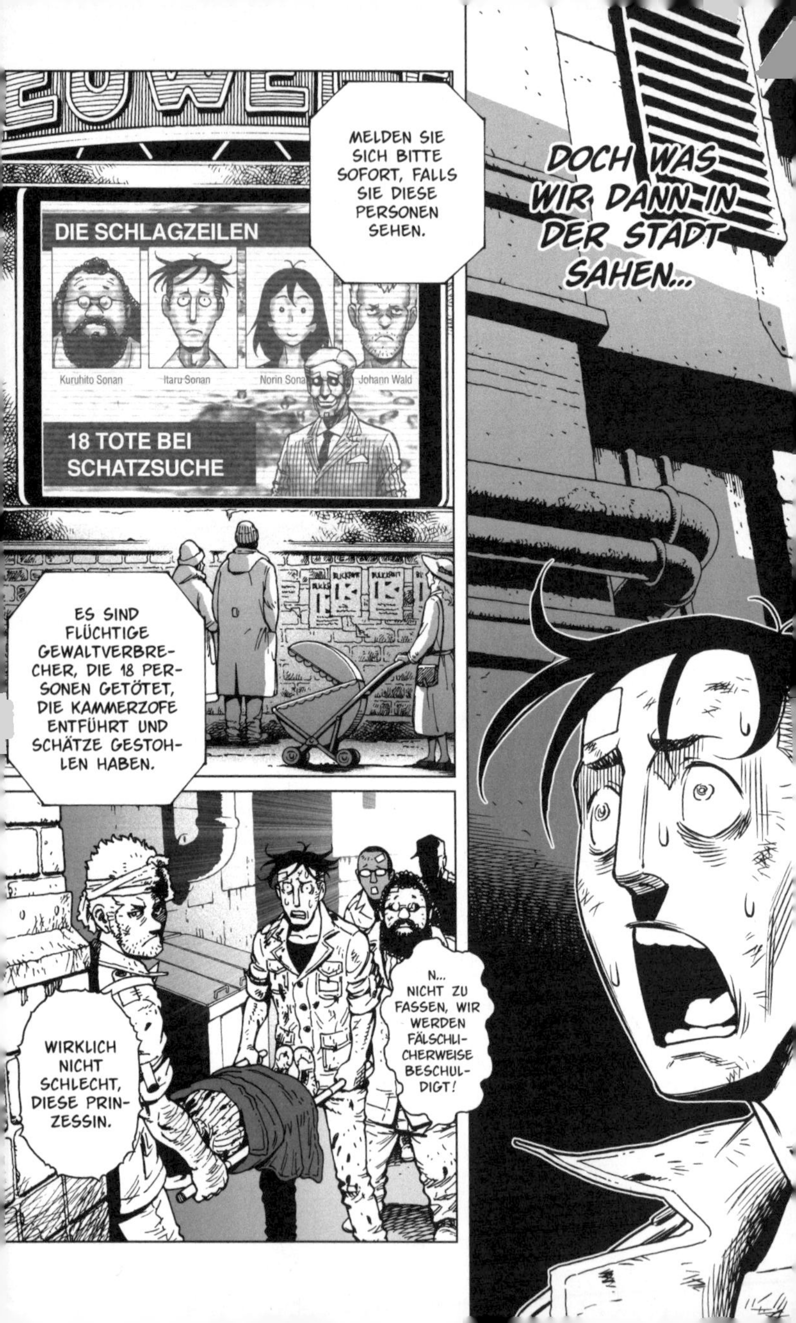
DOCH WAS WIR DANN IN DER STADT SAHEN...
DIE SCHLAGZEILEN
Kuruhito Sonan
Itaru Sonan
Norin Sona
Johann Wald
18 TOTE BEI SCHATZSUCHE
MELDEN SIE SICH BITTE SOFORT, FALLS SIE DIESE PERSONEN SEHEN.
ES SIND FLÜCHTIGE GEWALTVERBRECHER, DIE 18 PERSONEN GETÖTET, DIE KAMMERZOFE ENTFÜHRT UND SCHÄTZE GESTOHLEN HABEN.
N... NICHT ZU FASSEN, WIR WERDEN FÄLSCHLICHERWEISE BESCHULDIGT!
WIRKLICH NICHT SCHLECHT, DIESE PRINZESSIN.

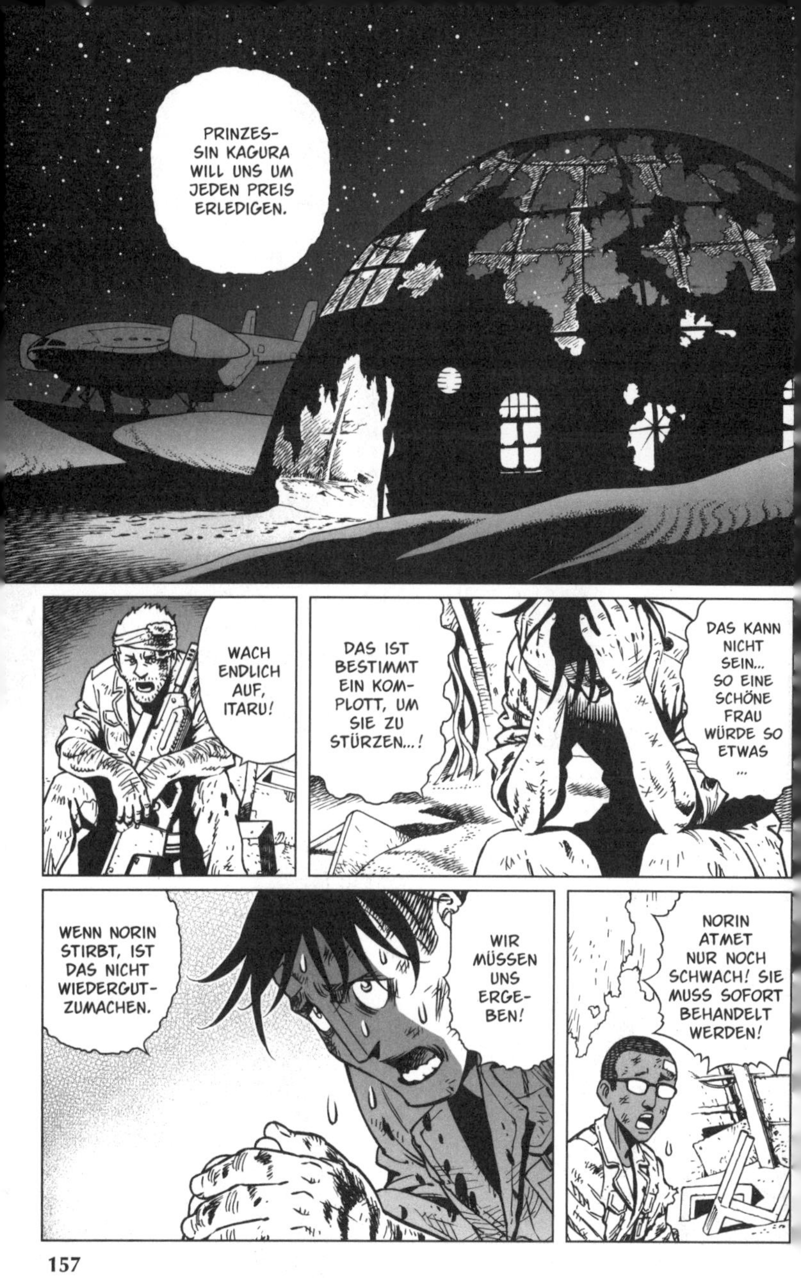
PRINZES-
SIN KAGURA
WILL UNS UM
JEDEN PREIS
ERLEDIGEN.
WACH ENDLICH AUF, ITARU!
DAS IST BESTIMMT EIN KOMPLOTT, UM SIE ZU STÜRZEN...!
DAS KANN NICHT SEIN... SO EINE SCHÖNE FRAU WÜRDE SO ETWAS ...
WENN NORIN STIRBT, IST DAS NICHT WIEDERGUTZUMACHEN.
WIR MÜSSEN UNS ERGEBEN!
NORIN ATMET NUR NOCH SCHWACH! SIE MUSS SOFORT BEHANDELT WERDEN!

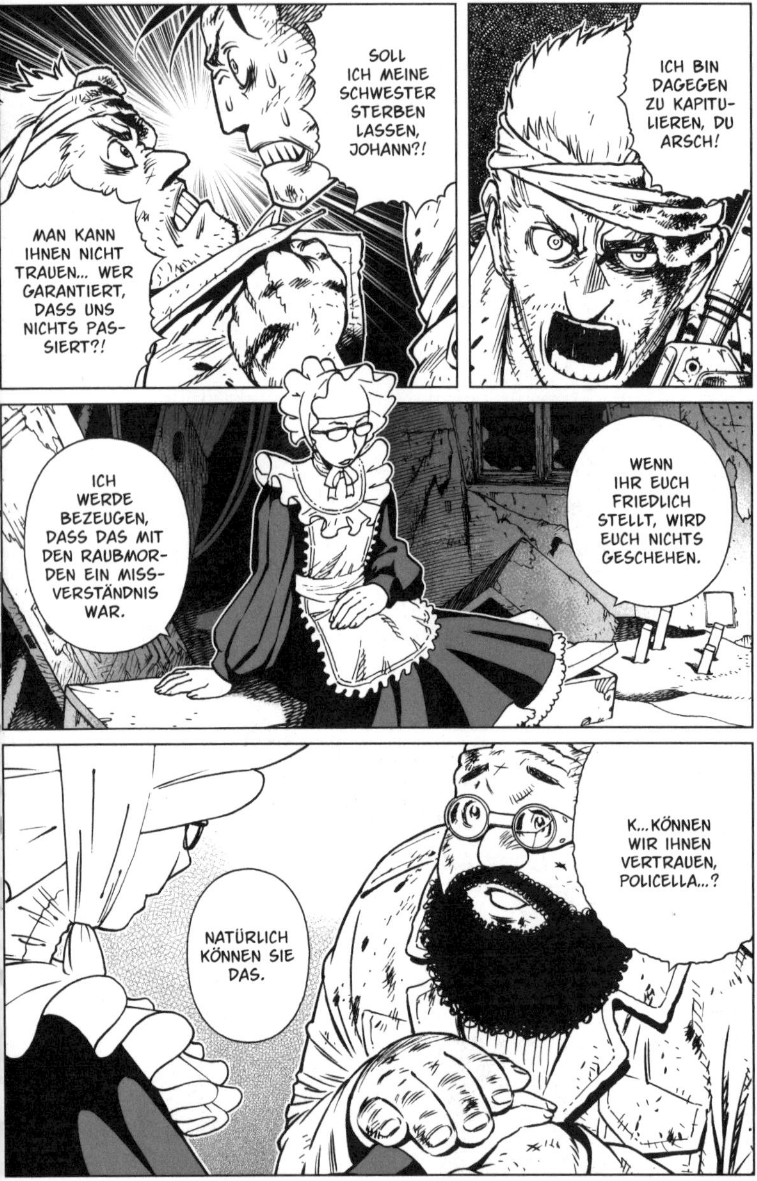
ICH BIN DAGEGEN ZU KAPITULIEREN, DU ARSCH!
SOLL ICH MEINE SCHWESTER STERBEN LASSEN, JOHANN?!
MAN KANN IHNEN NICHT TRAUEN... WER GARANTIERT, DASS UNS NICHTS PASSIERT?!
WENN IHR EUCH FRIEDLICH STELLT, WIRD EUCH NICHTS GESCHEHEN.
ICH WERDE BEZEUGEN, DASS DAS MIT DEN RAUBMORDEN EIN MISSVERSTÄNDNIS WAR.
K...KÖNNEN WIR IHNEN VERTRAUEN, POLICELLA...?
NATÜRLICH KÖNNEN SIE DAS.

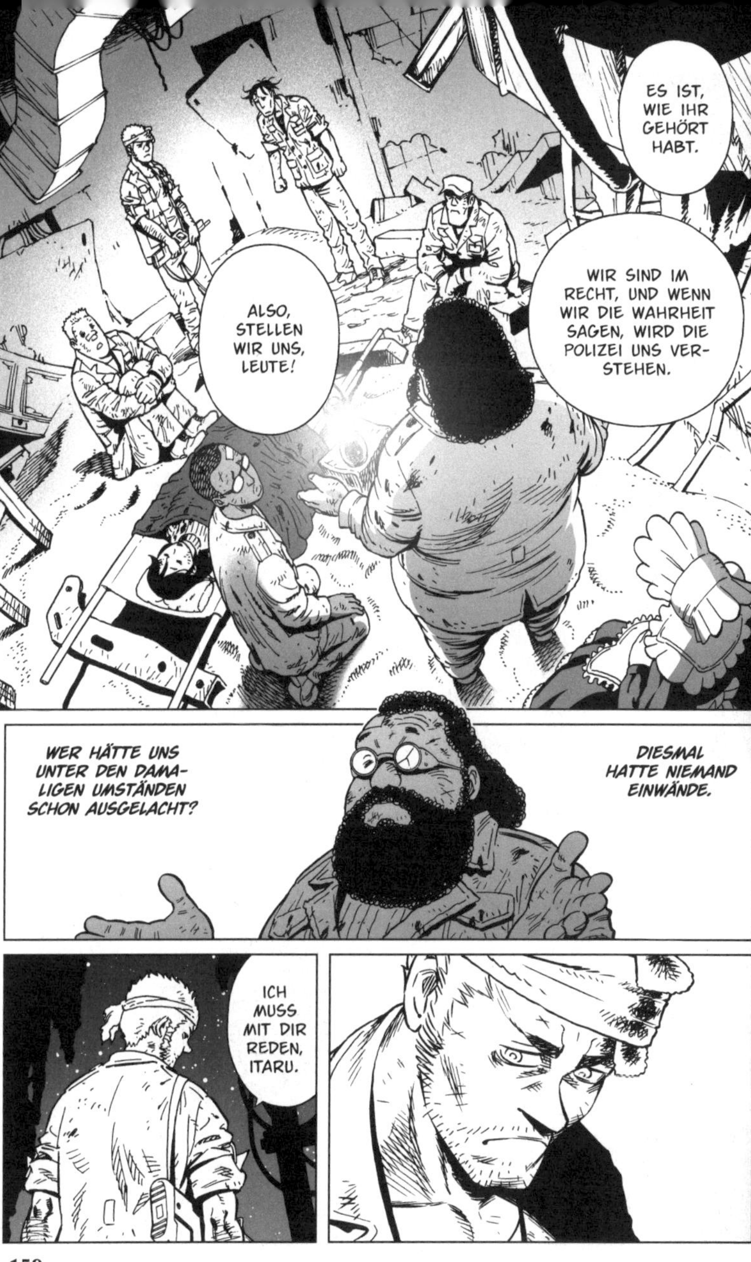
ES IST, WIE IHR GEHÖRT HABT.
WIR SIND IM RECHT, UND WENN WIR DIE WAHRHEIT SAGEN, WIRD DIE POLIZEI UNS VERSTEHEN.
ALSO, STELLEN WIR UNS, LEUTE!
DIESMAL HATTE NIEMAND EINWÄNDE.
WER HÄTTE UNS UNTER DEN DAMALIGEN UMSTÄNDEN SCHON AUSGELACHT?
ICH MUSS MIT DIR REDEN, ITARU.

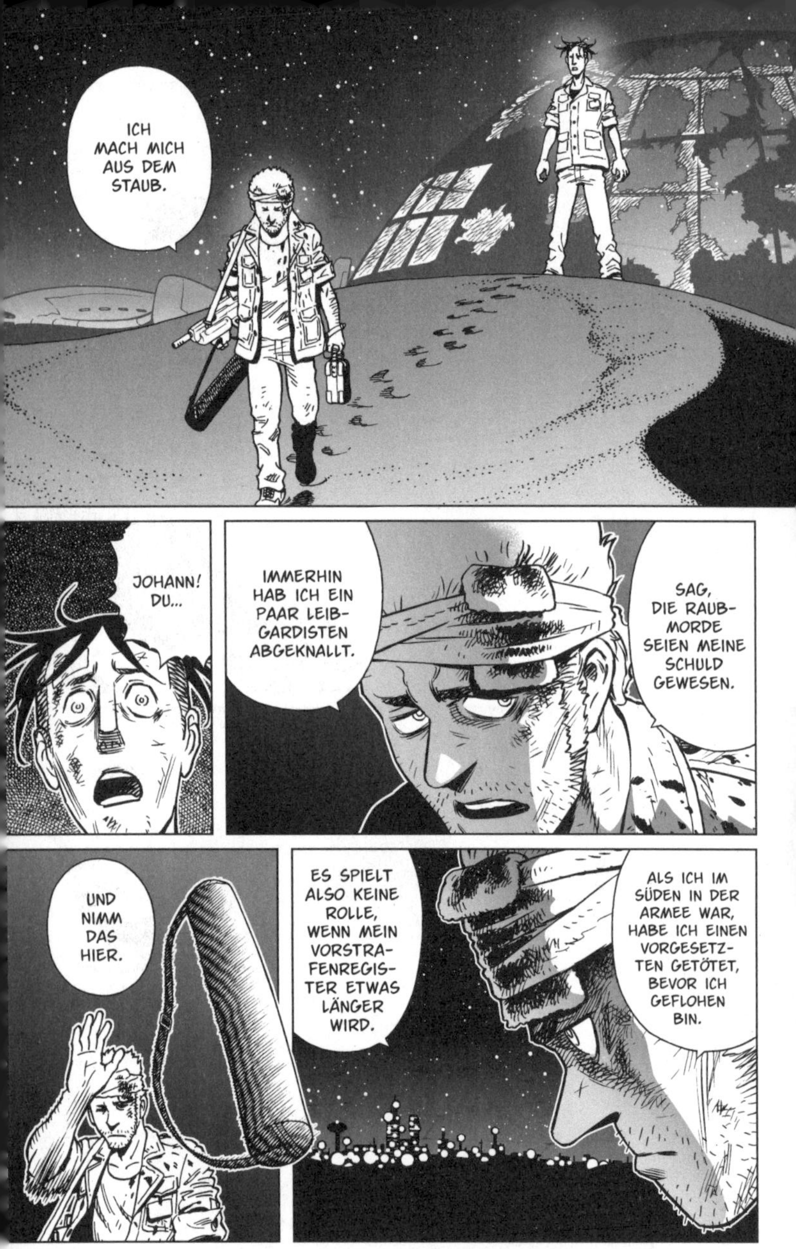
ICH MACH MICH AUS DEM STAUB.
JOHANN! DU...
IMMERHIN HAB ICH EIN PAAR LEIB-GARDISTEN ABGEKNALLT.
SAG, DIE RAUB-MORDE SEIEN MEINE SCHULD GEWESEN.
UND NIMM DAS HIER.
ES SPIELT ALSO KEINE ROLLE, WENN MEIN VORSTRA-FENREGIS-TER ETWAS LÄNGER WIRD.
ALS ICH IM SÜDEN IN DER ARMEE WAR, HABE ICH EINEN VORGESETZ-TEN GETÖTET, BEVOR ICH GEFLOHEN BIN.

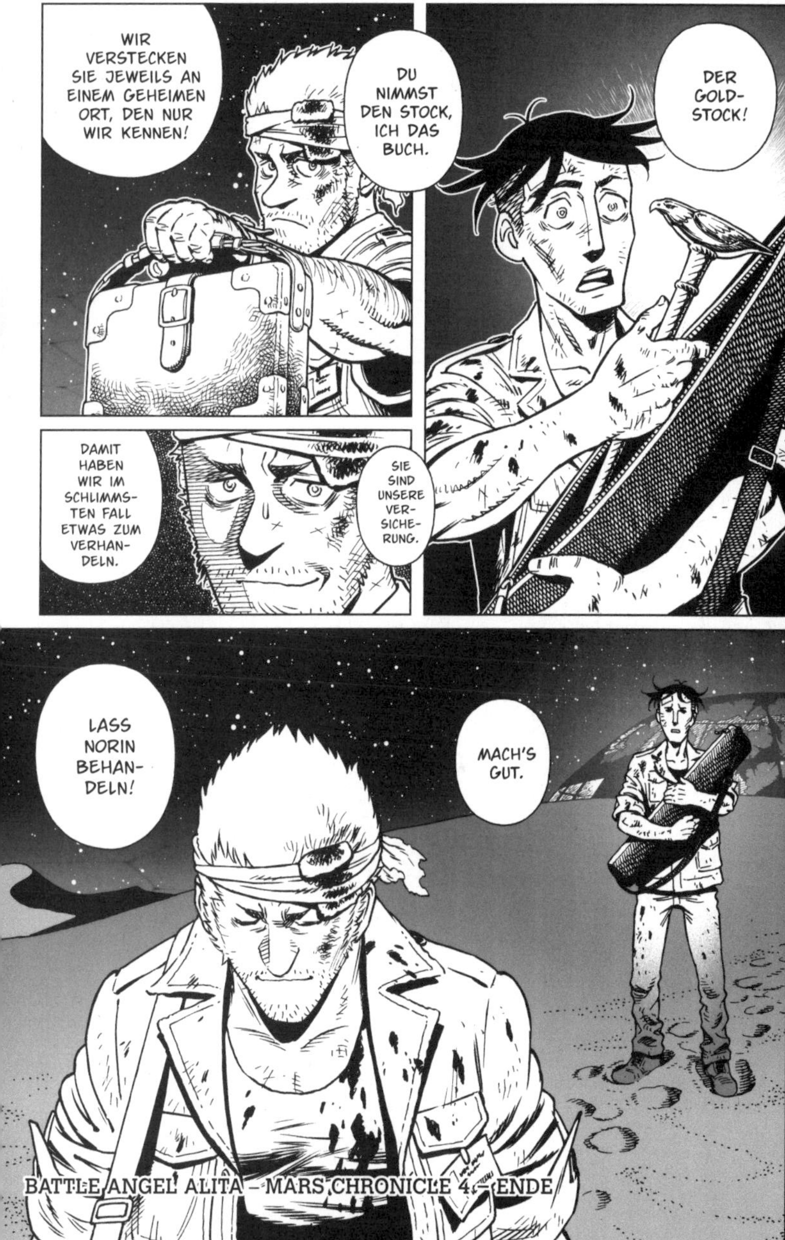
WIR VERSTECKEN SIE JEWEILS AN EINEM GEHEIMEN ORT, DEN NUR WIR KENNEN!
DU NIMMST DEN STOCK, ICH DAS BUCH.
DER GOLD-STOCK!
DAMIT HABEN WIR IM SCHLIMMS-TEN FALL ETWAS ZUM VERHAN-DELN.
SIE SIND UNSERE VER-SICHE-RUNG.
LASS NORIN BEHAN-DELN!
MACH'S GUT.
BATTLE ANGEL ALITA – MARS CHRONICLE 4 – ENDE

HALT!

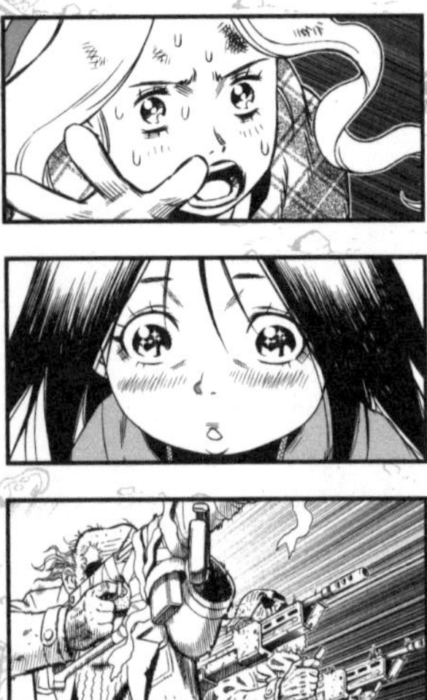

BATTLE ANGEL ALITA – MARS CHRONICLE ist eine japanische Serie, und in Japan wird von hinten nach vorn und von rechts nach links gelesen. Man schlägt diesen Manga also hinten auf und blättert ihn nach vorn durch. Auch die Bilderfolgen und der Erzähl- bzw. Lesefluss funktionieren auf den Seiten von rechts oben nach links unten. Gute Unterhaltung mit **BATTLE ANGEL ALITA – MARS CHRONICLE**!

BATTLE ANGEL ALITA – MARS CHRONICLE

CARLSEN MANGA

Redaktion: Petra Lohmann • Textbearbeitung: Stefan Ernsting • Herstellung: Björn Liebchen
 • ISBN: 978-3-551-76178-1